宕渠密码

戴连渠　戴馥霜　著

哈尔滨出版社
HARBIN PUBLISHING HOUSE

图书在版编目（CIP）数据

宕渠密码 / 戴连渠, 戴馥霜著. — 哈尔滨 : 哈尔滨出版社, 2022.8
ISBN 978-7-5484-6599-7

Ⅰ.①宕… Ⅱ.①戴… ②戴… Ⅲ.①地方文化—渠县—文集 Ⅳ.①K297.14-53

中国版本图书馆CIP数据核字(2022)第119658号

书　　名：宕渠密码
　　　　　DANGQU MIMA

作　　者：戴连渠　戴馥霜　著
责任编辑：杨浥新
封面设计：成都惟文文化传播有限公司

出版发行：哈尔滨出版社（Harbin Publishing House）
社　　址：哈尔滨市香坊区泰山路82-9号　　邮：150090
经　　销：全国新华书店
印　　刷：成都市兴雅致印务有限责任公司
网　　址：www.hrbcbs.com　　www.mifengniao.com
E-mail：hrbcbs@yeah.net
编辑版权热线：（0451）87900271　87900272
销售热线：（0451）87900202　87900203

开　　本：787mm×1092mm　　1/16　　印张：16　　字数：246千字
版　　次：2022年8月第1版
印　　次：2022年8月第1次印刷
书　　号：ISBN 978-7-5484-6599-7
定　　价：88.00元

凡购本社图书发现印装错误，请与本社印制部联系调换。
服务热线：（0451）87900279

热爱是破解地域密码的真正钥匙

——戴连渠、戴馥霜《宕渠密码》序

李后强

在四川省委政策研究室和四川省社会科学院工作期间，我多次去渠县调研，每次都感到余兴未尽，时间仓促，总觉得那里有一种特殊的磁场在吸引着我。在土溪，我看到了汉阙的神奇余光；在城坝，我看到了大汉的盖世辉煌；在金榜园，我看到了人才的迭代流芳；在县城，我看到了欣欣向荣的发展景象；在渠江，我感受到了浩浩荡荡的巨大力量！

更有趣的是，渠县当地人跟我座谈聊天，不是说"我们渠县"，而是说"我们宕渠"，这事引起了我的好奇。渠县，为何称为宕渠？通过查阅资料，我知道了"宕渠"的真相。宕渠是古代县名，秦置。"石过水为宕，水所蓄为渠"。这是《辞源》的解释。实际上，如果这样理解"宕渠"二字，那就与该词产生的历史背景大相径庭。"宕渠，山名，因以县名"。这是《后汉书·吴汉传》的说法。另一说是，因有宕水和渠河而谓之宕渠。还有一说，"宕"为古人居住的洞穴或高耸的房屋，"渠"为板楯蛮使用的防御工具。我认真阅读了知名作家、地域文化专家戴连渠给我提供的当地许多地理历史书籍，知晓了宕渠的前世与今生、波澜与壮阔、博大与精深。专家们以发掘的"宕渠"瓦当图片，证明了城坝是宕渠城所在地，这是极为重要的发现，使我大长见识，醍醐灌顶。

我很看重渠县的历史文化，尤其是对汉阙情有独钟。2020年6月16日，四川省社会科学院巴文化研究中心在达州成立。我带领调研组曾两次到土溪镇专题调研，得到了达州市委市政府主要领导和渠县四大班子的支持与帮助，深受感动和教益。我也尝试用"离合体"方法和古天文知识探讨汉阙沈府君阙的主人究竟是谁？初步推测是东汉永昌太守巴郡宕渠人沈稚，成果发表在《中国西部》杂志。因为市委领导重视，加上达州巴文化研究院同仁的鼎力推荐，文章后来又发表在《达州日报》生活周刊，通过新华社、澎湃新闻客户端等新媒体转发，产生了较大影响。

今年初春，戴连渠、戴馥霜把历经数年完成的近30万字的大作《宕渠密码》送来，邀请我作序。我品读书稿后觉得，应该写点文字向读者做个交代，便欣然同意了。我知道，戴连渠、戴馥霜父女二人，一个工作在地方档案馆，受聘文学院担任管理工作，一个在读研究生，他们都不是文博专业人员，但做出了专业人员的成果。《宕渠密码》涉及面广，包含地理、人物、历史等多个方面，他们对文献史料加以梳理分析，罗列出文物历史、人口迁移、城市化进程、红色文化等主脉名目，甚至把宕渠进士、诗人等贤达籍贯的分布情况也挖掘出来了，很多需要用长篇大论才能解释清楚的现象规律，他们用图表、图片等进行展示，让人一目了然。

在厚重的书稿中，我读到了戴连渠、戴馥霜父女对家乡的热爱，对文字的热爱，也感觉到他们选择到了自己行走的正确路径。

对家乡的热爱。渠县历史悠久，人杰地灵，资源丰富，具有无穷魅力。戴连渠、戴馥霜对汉阙、城坝、渠江、文庙等文化景物有着独特情怀，将自己的热爱之情寄托于山川、河流、草木、文物，用情用心书写与人们距离最近的、大家引以为豪的、能引起共鸣的事件与人物。这种倾情撰写的著作，自然能激发读者强烈的阅读欲望，好像书中的地理、人物、事件都在身边，真实可信，伸手可触。我领悟到，热爱是研究写作的不竭动力和思想源泉，是他们破解宕渠密码的钥匙。

对文字的热爱。写作文史类著作，需要耐心与恒心，需要眼力与笔力，需要研究与梳理，需要甘坐冷板凳的坚守精神。若是没有对文字的热爱，对写作的执着，戴连渠、戴馥霜是写不成此书的。作者孤寂地穿越历史的天空，大多时间据守在档案馆或图书馆，查阅资料，寻找线索，鉴别证据，还要花时间、精力、经费去实地采访、拍照，最后才能形成文字材料。可以看出，他们过去一直在行走，一直在进行文字的长途苦旅。

因热爱而定位写作领域。每个人的智能发展是不均衡的，有强项也有弱项，不能全面发挥。关键在于如何寻找到自身智能的支点，让天赋潜能得到充分的爆发，从而取得卓越成就。戴连渠、戴馥霜因为热爱家乡和文字，从以前的文学创作和调研论文写作，毅然转向对宕渠历史星空的仰望，猛然发现身边的事件与故事是那么精彩，于是潜心撰写区域性很强的地理、文史、人物专论。近年来，他们结合自身的爱好，在档案馆、图书馆挖掘富矿，满腔热忱地深耕在宕渠历史地理文化的沃土之中，进行地域密码破译，研究渐入佳境，越写越有热情，专著纷纷出版。

因热爱而跨界深度探索。著名作家王蒙先生说过，已有的阅读或者知识，可能成为新学习新体验的障碍。一般来说，跨界成事的概率更大，因为擅长的东西既是学者的长板，也可能成为学者的陷阱。戴连渠、戴馥霜找到写作领域的定位后，静心沉心在这个深厚的领域，慢慢扎根，虚心请教，收集大量与宕渠有关的文史资料，去伪存真，巧妙焊接，用耐心培育出成功的果实，写出这本学术含量很高的专著。从这本书稿中，我读到了思维敏捷，文字流畅；读到了地理风情、跌宕历程；读到了鲜活人物，鲜明形象；读到了写作手法的多样性，史料运用的熟练性。反而没感觉到文史的枯燥与呆板，论述的艰涩与杂陈，说明作者跨界取得了真进步、新收获。

戴连渠、戴馥霜父女联手研究和写作，很有西汉司马家族的遗风，也有北宋三苏父子的诗韵，是言传身教的案例，更是优良家风的弘扬。家国同构，家是最小的国，国是千万家。民族基因的遗传和优秀文化的继承，就要靠无数小家的守望和个人力量的聚变。希望有更多父母以身作则，而不是越俎代庖，树立好家规，传承好家风，为和谐社会做出贡献。

《宕渠密码》系统全面，纵横捭阖，谈古论今，生动耐读，是难得的地域文化佳作。阅读此书，不仅是知识的扩容，还有智慧的提升。我最大的收获是，再次认识到，兴趣是持续的动力，热爱是成功的钥匙。戴连渠、戴馥霜父女因为热爱故土、热爱文字，深入自己喜欢的领域不懈拓展，既破解了宕渠历史地理文化的密码，又释放了自己写作研究的潜能。戴氏父女给我们带来哪些启迪？都在此书中。

是为序。

李后强

2022年4月6日于成都

（李后强，中共四川省委四川省人民政府决策咨询委员会副主任，四川省社会科学院教授、博士生导师、党委原书记。）

专家学者评说《宕渠密码》

◎ 杨牧

连渠：这本书如你一直以来所致力的那样，仍是关于渠县的历史遗迹、历史事件、历史人物的考证、记述、辨析和阐释，不同的是，内容更翔实，文体更多样，有些记述更加生动，有着虚构类文学不可取代的意义。我曾经说过，我对这类史性文字尤怀敬畏，我们这些弄"创作"的，成天文啊诗啊，弄不好折腾了一辈子，最后所有墨迹都荡然无存；而你的史性记录反倒会越久越牢固，甚至你记录的那些遗迹都不存在了，你的这些文字还在，最终成为贵如黄金的"活化石"（尽管是两个不尽相同的领域）。

而你，几乎是一生只专注于一件事，这就非常了不得。"一个人不能骑两匹马，骑上这匹就要丢掉那匹。"你的可贵就贵在只骑"这一匹马"，做"这一件事"，做深，做透，做到极致。专家也就是这么来的。

一个地域，如一个人，什么都不是偶然的，他的资秉，他的习性，他的情商、智商，应该都有基因可寻。渠县人的睿智、坚韧、崇文、尚义等等品格，自然也不是空穴来风，而且远不止我们已表述的这些特征。你所发掘、记载的一切，既属于历史，也属于现实，既是一种祖德祖风、文质文脉，也是我们宕渠子民的DNA，它会让我们不断追问：我们是从哪里来？怎样来？我们为什么是我们？我们还会向哪里去？怎样去？……这些都很重要，因为它正是我们这些"宕渠人"的历史自觉、生命自知和文化自信。

而你的最大功劳，或你的这类书的最大价值，也在于给了我们一把打开过往也打开未来无限可能的宝贵钥匙——《宕渠密码》。

我们应该感谢连渠。

（杨牧，中国著名诗人，新边塞诗领军人，中国诗歌学会原副会长。）

◎ 李学明

这是继《宕渠遗存寻觅》《宕渠流韵》《宕渠记忆——遗址遗迹篇》《中国汉阙之乡——渠县汉阙全集》之后书写宕渠的又一力作，前两本是用脚走出来的厚重的田野调查，全面细致；第三本是用镜头记录的渠县地面各级保护文物的遗址遗迹图册；第四本是既有渠县汉阙详尽的实地考察和全面解读，又有珍贵的档案佐证。

这"密码"，解读了宕渠多少隐秘的信息呢？密码之一，密就密在历史悠久，新石器时代就有人类活动，有土著的賨人，号为神兵，最后淹没于历史的长河，本书是第一次展示；其崇文尚义精神深刻诠释"巴有将蜀有相"。密码之二，密就密在文化厚重，春秋战国时建有賨国都，秦筑宕渠城，汉代增修车骑城，更有汉阙屹立世界两千年。密码之三，密就密在人文鼎盛，一直延续至今且风华正茂，中国汉阙之乡、中国竹编艺术之乡、中国黄花之乡、中国民间文化艺术之乡、中国诗歌之乡、中华诗词之乡、中国文学之乡金字招牌熠熠生辉。

这部书沿着历史的轨迹，从地域探究、历史推介、文化传承等方面或论述或阐释或白描或抒发，从不同角度、维度、宽度揭谜宕渠，是巴文化研究不可多得的基础著作。

阅读、研究、传承宕渠文明，一而再，再而三，三而四，四而五，五部专著在手，可以珍藏也！

（李学明，四川省委统战部原常务副部长，四川省社会主义学院原党委书记、院长，邓小平理论研究专家。）

◎ 周啸天

此书沿着賨人文化、汉阙文化、三国文化、红色文化、乡土文化等历史脉络，娓娓道来，引人入胜，是一本难得的了解渠县的好书。

（周啸天，四川大学教授，中华诗词学会顾问，第六届鲁迅文学奖诗歌奖得主。）

◎ 贺享雍

《宕渠密码》是连渠先生父女继《宕渠流韵》之后，向读者捧出的又一部有关渠县历史文化方面的文史著作。如果说《宕渠流韵》是从广袤无垠的宕渠乡村大地寻找渠县人乃至中华民族之根，那么这部《宕渠密码》，作者则以更广博的视野，从一册册发黄的档案和典籍中打捞与整理出来的一本涉及渠县历史、文化、政治、经济、生态、教育、灾变、战争、民俗、考古、语言、艺术、体育、人物等内容，兼具学术性与通俗性的著作，更丰富了渠县人的精神家园。

连渠先生是一位勤奋的地方文史学者，无论前些年的田野考察，还是近年来埋头古籍，他脚踏实地，辛勤耕耘，乐在其中，诚如古人所言："知之者不如好之者，好之者不如乐之者。"祝愿连渠先生取得更大成就！

（贺享雍，中国著名乡土作家。）

◎ 任芙康

翻读完大著，确乎是老家一部货真价实的"密码"。着眼方方面面，将宕渠这片古老土地的沧桑岁月，梳理出了清晰的轮廓。

拿得出手了。

（任芙康，天津市文艺评论家协会主席，曾任《文学自由谈》《艺术家》主编，鲁迅文学奖等多种奖项评委，第七届、九届茅盾文学奖评委。）

目录 CONTENTS

渠县文史概况 ················· 001
文明源起清河坝 ··············· 010
賨人谷里惊奇险 ··············· 012
古賨国都耀华夏 ··············· 020
城坝遗址：黄土之下的文明密码 ··· 029
渠县"賨人"独特的历史与文化 ···· 033
几落几起车骑将军冯绲 ········· 041
汉阙背后的历史烟云 ··········· 045
渠县汉阙的独特魅力 ··········· 051
东汉崖墓崆峒山 ··············· 065
神秘贾家寨 ··················· 069
张飞扬威宕渠 ················· 071
王平故里西阳洞 ··············· 076
李白留诗南阳寺 ··············· 080
渠县梭罗碥石窟：巴中南龛造像的"姊妹窟" ··· 082
渠县汧江寺见证几多历史 ······· 086
前人尽赞静边寺 ··············· 091
经学大师黎錞 ················· 094

礦山寨上宋石刻	099
游南宋礼义城	101
钓鱼城的卫星城——礼义城	105
三汇特醋	109
访明万历南昌商人万鸾三汇墓	110
大小斌山古战场	113
庆余石桥成化造	115
渠县文庙	117
宝珠山上八角亭	124
冯公庙居大神山	127
"铁面御史"李漱芳	129
守台功臣王万邦	134
渠县贾氏"一门七进士"	137
探访达州渠县赵氏宗祠	140
距今215年！渠县保存最早的土地契约是嘉庆十年的	143
探花郎广东巡抚江国霖渠县墓碑记	146
蒲祠彩亭文峰塔	151
果勇侯书百步梯	157
渠县南北牌坊精雕细刻让人惊叹	160
龙飞凤舞云峰塔	163
"一洞天"下神道碑	166
最标准的官方地契	169
契约里的学问	172
一场房产纠纷牵出的清同治禁碑	174
舍利宝塔芭桂堂	177
义和石刻红色游	181

民国档案记载的渠县文庙春秋二祭……………………………183
川鄂公路渠县段 1938 年整修记忆……………………………191
浓墨重彩的渠县抗日救亡运动…………………………………197
档案中的宕渠历史文化……………………………………………204
童年年味……………………………………………………………208
咂酒情………………………………………………………………216
龙眼村的一天——渠县档案局定点帮扶工作侧记……………218
宕渠文脉……………………………………………………………221
渠县家风家教传承与廉洁文化建设探索………………………231

渠县文史概况

渠县历史悠久、文化发达，地面、地下文物十分丰富，县域重点保护的地面文物有976处，其中国家级3处8点、省级9处、市级8处、县级45处。县历史博物馆馆藏文物6000余件，其中国家一、二、三级珍贵文物401件；县档案馆馆藏档案110000余卷，其中清代档案100多件、民国档案6800余卷，包括陈独秀给杨鹏升亲笔书信40余封等珍贵文物，已故巴史专家邓少琴曾称赞渠县："古迹文物之遗存，在吾蜀应首屈一指。"非物质文化遗产保护名录国家级2项、省级5项、市级6项、县级18项。另有七大品牌：中国汉阙之乡、中国黄花之乡、中国竹编艺术之乡、中国民间文化艺术之乡、中国诗歌之乡、中华诗词之乡、中国文学之乡。1942年民国《四川省方志简编》称：渠县位于长江以北，嘉陵以东，为一大城市。其土沃，其物丰，复扼川北水陆之冲，力田贸易，皆致厚利。其民咸有余力以事学问，故人文蔚起，为川北之冠。

一、渠县历史悠久

宕渠古属《禹贡》梁州之域。2万年到1万年前，渠江流域上已有人类活动，出土了石制砍砸器、石锛、石斧、骨针、陶网坠及陶纺轮等当时人类留下的生产、生活器物。1万年到四五千年前，已有原始村落，人们聚居开发。据考证，土著人为"賨人"，新石器时代，巴人由游、牧、渔、猎逐步转为农耕。商代中晚期即以今土溪城坝村为活动中心，经济相当发达。春秋战国时期，已成为奴隶制国家——賨国，公元前316年为秦国所灭。

先秦时期，巴人呼赋为賨，賨人由此得名。其先民有"罗、朴、督、鄂、庹、夕、龚"七姓为主的氏族部落，能酿制名贵的"清酒"。

秦国统一蜀、巴、賨后，于公元前314年（秦惠文王更元十一年）推行郡县制，先置宕渠道，后置宕渠县（隶巴郡），治地賨城（今土溪镇城坝村）。公元前221年（秦王政二十六年）全国统一后，仍置巴郡宕渠县。

东汉和帝永元年间（89年—105年），析宕渠县之东置宣汉县（治今达州市），析宕渠县之北置汉昌县（治今巴中市）。216年（建安二十一年），刘备鉴于巴西多事，又为拒曹要地，乃分巴西郡宕渠旧地置宕渠郡。

公元306年，宕渠人李雄建大成国，复置宕渠郡。

南齐（479年—502年），梁州南宕渠郡仍置，治地同前。

宕渠从先秦建县起，共历835年。其中建郡300年左右，荒不成治和侨理他处各50余年。

522年（梁普通三年），置流江县。同时置北宕渠郡。领流江、始安（治今广安）2县。537年（大同三年）置渠州，为渠县建置史上设州之始。今渠江镇，时为州、郡、县治地。

559年（北周武成元年），改北宕渠郡置流江郡。渠州领流江、景阳二郡外，另撤邻州所属2郡归渠州。

583年（隋开皇三年），以原流江、邻山和容山容川三郡（今垫江）合置渠州。607年（大业三年），渠州改名宕渠郡。

618年（唐武德元年），改宕渠郡为渠州。742年（天宝元年），改渠州为邻山郡，758年（乾元元年）复为渠州。

南宋末，渠州徙治流江县东北80里之礼义山逾20年之久。

1260年（蒙古中统元年）即置渠州军民总管府，1274年（至元十一年）改置渠州"安抚司"。1283年（至元二十年）还治旧城，罢安抚司，改置渠州。

从梁到明初854年（522年—1375年）中，流江建郡为地方二级政区25年（559年—583年），在县治设州839年（537年—1375年）。

1376年（明洪武九年）撤渠州，改流江县置渠县。

1911年（清宣统三年）12月11日，渠县宣布独立，脱离清朝统治，接受四川军政府领导。

1916年（民国五年）5月19日，渠县成立护国军，脱离袁世凯统治。

1949年12月12日，渠县解放，建立渠县解放委员会。12月25日，渠县人民政府成立。

从定名渠县到2022年，历时646年。从先秦建县起，历时2336年。

二、文化资源丰富

1、文学艺术繁荣昌盛

历代贤人众多。先民板楯蛮（賨人）就有"伐纣助周武"（公元前1046年）、"张弓射白虎"（公元前306—公元前251年）、"鼎力兴大汉"（公元前205年）等除暴为民、平乱睦邻、促进国家统一与社会发展之英雄壮举；两汉到西晋，有公车令臧哀伯、大司农元贺、都亭侯庞雄、豫州幽州刺史冯焕、创立成语"蛇盘绶笥"重修宕渠城的车骑将军冯绲、冯绲之子郎中冯鸾、冯绲之弟东汉哲学家冯允、镇北大将军王平。领导流民起义的賨人李特，其子李雄建立成汉王朝于公元306年登基大成皇帝宝座，谥号武帝，庙号太宗。李荡之子、李雄的侄子，成汉王朝第二位皇帝哀帝李班。李雄的第四子，成汉王朝的第三位皇帝幽公李期。李特从弟李骧的少子、成汉王朝的第四位皇帝、改国号为汉的昭文帝李寿。李寿的长子，成汉王朝的第五位皇帝归义侯李势。抗战英雄郑少愚、王家让，红色特工胡春浦，金石学家杨鹏升。曾任公安部常务副部长的于桑，开国大校李华安。

古代文人频现。生活在公元前300至公元前220年间的道家及兵家賨人鹖冠子著《鹖冠子》十九篇，有巴蜀道学之鼻祖的称谓。赵芬在东汉桓帝时任巴郡文学掾。龚壮两晋时"覃思文章"、"洁身自守"，辞掉成汉朝廷"太师"而著《迈德论》，与二十四史之《晋书》及《资治通鉴》齐名。北宋经学家、与王安石诋《春秋》不苟同，而撰《春秋经解》十二卷，又著《校勘荀子》十二卷，被苏轼以"治经方及《春秋》学，好士今无六一贤"的诗句称赞的状元黎錞，获"文学苏洵，经术黎錞"之美誉。明清时期《渠县志》有记载的李氏五代人：一门七子著书立说，两进士六举人四人受封从二品，行孝善、守气节、重操守、做学问、讲清廉的李含乙、李漱芳家族。盛传一门七进士，即贾瓒、贾珌兄弟二人及其父贾翼、贾珌子贾咨托、贾咨询、贾咨托子贾秉钟、贾秉钟子贾振麟的贾氏家族。清朝翰林学士

003

贾秉钟，嘉庆十三年入馆选，官翰林院庶吉士加一级，著有《屏山文集》十二卷、《吟史乐府》二卷、《廛居随笔》一卷、《制艺》上下卷。唐宋元明清有进士百余人。

现当代文人辈出。有中国作协会员杨牧、周啸天、任芙康、贺享雍、王甜、潘光武、罗洪忠、罗宗福、贾飞、许强、张渌波、李明春、张扬、李新、陈益、雍峰（也）等16人。祖籍渠县的还有李屹、王小波、章泥等知名文化人。创作诗歌近万首，结集出版有《腐草》《抒情集选》《春风的鼓吹》等"川北平民诗人"、教育家李冰如。曾同周谷城一道受到毛泽东接见并得到私宴的逻辑学家王方名，及其子著名学者、作家，以《黄金时代》《白银时代》《黑铁时代》著名的王小波，王小波的妻子、中国第一位研究性的女社会学家、性科学家李银河。教育家雍国泰、章继肃等。宕渠四子：以一首《我是青年》呐喊出了一代人的责任感，以一部《天狼星下》刻画出了一个流亡者在一个时代的悲壮的新边塞诗人、以杨牧命名的"杨牧诗歌奖"的杨牧；知名邓小平理论研究专家、国务院特殊津贴专家李学明；鲁迅文学奖历史上第一个传统诗词作品的获奖者、四川大学文学与新闻学院教授周啸天；著名乡土作家、被誉为当代赵树理、出版史诗性系列长篇小说《乡村志》十卷和时代三部曲的贺享雍。十九届中央委员、党的十九大主席团成员、中国文联党组书记、副主席、音乐家李屹；戏剧家、戏剧表演艺术家张人俐；军旅作家王甜；科普作家戴文渠、欧阳军。老年方阵里集中了杨大骏、刘国、寇森林、何本禄、戴庆康、罗安荣、李同宗、陈科、沈世林、唐敦教、叶勇等一批七十岁以上的老作家和贺享雍、龙克、蒋兴强、李明春、贾飞、李冰雪、吴洁如、邓建秋、吴舟、王小铭、戴连渠、陈平、杜荣、任小春、石秀容、陈利平、廖新荣、黄河、陈之秀、李麟、刘继、杨建国、何倔舟、吴春力、张世东、肖雪莲、余延斌、苗冰、黄河、余小曲等中青年作家。诗歌流派更是繁花盛开。杨牧的新边塞诗、李冰如的"平民诗"、张扬的山水诗、周啸天和邓建秋的传统诗词、龙克的疼痛诗、钟品的口语诗、许强的打工诗、晓曲的格律体新诗等，在中国诗歌界产生了重要影响，构成了中国西部一道独特的诗歌风景线。

2、遗址遗迹星罗棋布

州河、渠江以东古迹遗址景点分布：有古城堡遗址、险峰的三汇镇牛奶尖和建于清嘉庆二十年为埋寺内僧尼圆寂的墓塔明圆石塔；建于清嘉庆八年的单孔拱桥东安镇七燕村七燕子石拱桥；明末崇祯十七年张献忠部入渠与当地地主武装作战的东安镇大、小斌山古战场遗址；宋元两朝之间存在了20年县城的省级文物保护单位渠州故城南宋礼义城；兴起于殷商中期、繁荣于秦汉、毁于东晋末战乱、历时约18个世纪的国家文物重点保护单位古賨国都、车骑城土溪镇城坝遗址和三汇镇金河村汉代郑家坝遗址；龙头高达1.25米巨石三进铺成的东安镇祥兴村平桥；新边塞诗人杨牧家乡、建于清道光庚子年的六棱11级石塔、阳刻草书"龙飞凤舞"的临巴镇云峰塔及刻于清代为渠县境内首次发现的石垭村虎面纹泰山石敢当；建于清宣统二年的四边形四层石质楼阁的临巴镇黄泥塝字库塔（观音土祇宫）；建于清道光十六年、全长35米、跨度19.5米的临巴镇四面村白水溪桥（大顺桥）；賨人崖居、龙潭起义旧址、龙华寺、賨花寨；纪凯关（李子垭）、永清关、宕渠关（大峡口）、瓦合关（卷硐门）、梯云关（九盘寺）、雷火关（凉风垭）等古代关口；一等果勇侯杨芳于清道光十四年九月阅边过境时在卷硐镇百步梯手书颜体"高而不危"四字的杨芳摩岩；乾隆皇帝为彰其功德而立的清代翰林李溦芳老家合力镇园峰村七组文昌沟排列成梯形的李家桅杆；唐代建有汧江寺、诗人郑谷于此有《为户部李郎中与令季端公寓止渠州汧江寺偶作寄》诗，北宋真宗赵恒改名祥符寺、仁宗嘉祐年间建有挹翠阁、明朝礼部尚书胡濙有《祥符寺访张三丰不遇》、康熙三十七年山顶修有石塔、后建有文峰书院而今空余宋代两石马的渠城八景之"文峰夕照"的天星街道办文峰山；建塔年代不详、四级梯阁式六方形石质纪念刘家拱桥的琅琊镇刘家拱桥塔；建于清道光十四年三楼四柱三门高7.2米、面阔6.8米装饰图案精美的望溪镇安庆村燕氏节孝坊；建于明代宏化年间民国三十四年修葺、长44米，连接望溪街道与广安市广兴镇街道见证两市人民友谊长存、每年农历正月十五进行焰火对射庆祝元宵佳节、改革开放总设计师邓小平生母淡氏家乡的望溪街道望溪桥。

巴河以东、州河以西古迹遗址景点分布：建于清宣统元年全石塚的文崇镇下湾村陈云台夫妇合葬墓；明万历六年户部中宪大夫王翰臣所立的"王

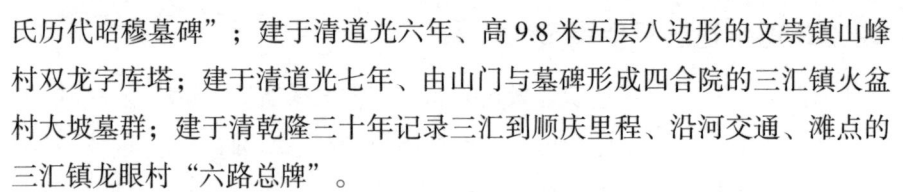

氏历代昭穆墓碑"；建于清道光六年、高9.8米五层八边形的文崇镇山峰村双龙字库塔；建于清道光七年、由山门与墓碑形成四合院的三汇镇火盆村大坡墓群；建于清乾隆三十年记录三汇到顺庆里程、沿河交通、滩点的三汇镇龙眼村"六路总牌"。

巴河、渠江以西古迹遗址景点分布：出土了新石器时代陶网坠及陶纺轮的渠县文明起源地报恩乡清河坝遗址；建于清嘉庆巳未年精雕细刻寨门的报恩乡大溪村明月寨及下游500米处的梭罗寨和本县唯一现存的四龛唐代雕刻——梭罗碥唐朝石窟；建于清道光八年、高7.8米石质六边形的丰乐镇跃寨村三溪字库塔；建于清同治六年由4座精致单墓组成的丰乐镇川燕村晚清墓群——老屋墓群；建于清道光十七年、四柱三门、高8.5米、宽4.8米的涌兴镇兴武村贾氏节孝坊；建于清道光七年、墓前有石人、石马、石狮等石像生的守台副将安北乡双凤村王万帮墓；建于南宋绍兴七年的礤山寨石佛龛；建于清道光二十八年七座单墓组成的安北乡西垭村道灵山墓群；建于清道光二十年男右女左合葬的大义乡大义村青龙嘴墓及50米长的大义老街；位于渠县、达县、平昌三县交汇地刻有"扩大民族革命战争"的大义乡五星村红军石刻；兴于北宋、道光丁亥年建镇有18条主要街道、6条小巷，并有"五宫、三庙、一庵、一寺"古建筑及14座庭院式住宅区的小重庆三汇古镇；1578年从江西南昌入川来到渠县三汇、勤耕善商促进三汇农商发展、上了民国《渠县志》的外商万鸾位于三汇劳动街的陵墓；建于清道光年间、十三层、比西安小雁塔还高6米高达53米、六面体，通体乳白、镇渠江江首的三汇白塔（文峰塔）；始建于清道光七年的土溪镇莲坪村广禄寺普陀山摩岩造像；建于清乾隆十年保存完好的省级文物保护单位赵氏宗祠；建于清道光二十七年诰授武工将军赵启贵的土溪镇赵家村赵公神道碑和建于道光二十九年、关爷梁金佛住持龙林山复兴堂古庙、现存有渠县最大石狮的土溪镇赵家村"一洞天"；在从土溪镇到岩峰镇近10公里的古驿道旁，有刚刚修好的长12公里的览阙路，旁边次第巍然耸立着约占全国汉阙总数三分之一的集建筑、绘画、书法、雕刻艺术于一体的六处七尊汉代墓前石阙，它们都是国家文物重点保护单位，分别是：赵家村东无铭阙、赵家村西无铭阙、冯焕阙、王家坪无铭阙、沈府君阙（双阙）、蒲家湾无铭阙的汉阙群及中国汉阙博物馆；建于清代、全长41.3米、宽4.8米、高9米腾空欲飞的岩峰镇清贤村锁龙桥和建于清嘉庆二十四年拱上边缘中央刻有"八仙过海"八幅浮雕的岩峰镇回龙庵石拱桥；徐向前元帅、前国家主席李先念为川陕革命根据地题词、建有营渠战役纪念碑的贵福镇八台山苏维埃纪念馆的红色渠县纪念园、红军街；署名红九军政治部雕刻的贵福镇碾坪村横岭子红军石刻；修建于元明时期、作为庙宇现在香火依然旺盛的贵福镇大岩洞祗缘洞与建于清道光二十五年祗缘洞住持高5.5米、六棱五级楼阁式建筑的碾坪村李姓寿塔和清道光年间建的无上胜境"玉皇观"庙；柏林水库管理所内乾隆六年贾氏修建的三层楼阁文昌宫；建于宋代一龛横排佛像48尊竖排21尊共1000尊的七龙村千佛岩摩崖造像；始建于清代乾隆年间、有寨山二层、建有纪念汉车骑将军冯绲牌坊的三板镇大神山；李白曾留诗的南阳寺和前国防部长张爱萍上将题词、赋诗的爱国主义教育基地李馥镇南阳滩电站；始建年代不详、高5米、为四级楼阁式攒尖顶石质结构六边形塔的李馥村磨子塔；建于光绪二十一年、七柱六开间、高大壮观、人物雕刻赛真人的桤子湾戴氏墓群；濛山晓雾中的三国蜀汉桓侯张飞打败魏将张郃立马勒铭的天星街道八濛山古战场；百余米长的清朝穿逗吊楼建筑静边镇老街及历代吟诵的静边寺；三国大将王平故居和始建于清乾隆四十六年渠县最大石窟西阳洞石窟的望江乡王平古镇及曾埋葬军阀杨森父母的杨森坟园；始建于清光绪十一年、距地面高50米、边长4米"魁"字的望江乡魁字村魁字岩石刻；建于清道光十一年的大田塝墓群和建于清道光十七年的坎下范家墓的清溪场镇渌沼寨渌沼寺下两墓群；有大小神秘洞穴（东汉崖墓）130余个并有建于清光绪十七年庙宇的渠北镇山坪村贾家寨；刻于清咸丰五年的渠江街道办王家山上的"白莲峰"石刻；建于清道光十六年的渠江街道办风洞子桥、城区风洞巷古街和始建于宋代、清康熙四年修复至道光元年建成的川东唯一保存完好的蜀中第一牌坊渠县文庙；建于清康熙初年、当年可全览渠城八景保存下来的唯一古建亭阁宝珠山八角亭；建于清光绪十一年、占地面积665平方米渠县唯一天主教堂的渠南街道办李坝村天主教堂；建于清光绪十年、高12米、供奉佛教创始人释迦牟尼遗骨石塔的中滩镇大房村观音寺舍利宝塔；建于清末的白庙崖摩崖造像和千佛绕独石的有庆镇军营村千佛寨；建于道光九年的涌渡镇石门村蒋登显墓和始建于清道光二十四年、六角九层、高十七米镇压江妖的澧渡镇双寨村庄子坝白塔；建于光绪七年连接澧渡镇和广安市消溪镇的寿阳桥和始建于明成化年间重修于清同治二年、渠县与广安交界必经之道、做工精巧的澧渡镇五峰村庆余石桥；北宋状元、曾知眉州与三苏交深、享有"文章苏洵，经术黎錞"盛誉的拱市乡大梨村"状元坟"。

三、自然景观优美

三汇镇渠县第二峰牛奶尖；东安镇与临巴镇交界处的渠县最高峰万里坪及临巴镇秀岭春天茶园；拥有怪石幽谷、"地下卢浮宫"老龙洞、七彩湖、大坡森林公园、万亩金竹林海、十里锁口峡、千年古桂桂花岭等众多景点的国家AAAA级賨人谷风景区；卷硐镇云雾山及梨树寺、賨花寨；"文峰夕照"的天星街道办文峰山国家AAAA级风景区；刘家拱桥水库冷水河景区。

有无数洞址、天然湖泊、石林的三汇镇白腊坪；舵石鼓电站以上州河小山峡；巴河风光；渠江风光；库容2086万立方米柏林水库湿地公园及锅鼎山、龙骨山、铜鼓山；怪石林立的涌兴镇云岭村礵山寨；位于渠县、达县、平昌三县交汇地义和乡五星村铁鼎寨、九层寨；李馥镇、三板镇交界的大神山；碧瑶湾；"濛山晓雾"的天星街道八濛山；巴賨时光；两江四岸滨江公园；渠县黄花基地；长年水源不断的清溪场镇渌沼寨及与薛仁贵点将有关的倒流河；有天心桥、地心桥的龙凤镇观音阁；渠南街道及中滩镇的万亩果园；中滩河五级瀑布；澧渡镇米坡村郑少愚老家树龄300多年的两株古银杏树；玉皇观、万花谷、龙嬉谷、水韵花香、汉亭农业园。

四、风土人情多样

1.民间歌舞悠久。巴渝舞：武王伐纣之歌，由战场转入宫庭；竹枝歌：其民俗聚会则击鼓，踏木牙，唱竹枝歌为乐。唐代诗人刘禹锡在川东亲聆了《竹枝歌》在民间的演唱情况，很受鼓舞，并运用这种形式进行诗歌创作，写下了很多《竹枝词》。

2.造型表演丰富。国家非物质文化遗产彩亭艺术距今已有200多年历史，是全国独一无二的民间艺术，每年3月18日的三汇抬亭子会，凸显"高、惊、险、奇、巧"的艺术特色；拉旱船、打连箫乐、抬总爷、转车车灯、踩高跷、放烟火架总是一同出场；舞狮子、耍龙灯总是不期而遇；赛龙舟一年一次；放风筝天天可为。

3.民间音乐独特。省级非物质文化遗产土溪镇、临巴镇耍锣艺术花样百出，具有130多种打法；渠江号子高亢嘹亮。

4.民间工艺精致。国家非物质文化遗产刘氏竹编艺术精巧细密，黑古陶高雅古典。

5.民间小吃味美。渠县上北路的呷酒罐为省级非物质文化遗产，三汇水八块麻辣可口，三汇心肺汤圆色鲜味美，三汇锅盔干酥白香，岩峰松花皮蛋晶莹剔透，涌兴卢板鸭香脆酥嫩，卷硐坛子肉品多味鲜，鲜渡、李渡盘鳝辣而又爽，黄花水滑肉鲜而细嫩，农家八大碗碗碗生态，干二两（炒花生、豆腐干、老白干酒）品呷自如，陈二娃羊肉蒸笼辣而清香。

6.民歌演唱杂陈。金钱板板板有味，劳动号子与时俱进，出嫁花园歌婉转柔情，薅秧歌展现劳动节拍，农家歌谣随口而唱，儿歌天真烂漫，清音、竹琴、花鼓、盘子、荷叶、快板、对口词、方言朗诵、相声更是多彩多姿。

7.渠县精神流芳。渠县人拥有"渠汇百川、崇文尚义、睿智坚韧、奋勇争先"的渠县精神。

8.奋进目标可及。渠县将建设"全国巴文化传承创新融合发展高地"，打造"阙里賨都，忘忧渠县"文旅品牌。奋力实现构"三地"、兴"三城"、建"强县"加快建设"强富美高"社会主义现代化渠县的奋斗目标。

文明源起清河坝

巴河最先进入渠县境内的是渠县北大门报恩乡。它从达川区石梯镇流入报恩乡到达最北端的清河村，与达川区石梯镇、银铁乡交界，距县城65公里，离达州市50公里。清河坝位于极富传奇色彩的挖断山下、巴河岸边，曾以地势平坦、土质肥沃、盛产贡烟、富甲一方而与下游盛产甘蔗的葡萄坝、盛产白芍的李渡坝等齐名。清河坝与其背靠的天子坪更是古代板楯蛮聚居之地，已出土有新石器时代的石器皿和汉代的陶器、瓷器，被列为县级文物保护单位，称清河坝遗址。

望（溪）石（梯）路从清河坝侧边通过，沿清河坝正中一条水泥路往东分岔通向巴河边。水泥路两侧肥美的土地上，以前是渠县著名的烟叶生产基地，据说清河坝的叶子烟曾为贡品。两岸新苗才过雨，夕阳沟水响溪田。步行500米水泥路，就来到巴河边，水青杠树几麻扎密（四川方言，形容密实）地围绕着耕作地的边缘，河边宽阔的草坪上牛儿欢快地吃着嫩草，几个放牛娃儿嬉戏着在巴河里洗澡、打水仗，清亮亮的河水泛起白凛

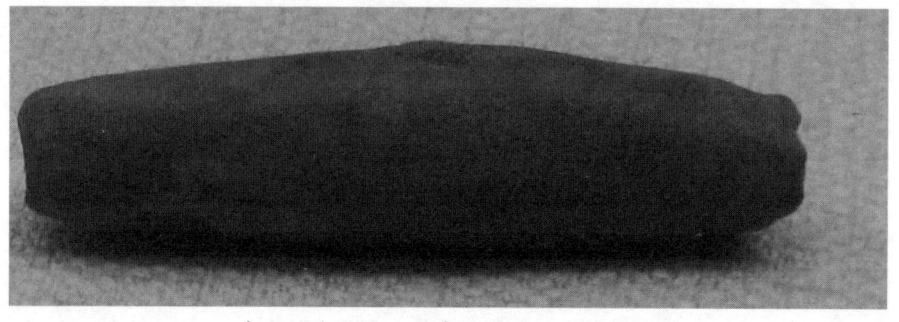

出土的陶网坠，现存于渠县历史博物馆

凛的浪花。

这里，见证了渠县的史前文明。远在距今约20000至10000年前的新石器时代，渠县境内就有人迹；距今约10000年至5000年前，这里就有原始村落。在这儿出土了四枚陶网坠及陶纺轮，发现该处有大片红烧土块，这就是新石器时代的清河坝遗址。在清河坝以西的大义乡锣尔顶山上，出土了一件磨制石斧，南边的土溪镇上游村采集到了几件砍砸器，说明至少在新石器时代，巴河、渠江流域就有原始人类活动。这就是后人所称的賨人的祖先。賨人，古代居住于川东地区嘉陵江、渠江流域和长江北岸而以渠江流域为主要聚居地，且强悍尚武，在历史上颇有影响的一个少数民族，其士兵被称为"神兵"，有观点认为是土家族的先祖。

出土的骨锥，现存于渠县历史博物馆

清河坝富饶，背后天子坪居高临下，天子坪，是否与天子传说密切相联呢？修建新农村时这里发现了几座汉墓，出土了精美的汉砖。这里曾流传过这样一段传说：

以前，在现天子坪周边，一些人啸聚山林，打家劫舍。賨国朝廷多次派兵围剿，均损兵折将，铩羽而归。天子震怒，御驾亲征。大军到达山下，天子不禁倒吸了一口凉气。原来此处山高林深，地形复杂，从山上俯视，清河坝一览无余，几无藏身之处。真是一夫当关，万夫莫开。天子下马，焚香以告：皇天在上，扶我社稷。厚土在下，佑我万民。四方神灵，来协来助。神恩浩荡，灵应八方。千秋万代，永记不忘。祷毕，忽飞沙走石，日月无光。眼前半寸莫能辨物，耳畔只闻惊天动地的巨响。大约一盏茶工夫，云开日出，巨响顿歇。将士们睁开眼睛一看，顿时惊呆了。原来就在他们立身之处不远，突现一坪。官军士气大振。就在这块新辟的大坪里，天子召开了战前动员会，周密地部署了作战计划，一举荡平了匪寇，匪首伏诛。战后，天子命在此建天帝庙，勒碑以志，并将此地命名曰天子坪。如今，庙、碑已不复存焉！只留下天子坪待考证。

賨人谷里惊奇险

賨人谷景区面积约 41 平方公里，以奇山、秀水、幽洞、丽峡、飞瀑、湖泊、涌泉、怪石、古栈、茂林著称，被誉为川东"小九寨"、国家 AAAA 级旅游区、省级风景名胜区、省级森林公园。景区海拔在 1000 米左右，森林覆盖率达 95%。

顺着白水溪向东而上，"到云雾诸山蜿蜒而来"的地方，就可到达白石洞口，即賨人谷。从南大梁高速賨人谷（临巴）出口右行到龙凤碥，或沿 318 国道向东到卷硐镇向家桥向北进入龙凤碥，或从渠县火车站站前广场向北进入原锡溪乡到八字坪右走龙凤碥就可走上賨人谷的专用公路，当然最快的还是从賨人谷（临巴）高速出口走临賨快速通道到达賨人谷。从南大梁高速公路賨人谷出口进入賨人谷景区，以前要绕很长一段路，我曾给时任临巴镇党委书记王伟军同志建议，为了发展旅游经济，从这高速出口可修建一条道路直达景区。后来，县上采纳建议修建临賨快速通道，2021 年春节前，这条快速通道通车了，从高速出口到景区只有几分钟的车程。

到了賨人谷，首先映入眼帘的是绝壁下的神犬啸天。从北侧看，恰似一只神犬向天，从下面看，就是一只巨蛙蹲座，栩栩如生，不需要想象。它高 3.69 米，长 2.68 米。据传，早在四五千年前，古代賨人就生活在宕渠这片神奇的土地上，賨人能歌善舞、骁勇善战，周武王伐纣时依靠賨人才取得胜利。賨人（板楯蛮或称七姓蛮）聚族依山而居、军民合一，那个时候就有军用防御武器——木质盾牌或称板楯。賨人当中有一个部族首领叫昝賨，他带领部族狩猎耕织、习武打仗、建筑房屋，深得推崇，上天赐予其两宝，一青蛙一猎犬。青蛙是用来捕捉害虫保护庄稼的。有一年，蝗虫发难，成群的蝗虫铺天盖地，吃光了庄稼，吃光了所有的树叶和草，賨人眼看没有收获，陷入灭顶之灾，昝賨就在前面不远的台地上筑坛祭祀，昝賨登坛求天九九八十一日，终于感动了玉帝，赐予他神犬和数以万计的青蛙前来救灾。神犬跑得快，带着青蛙吃光了所有的蝗虫。天上下起了神雨，所有的树长出了绿叶，大地一派生机。昝賨非常喜欢神犬，就把它留在身边。后来神犬就成为了賨人打仗的帮手，看家的忠诚卫士。后来，神犬和青蛙一同坐化，合二为一了。再后来，人们在它们身边依山建起了观音庙。

神犬啸天

观音寺因在白水溪侧，古人也曾叫白水寺。陈文宪《过渠县白水寺》诗云：香台高倚碧云层，宴坐秋中练气澄。下界晴阴原自隔，半空楼阁共谁登。流沙道布青羊老，葱岭经来白马僧。何事红尘无静履，不知此处问宗乘。

拜完观音就爬楼上壁，顺着现代人搭建的装饰木梯上行进入观音庙后绝壁上的賨人崖居洞群。据考证，早在先秦时期，古賨人为避战乱，在悬崖上因洞造屋，因崖修栈，形成洞穴里的"崖居部落"。整个崖居群上下相通，左右相邻；室与室之间有石梯、甬道及栈道相连。崖居建造有防御野兽和外族侵略的山寨大门。洞穴内，在岩石上凿成的神龛、石灶、石床等一应俱全。是目前川东地区发现的规模最大、档次最高的古人洞窟部落遗址。

进得洞来，眼前一暗，恍如世外。先是钟乳石倒挂的干溶洞，低头过一洞口，又一洞也。再向里，曲曲折折，灯光暗淡，向上又豁然开朗，阳光直射。石灶于边，石床于里偏上。再上楼梯，最高层也，宽敞而又明亮，当是首领住的地方。出，则是5米高的楼梯下行，再转，容一人弓身而出，就是半岩上的露天栈道。下行5米，又入"洞房"，几转几转，又露天了。10米后，再入"洞房"，宽宽窄窄，几进几出，再上行，一门当道，从此出洞，就到了龙湫瀑布之上的太平桥了。这崖居，还有一个烈女的故事。康熙《顺庆府志》载："（明时）蓝廷瑞、鄢本恕二贼陷城，罗松贞举家潜于白石洞。贼攻洞，执贞欲犯之。骂不绝口，遂投崖而死。事闻，旌表。"

而景区留下前人墨宝的当属龙湫瀑布。不知哪位先贤就在瀑布所在的悬崖绝壁上留下了摩崖石刻的四个大字"龙湫瀑布"！《渠县志》评述："雪浪惊天，珠帘映日在"！夏秋季节，雨水丰足，瀑布宽有100余米，喷云吐雾，气势磅礴，响声远及数公里以外；春冬水少，飞珠溅玉，银花逆射。百尺嵖岈挂玉虹，飞涛溅沫两溟濛；散为雨气侵晴处，激作雷声响雪中。

龙湫瀑布

三位渠县县太爷各有诗词一赞："波涛飞自洞中来，碎玉匀珠映日眩。灌溉年年期大有，激湍今古响长雷。"（雍正十三年渠县知县萧鋐）

"源高疑是自天来，光闪晴空响似雷。一自入园分润去，洛阳早见万花开。"（乾隆五年渠县邑侯何士钰）

"碧岩耸，玉洞深，时闻山水清音。指点龙湫如画，珠帘照眼明。仿佛屏风九叠，依稀匹练千寻。是否银河倒挂？云霭霭，烟凝凝。"（嘉庆十七年邑侯王蔺三）

邻水县令徐枝芳在此观后，有《白石洞》一诗："盘旋鸟道上平原，古洞幽深静不喧。自有甘泉来活水，何须载酒问桃源。"

今人有诗赞云："银河倒卷出天门，飞雪鸣雷欲动魂。若是青莲来赏此，庐山瀑布莫相论。"

走过崖壁上的石栈道，龙嬉谷在这里突然遇上高达20多米的断壁悬崖，溪水一泻而下，冲击深潭，声若龙吟。这挂白帘映照在青藤绿树之间，犹如翩翩起舞的仙女飘带，美轮美奂。传说龙王在龙嬉谷玩得兴起，飞上天空，一声长吟，直落而下，地面下降一截，河谷便形成瀑布，故称龙吟瀑布。

要过龙吟瀑布，则必从其右钻天眼洞。从南面长10余米的一条窄窄的地道进入，突然中空如咸菜缸，穹顶式的结构，300余平方的面积，通高20余米，上部正中一2平方米大小的口子，状如天眼，阳光普照时，佛光从天而入。有诗曰：一洞幽深石腹藏，暗中景物似洪荒。不期头顶开天眼，却教人人见佛光。洞内洞壁洞顶钟乳石倒挂，一派肃杀、森严气势。这里也是賨王开会议事之地，所以也叫賨王洞。内设如西游记水帘洞无二，有三层平台，最高处为賨王宝座，其下依级别而坐。等级也鲜明。

从南北方窄道出天眼洞，就在龙吟瀑布之上了。这儿有积水潭，乃上游来水穿石而过成形。低头过崖下，偏头赏龙形，长达一公里的河谷龙嬉谷，洞深谷幽，布满了形态奇特的植物化石群和喀斯特地质奇观。河谷中遍布千奇百怪、奇巧多姿的岩石，正观侧瞧，仰望俯视，形状各异，或龙或狮或虎或豹，或头或嘴或角或眼，有如尊尊雕塑，供人欣赏，任人品评。可怕的是从鳄鱼口中通过，身显鸡皮疙瘩。一声惊叹后，来到賨人陈列馆。

大门口，高达2.5米的一对麒麟雄视西方。门厅内，一大型賨人征战浮雕布前壁，北墙賨国地图，南墙賨国的史书记载，地下则是战车、兵器遗物。从第一展厅起介绍賨人的历史沿革，賨与賨布、賨币，古賨七姓，兵器，賨国古都，助武伐纣、助刘兴汉、成汉立国之史，接着是历史人物賨人英杰：先秦道家、谋略家（鹖）冠子，东汉名将车骑将军冯绲、东汉名将都亭侯庞雄，蜀汉名将镇北大将军、安汉侯王平，西汉初賨人领袖"三侯"范目，西晋賨人流民起义领袖、大将军李特，我国历史上少数民族中的一位杰出政治家、大成皇帝李雄。其后一中院，内置一战国青铜虎钮錞于（城坝遗址出土放大品），高大威猛。过院坝，进入賨风传承厅：磅礴巴渝舞可战，高祖宫庭开新篇；竹枝新词歌伴舞，流风逸韵唱今天；崇丽汉阙技超群，当代后学手艺难；醉人唖洒竹筒饮，賨人待客情一湾。

賨人陈列馆

出賨人陈列馆，沿溪上行，可见一龟石立于溪中正奋力上爬，想进入清末修建的古石桥下避暑，再上，就是賨人灌溉用的水车，慢悠悠地旋转着，小溪之右，是古朴的川东民居，之上峡谷口，一七彩之湖映入眼帘，賨龙玉池也，賨王和龙女沐浴的地方。面积3000余平方米，清澈碧绿，在阳光的照耀下，色彩斑斓、五光十色，荡舟于青山侧、垂柳下的碧波之上，恍入瑶池仙景，无不心旷神怡，遐思飞扬。湖光秋月两相和，潭面无风镜未磨。

湖之上游，赫然森森一洞口，全长约500米的老龙洞也。被称为"水上画廊""地下卢浮宫"，洞庭阔大，洞顶悬石吊柱，洞壁七彩斑斓，洞内长年流水，划船游洞，恍入龙宫天庭。坐上游船，逆水而行，洞内蝙蝠翻飞，碣色洞壁上一睡狮猛醒，张口结舌，继而一猿直立，伸着懒腰，两只天鹅又翩翩起舞，正在入神，船工一声吼：注意脑壳和手。一石拳就迎面而来，来不及前仆只好后仰，双手自然向前向上作推托状。小船左磕右碰，好不容易进入中洞，突然，洞内左侧一瀑布横来，宽约5米，流水四季清澈。可每逢大地震，这瀑布变成血锈色，四川电视台《魅力发现》栏目、中央电视台《走近科学》栏目《老龙洞调查》、湖南卫视《好奇大调查》

探秘地震流红水奇观。还在遐思，船工又吼，以为又有石拳打来，急忙低头，听到的却是"看头顶大花生"，又连忙抬头，一2米长、直径近0.67米的巨型落花生垂直悬在头顶上方，还刷刷地流着水，正在惊叹时，又一奇袭来，定海神针，不，上下一般粗，乃孙悟空的金箍棒，五六米长的它正要掉下来，人们急忙躲过。再后，溪面宽了些，也明亮了些，洞口到了。出洞，却是20多米深、10多米宽、300多米长的峡谷。

关于老龙洞，流传的是这样一个故事：很久以前，龙潭山上有一位李老师，带了一帮学生娃。有一天，学生们在坝子里玩耍，一只花喜鹊在地坝上空飞来飞去，学生跟着嘻嘻哈哈到处撵。李老师听到后急忙出来看。哪知喜鹊飞到李老师头上，"喳"地一声吐出一颗鲜红的珠子，落到李老师脚边。同学们都想抢那颗珠子，李老师捡起珠子，正准备看个究竟，学生们却争着到他手里夺。李老师连忙将珠子包在嘴里，哪知那珠子一进他的嘴里就滑到他肚子里去了。李老师顿时觉得肚里发烧，口渴不已。同学们见状，急忙端茶递水，一碗接一碗，整壶茶喝完也解不了渴。李老师就到水缸边去喝，一缸水喝完还是解决不了问题。同学们就到井边给老师抬水，李老师还嫌慢了，干脆自己跑到井边埋头喝，一气就把一眼井喝干了。于是，李老师就往井里拱，拱一下成一个洞，拱了九下就成了九个洞。李老师在那洞里变成一条龙，大家把李老师叫"李老龙"，把那九个洞就叫"老龙洞"了。

为了纪念李老龙，清道光年间，修了龙王庙，二十一世纪初更名龙华寺并重建。龙华寺背靠佛手山，左傍七彩湖、右前莲花山，呈狮象锁海口之势，大气磅礴，占地面积2万余平方米。走进寺内，看到塑像姿态自然、造型优美、工艺精美。天王殿正中供奉弥勒佛像，左右供奉四大天王佛像，背面供奉韦陀菩萨；龙王殿正中供奉为民求雨救济苍生的教书先生李昂，左右分别供奉四大护法；三圣殿供奉阿弥陀佛、观世音菩萨和大势至菩萨；大雄宝殿供奉释迦牟尼、阿弥陀佛、药师如来；大殿气势宏伟、直耸云霄、庄严肃穆。

《渠县志·地理志》载："旧传有龙湫，祷雨辄应。"又记："每岁旱，祈祷辄应，土人庙祀之。"在寺庙后东100米处，有一旱洞，传说叫七洞门，康熙皇帝曾有匾挂于第七洞。更有《湫池》赞扬：一池虽狭底应宽，时有神龙在此间。每到偷湫公吏至,立看云雨出山前。

从老龙洞上部地面的水泥村道右行,就进入长长的峡谷,随后就进入比较宽阔的知县坝了,据说这儿曾做过大竹县的县城。顺着河谷水泥路前行,就可以到离老龙洞8公里的锁口峡,峡口两壁直立,陡峭挺拔,形成宽约3米的天然峡门,故称锁口峡。"阴霞生远岫,阳景逐回流。"(南北朝王籍《入若耶溪》)

峡内人烟稀少,只3户人家,植被葱郁,流清泻翠,漫步峡中,清幽静谧,赏心悦耳。峡壁高差在100米至200米之间,危崖对峙,奇峰高耸,峥嵘轩峻。谷底清溪蜿蜒,小瀑飞流。谷宽不过30米,峡谷全长近十里,除峡口一处可入,四周无路可通。水泥路通到了这里,从此上山走5000米步游道就可到省级森林公园大坡岭了。

步游道在崇山峻岭中穿行,一会在丛林中,一会在悬崖边,时缓时急,美不胜收,让人目不暇接。到得岭上,松柏参天,阴翳蔽日。踏上林间小道,只觉山风送爽,松涛阵阵,一个天然的大氧吧。早在1996年,就被批准为省级森林公园,成为人们享受自然的理想去处。山顶有面积达数十亩的天然草坪,闲坐其中,极目远眺,视野开阔,心旷神怡。人在其中,"蝉噪林逾静,鸟鸣山更幽。"(南北朝王籍《入若耶溪》)"日月何处栖?总挂松树巅。"(明代洪亮吉《天山歌》)经常有驴友借宿于此,《驴宿大坡》:邻驴早出帐,隔空唤我起。上日才进山,今朝翠如洗。

从大坡森林公园沿着一条新修的水泥路向西北方向行进,就可到达桂花岭,就可欣赏中华金桂王了。其古杆苍枝,高12米,冠盖达15米;树干最大周长4米多,树龄达千年。每年金秋时节,古桂花开,山风飘送,香泻十里,沁人心脾。在这高岗上,"桂子月中落,天香云外飘。"(唐代宋之问《灵隐寺》)树旁,还有一处周氏古墓群,与古桂相映成证。

离老龙洞6公里处的金竹林海,一万多亩白甲竹林,莽莽苍苍,覆盖山野,满眼翠绿。林海深处,辟出小路,曲径通幽,人行其中,陶情冶性。

从锁口峡前桂花树旁向右转文星山上,就进入賨花寨,这儿维修了城墙、寨门。寨门高大,城墙古色古香,站在楼上,西望宕渠关,乃张飞战张郃出关通道,再远处可看到八濛山和渠城;东望则是千步石梯上山,两侧桃李盛多,杜鹃沿坡,再上有"一碗水",全年不涸不盈,再其后青松翠竹排列有序，尤其后山有古地名古寶寨，寨上更是战壕沿边，还有造弹药的痕迹。

我学着填了一首《沁园春·寶花寨》：云雾山岗，翠野千嶂，万树送凉。舞寶花寨幛，古颜淡仰；垛墙东望，极睛风光。春暖花开，布谷接唱，千步石级练脚康！一月见，品肥桃翠李，必胀香肠。大峡口宕渠当，飞郃战决邑人遂昌。赏濛山晓雾，渠江环淌；龙湫瀑布，妆进银框。寶寨森严，水称一碗，松挺竹排列阵行。唯吾宕，就寶花寶草，无惧风霜！

就在这张飞追击张郃的宕渠关，也叫大峡口，古有"宕渠关"三字立于岩石上。东汉建安二十三年（218）刘备分巴郡的宕渠、宣汉、汉昌三县设置宕渠郡。

寶花寨

南充人王鹤有《游宕渠山》：宕渠山北转，势险似崤函。崖断云来补，蹊荒竹未芟。牛羊游壁垒，舟楫系松杉。司马江州远，青青湿布衫。

再向北就是万里坪，高1196米，乃渠县第一峰也。

（原载2011年4月13日《达州日报》，内容有增删）

古賨国都耀华夏

在土溪镇旁的渠江东岸，有一块北、西、南三面环江，东靠佛尔岩的三角地带，面积达 1820 亩的城坝遗址，这就是賨国国都，乃古宕渠县、郡治城遗址，川东北近五万平方公里文化发祥地，以罗、朴、昝、鄂、度、夕、龚七姓为代表的板楯蛮（賨人）以此为政治、经济、文化，以至军事活动中心。兴起于殷商中期，繁荣于秦汉，毁于东晋末战乱，历时约 18 个世纪。系国家级重点文物保护单位。

城坝遗址

土溪，建场于清雍正八年。县志载："初拟建河东，碍于江流移建河西，与北路各场交通称便。好事者以两地土块权之，河西土较重，议定号土溪云。"土溪酒厂,即汉碑酒厂。土溪白酒有着2000多年的历史,号称"巴山小五粮液",在蒲家湾无铭阙上就有酿酒原料红高粱的植物图案。土溪小酢酒有"高而不烈,低而不寡,绵长而尾净,丰满而协调"的独特质量风格,有"香气幽雅怡人,入口绵甜柔和,饮中畅快淋漓,饮后轻松舒适"的绵柔口感。土溪白酒醇香浓烈、澄清透明、不混浊,无悬浮及沉淀物;轻啜一口,甘美醇厚、入喉爽净、绵甜甘洌,且饮后满口生香、回味悠长、留香持久。荣获过"农业部部优产品""香港国际博览会金奖""首届和第二届巴蜀食品节金奖""四川老字号""四川省著名商标"等40多项殊荣。由于2011年9月18日特大洪灾,将其搬迁至渠县工业园区兴建汉碑万吨白酒生产基地。

来到码头,乘船过江。"迟日江山丽,春风花草香;泥融飞燕子,沙暖睡鸳鸯。"(唐代杜甫《绝句二首》)走过青草依稀的沙滩,直接走上笔直的水泥村道,道两侧阡陌交通依然,500米处,两块"城坝遗址"的文物保护标识立在坡地前的路边,它已是因连续两年的洪灾第三次向高处搬迁了。这就是賨城遗址。

遗址区海拔330米,属浅丘平坝区,其北、西、南三面环水,东靠佛尔岩,呈依山傍水之势,面积567万平方米。1970年以来,文物部门在遗址范围内陆续征集到大量战国秦汉时期遗物,包括虎钮錞于、钲、罍、缶、编钟、剑、戈、钺等具有典型巴蜀文化特征的青铜器。后来又抢救性清理了多座汉代砖室墓、西汉木椁墓和巴蜀文化土坑墓。2005年,经国家文物局批准,四川省文物考古研究院对该遗址进行了首次正式发掘,发现大量战国晚期至秦汉时期的遗存,同时对郭家台城址进行了初步调查。2013年,对郭家台城址东城墙进行解剖,发现东城墙有经过两次夯筑的迹象。2014年,为进一步探索川东地区的巴文化,了解巴文化融入汉文化的过程及秦汉帝国对西南地区的开发和管理情况,经国家文物局批准,四川省文物考古研究院联合渠县历史博物馆,对城坝遗址进行了连续系统性考古调查、勘探和发掘工作,发掘面积4000余平方米,清理出各类遗迹445处,包括墓葬44座、水井11口、灰坑336个、城墙2段、城门1处、房址8座、沟37条、窑址6座等,出土大量战国晚期至魏晋时期的遗物。遗址由城址区、墓葬区、水井区、窑址区、"津关"区、冶铁区、一般聚落区等部分组成。

再向上，一路上有零乱破碎的汉瓦、汉砖。坝顶，不少小院用汉砖砌着猪牛圈舍、用汉砖砌院坝台阶、砌阴沟阳沟。来到李家院前，一口2000多年前的老井，10多米深，井水清冽，仍在使用，井台、井壁用陶砖一类的材料砌制而成，完好无损。木辘轳井架早已换成铁的了，现在老百姓用水泵抽水，铁辘轳也成了摆设，锈迹斑斑；井壁光滑依旧，只有井栏上"勿剪勿伐勿践"六字清楚地提醒打水或路过的人们，爱护老井，诉说遥远的故事。

据了解，城坝遗址内水井分布数量较多，已发现55座，发掘清理11座。主要分布在建筑附近和集中分布的水井区两个区域。构筑方式系用陶井圈叠砌而成。有的平面呈圆形，现存坑口直径1.1米、井圈直径0.74米、深约3.7米，出土遗物主要有陶罐、陶纺轮、陶钵、陶釜、陶缸、石斧、铜钱等，有的平面呈圆形，现存坑口直径1.1米、井圈直径0.65米、深17米，用7块长0.3米、宽0.2米、厚0.06米的带榫卯结构的弧形砖相互扣合成井圈，从坑底开始向上逐层垒砌井圈。还出土了两件木简，废弃年代应为东汉时期。遗址区内尚有三口这种榫卯砖结构井圈的水井至今还被当地居民沿用。

李家大院，一个古老的院落，住户也变得稀稀落落了，只有那青石板地坝、那汉砖帮撑的柱子告诉你她曾经辉煌的历史。

过一深水田坎，2米多高300多米长的陶瓷窑场遗址立于眼前，窑墙、破碎的瓦、罐等物清晰可见。勘探发现的窑址分布较为零散，靠近城址区则相对密集。在城址外西部约50米的一处高地清理了3座窑址，并排分布，均坐西朝东，形制为半地穴式，其结构分为操作间、火门、火膛、窑室和排烟设施五个部分。还有冶铁区，这与《华阳国志》记载宕渠设有铁官相吻合。

早在周代，古代賨人就在土溪镇城坝村建立了賨国国都。《华阳国志·巴志》载：公元前314年，秦灭巴蜀后于此建宕渠道，而后改宕渠县。东汉时，车骑将军冯绲增修，俗名车骑城。《太平寰宇记》载：东晋末，地为"蛮獠"所侵而廨，遂以荒废。现城坝触地动土可发现汉代遗物，汉代陶片、墓砖等物遍布。至于官署、市街、手工工场、墓葬区布局明显，尤其东汉砖石墓云集，文字砖书法粗犷流畅，画像砖动物形象栩栩如生，上釉几何图案砖更是罕见。

整个城坝遗址都发现有房屋基脚痕迹,地面散布大量汉代筒瓦、器物残件和红烧土块及地下排水管,出土了甬钟、铜斧等;灰坑内堆积大量陶片,出土了汉代"吹乐俑",双脚盘坐,手持乐器于唇边吹奏,怡然自得,陶醉于艺术创造的欢乐之中。出土了一长42厘米、宽21厘米的汉代红陶水塘模型,其上有堤埂,有闸门,塘里有泥螺6只、鳖1只、鲢鱼、鳝鱼、鲫鱼各1条。几处窑包遗址,烧结坚实,保存无损,窑周堆积大量绳纹、布纹瓦片、陶片,厚者达2米以上。传车骑将军冯绲扩城时建造43口陶井,目前仍有三口可用。汉井一般深9～12米,井底顺置穿孔大陶缸,井壁用子母榫弧形砖围砌,井径1米左右,建造精美实用。还有土坑墓、汉砖墓及石棺。随葬品多青铜器和陶器。尤汉砖最多,估计有50万块以上,且大小不等、图案各异,征集到的就有90种以上,有文字、有几何图案、有上釉的图案砖。

在城址外,看到了发掘出来的成堆的棺椁。据悉墓葬的年代包括战国晚期、两汉和魏晋时期。其中战国晚期至西汉时期的墓葬为竖穴土坑墓,主要分布在二级阶地后面的山坡上。东汉至魏晋时期的

出土的石棺

墓葬主要分布在郭家台城址以东的山梁上,包括砖室墓和崖墓,这一时期墓葬的数量最多,遗址内也随处可见丢弃的东汉时期的花纹砖。已发掘44座,均为西汉时期墓葬,分为土坑墓和木椁墓。土坑墓数量较少,规模较小,长度一般不超过3米,宽1～2米,带有壁龛和生土二层台。墓室内仅有单棺,随葬器物少且皆为罐、豆、釜、壶、盆陶器,均放置于头龛内。木椁墓数量较多,其规模较普通土坑墓更大,长度多在3～6米,宽2～4米,墓室内常见使用青膏泥封填的情况,有的墓室底部发现用河卵石铺成的渗井或延伸至墓室外的排水沟。墓室内木椁形制规整,以榫卯相接,椁内多分箱,放置木棺及随葬品。相较于普通土坑墓,木椁墓的随葬品种类和数量也更为丰富,包括仓、罐、壶、盘、灶、釜、铜勺、铜钱等铜器、铁器、

023

陶器、漆木器等。

来到郭家台城址，它位于遗址东北部的三级阶地上，平面略呈方形，南北长约260米、东西最宽处约240米，面积近5万平方米。2017—2018年，对城址西南部发掘，发现并清理出城壕、城墙、城门、门房、街道、建筑基址、窖穴等遗迹，全面立体地展示出城址的结构布局。

城壕，它位于城墙外侧，其横截面呈倒梯形，最宽约10米、深约3米。看到城墙，它完整闭合，周长约725米，墙体残宽4～18米，部分城墙（东城墙）暴露于地表，残高约1米。城墙两侧夯筑迹象明显，西汉时期在生土台上挖槽稍作整理后层层夯土，东汉时期有过大规模增修，在西汉夯土外部堆筑包含大量瓦片、红烧土块、炭屑的灰黑色土，其上部再用黄土层层夯打。出土城门，目前发现了西城门，位于城址的西南部。整体呈东西向的长方形，垂直开在城墙上。城门经过三次修筑，遗迹现象明显。早期城门与早期城墙的修筑年代一致，存门槛石。中期城门长约17米、宽约4米，系用两排条石作为石地栿。晚期城门叠压于中期城门之上，城门东西长13.5、南北宽4米、残高1.6米。还有南门房，位于城门与城内相连处的南

宕渠城址西城门

部，平面呈长方形，长3.5、宽3米。房与晚期城门时代相同。宽阔的街道，与城门相接，西部略窄，东部较宽，南北两侧均有用条石构筑的建筑基址。已揭露的街道长约37米、宽9～12米。街道中部发现三道车辙印，宽0.15～0.5米，车辙间的距离约1.4米。留下了建筑基址，目前城址内共发现两组大型建筑基址，分别位于城址西南部街道的南、北两侧，均用条石围砌基础，存在大量使用类似石材做建筑材料的情况，为该地区特有的建筑方式。挖掘到窖穴，叠压于第10层下，打破生土，是城址内时代最早的遗迹。平面呈不规则方形，斜壁内收，平底。坑口南北残长5.3米、东西宽5.2米、深1.8米。出土约80件遗物，包括瓦当、木器、木简牍等。木简牍共计22件，废弃年代应在西汉中晚期。出土了"宕渠"文字陶瓦当10多件。大小及形制一致，均出土于郭家台城址内。圆形，当面微凸。阳文隶书"宕渠"二字竖排于当面主体位置，左右各饰一乳丁，其外起一道圆形线栏，线栏外四面各饰三条短线纹，短线纹间各夹一乳丁。当面直径14厘米、边轮宽1厘米、厚0.8厘米。

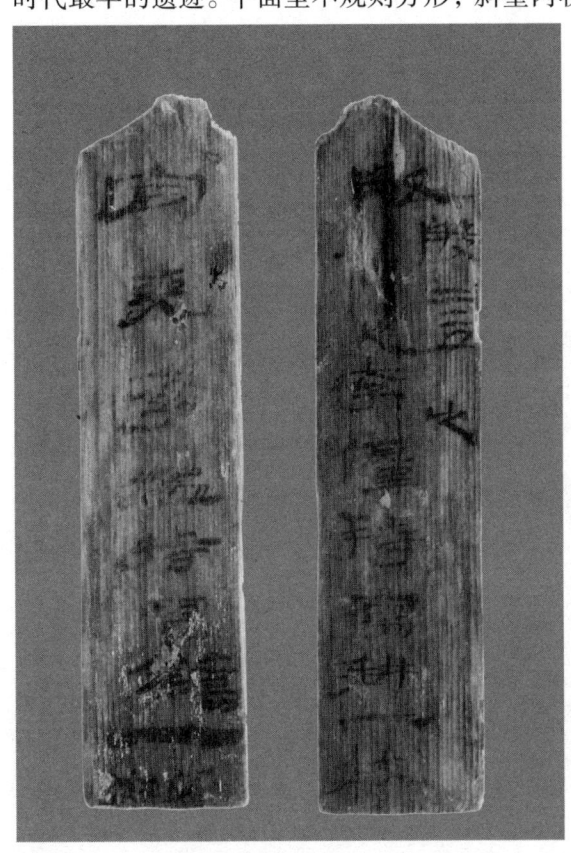

城坝遗址出土签牌

在城址的西南边，还有一处国内目前仅见的水路关口遗迹"津关"遗址。它位于城坝遗址靠近渠江的二级阶地上，地势平坦，在郭家台城址西北约500米处靠近渠江的区域进行考古发掘，发掘面积200平方米。从西汉延续至魏晋。两汉时期该区域设有一木构建筑，出土有板瓦、筒瓦、竹木简牍、石研磨器、竹编器、木器、果核等，包含有爰书、簿籍、木楬等。出土竹木简牍200余件。材质分为竹、木两种。包括简、牍、楬（签牌）等。书写较为工整，字体属西汉早期。从简牍内容看，可分为楬、书信、爰书、户籍、簿籍、识字课本、九九术表、习字简等。爰书保存完整，两面有字，书写规整，隶书。一面写有"河平二年十月"，另一面写有"平二年十月癸巳朔壬子都乡有秩□佐□史爰书长年里户人大女第君□卅八筭一产五子……"等，文字识字课本有残缺，两面有字，单行，隶书。簿籍保存完整，两面有字，篆书，记载物品名称、价值、人员姓名等。户籍简两行，单面书写，隶书，可见"平乡□□里户人公乘郡年六十九老"等字。习字简有残缺，两面有字，单行书写，隶书，可见"苍颉作书，以教……"等文字。九九术表有残缺两面有字，分栏书写，上栏四行为"五六卅，四六廿四，三六十八，二六十二"。

还有一个特殊的式盘，木质。为式盘的天盘，圆形，部分裂开散佚，残存部分留有明显的火烧痕迹，盘面可分为内、中、外三区，内区中心有一小圆孔，其外画有北斗图案，各星之间以线相连，还绘有北极星（北辰）。内区外有一圆，将内、中区分开。中区应为十二月神名称，隶书，呈环绕放射状排列，多不可辨，可见"魁""大（太）一"等字。

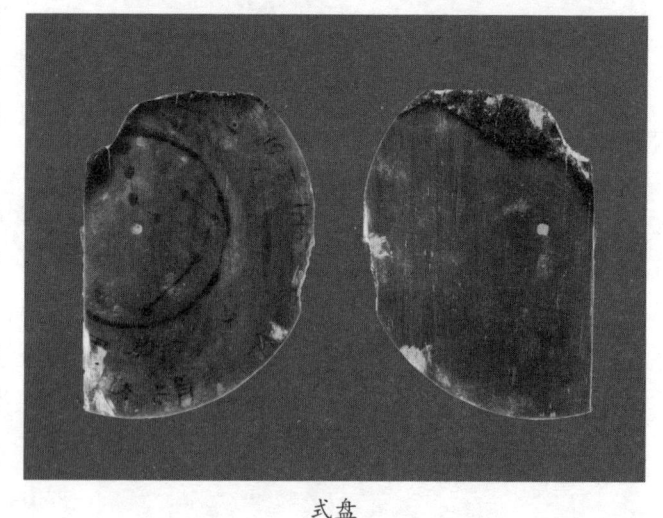

式盘

外区为二十八星宿名称，隶书，逆时针环绕放射状排列，残留"奎娄胃昴毕觜参井鬼柳星张翼"等字。

城坝遗址的简牍则是继青川秦墓木牍、成都老官山汉墓简牍之后，四川地区的新发现，在简牍发现史上具有重要意义。

2019年发掘清理东周墓葬4座，其中3座墓葬保存较好，1座墓葬仅残存一件陶罐。这批墓葬均为狭长方形土坑墓，大型墓葬的葬具为船棺。45号墓葬规模较大，长4.5米，宽1.1—1.6米，出土文物较多，且等级较高，有错金银纹饰的青铜缶、四周有蟠螭纹饰的青铜浴缶、带盖的青铜方壶，双蛇纹青铜剑，还出土了有文字"大尹必之鈚"的青铜钫，还有春秋战国时期从西亚流入我国的琉璃蜻蜓眼原物，以及一匹奔驰的青铜马，是继涪陵小田溪和宣汉罗家坝之外，巴文化核心范围内新发现的中大型墓葬，填补了战国中晚期巴国大中型墓葬的空白。

站在这废墟上，遥想当年作为賨国国都是多么的辉煌。公元前1046年某日，周武王亲自率领大军与各路会盟的人马誓师牧野，与殷商摆开决战阵势，讨伐暴虐之君。此役一举溃灭殷商，进逼殷商国都朝歌，使纣王登鹿台投火自焚，奠定了周八百年江山基业，推动了中国历史发展。在这支队伍中冲锋在前勇猛无敌的将士中，有賨人。《华阳国志·巴志》有言：巴师勇锐，歌舞以凌殷人，前徒倒戈。巴师中有叫"彭"的族落、队伍，"彭"，即"彭排"，一种特殊的楯，其主人就是"板楯蛮"，"夷人岁出賨钱四十，谓之賨民"。賨人生活于东至长江以北的渠江、嘉陵江流域、西至阆中、东至云阳、现至合川这一大片地区，而政治、军事中心在宕渠，即土溪。《华阳国志·巴志》载：宕渠，盖有故賨国，今有賨城。

公元前316年，秦惠文王后元九年秋，秦派大夫张仪、司马错举兵伐蜀，冬十月，蜀灭。同时，张仪取巴，执王以归，宕渠随之属秦。公元前314年，秦置巴郡，宕渠隶属巴郡之道、县，治所宕渠城，就是土溪镇城坝村。

秦昭襄王（公元前306年—前251年在位）时，蛮人们得到了最优厚的待遇。当时白虎为患，秦王悬赏射杀，有板楯蛮人除害。于是嘉奖：夷人每户在一顷田以下者不交租税；虽有十妻亦免交人头税，伤人者按轻重论罪；杀死了人向死者家属赔偿一定钱财可免死。而且还刻石为盟："秦犯夷，输黄龙（黄金制成的龙形）一双；夷犯秦，输清酒（好酒）一钟。"土溪，自古就是酿制好酒的地方。"要喝酒，土溪走，土溪这方有好酒""渠县有条江，喝酒当喝汤"。东汉桓帝时，宕渠出现九穗之禾。蒲家湾无铭阙浮雕上也有形似高粱的植物。

公元前206年，项羽、刘邦推翻秦朝，刘邦为汉王，治理巴、蜀。公元前202年，刘邦以"锐气喜舞""天性劲勇"的賨人"为汉前锋，陷阵"，击败项羽，建立统一大业。刘邦非常喜欢这支为他立下汗马功劳的队伍，因而免除了賨民中罗、朴、昝、鄂、度、夕、龚七姓的租税徭役，其余的"岁出賨钱四十"，保留賨人氏族、部落组织，封其大小酋长为王、侯、邑君；大力赞扬賨人在征战中壮武扬威的《巴渝舞》，称其"武王伐纣之歌也"，还将其引入宫廷。《舆地纪胜》："巴西宕渠（今四川渠县），其人勇健好歌舞。"《后汉书·南蛮传》："板楯蛮夷者……天性劲勇，初为汉前锋，数陷阵，俗喜歌舞。"《汉书·礼乐志》："《巴渝》鼓员，三十六人。"而今，土溪镇的鼓乐在全省都很出名，其耍锣以20个传统曲牌变换出206种打法，已被列入四川省非物质文化遗产。

章帝、和帝、安帝时，出现了土溪人冯焕，官至尚书侍郎、河南京令、豫幽二州刺史，汉中叶名臣；冯绲，冯焕之子，历廷尉、车骑将军，汉中叶名将；还有官至北屯司马左都侯的沈府君即沈稚，还有好几个官至"二千石"留有墓阙没有留下名的人。这一时期当是宕渠城比较兴旺发达的时期。

而从顺帝开始，到献帝，经蜀汉（221—263）至西晋惠帝（290—307年在位），这么多年来，几乎都是在战乱或置、废中度过。后来，宕渠人李特领导流民起义，其子李雄于公元304年登基大成皇帝宝座，复置宕渠郡。后因皇位继承，自相残杀，在347年，成汉灭亡。宕渠城逐渐走向衰败，于522年，南朝梁武帝将宕渠县治所迁入了渠江镇。

城坝遗址：黄土之下的文明密码

城坝遗址在东汉中后期经车骑将军冯绲增修后，达到鼎盛，故又称"车骑城"。《华阳国志》《太平寰宇记》《舆地纪胜》等文献多有记载。遗址内文化堆积十分丰富，文化层可达数米，曾出土了大量的具有巴蜀符号的、典型的各类巴蜀式青铜器及汉代文物，如铜戈、铜斧、铜矛、汉代上釉砖等，其中汉砖尤多，数以万计。有大量保存较好的水井、城墙、墓葬、窑址等文化遗迹，确定城坝遗址具备了城市的规模。目前50多口汉代水井被当地人继续使用的有3口。

一路上，有零乱破碎的汉瓦、汉砖。一口2000多年前的老井坐落在李家沱前，10多米深，井水清洌，井台、井壁用陶砖一类的材料砌制而成，完好无损，仍在供百姓使用。木辘轳井架早已换成铁的了，现在老百姓用水泵抽水，铁辘轳也成了摆设，

仍在使用的汉井

锈迹斑斑；井壁光滑依旧，只有井栏上"勿剪勿伐勿践"六字诉说着遥远的故事。不远处的燕王坟也被回填了。

古城墙遗迹位于城坝遗址中心地带，是一段长数百米、高1.2—2米、厚1米的夯土城墙。在这段汉代城墙附近的土层下，还有多处厚度为1米

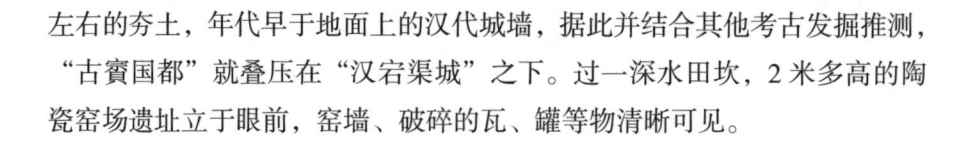

左右的夯土，年代早于地面上的汉代城墙，据此并结合其他考古发掘推测，"古賨国都"就叠压在"汉宕渠城"之下。过一深水田坎，2米多高的陶瓷窑场遗址立于眼前，窑墙、破碎的瓦、罐等物清晰可见。

《巴渝舞》和《竹枝歌》

古代賨人除了留下辉煌的遗址以外，还留下了名垂千古的《巴渝舞》和《竹枝歌》。《巴渝舞》名字的由来，当是汉高祖刘邦的首创。《后汉书·南蛮传》："板楯蛮者……天性劲勇。初为汉前锋，数陷阵。俗喜歌舞，高祖观之，曰：武王伐纣之歌也。乃命乐人习之，所谓《巴渝舞》也。"《华阳国志·巴志》也有此记载。后来刘邦将其纳入宫廷乐舞，由下里巴人变成阳春白雪。汉武帝接待外国使者，组织宫廷演出，将其作为开场节目。

再后来，出现了《竹枝歌》，賨人根据自己的意愿利用这种艺术形式随口填上自编的歌词抒发内心情感。因唱时要手持竹枝而得名。《太平寰宇记》中"巴渠风俗"说："其心心念念取舍则击鼓，踏木牙，唱《竹枝歌》为乐。"唐代诗人刘禹锡在川东亲聆了《竹枝歌》

汉井壁砖

在民间的演唱情况，并运用这种形式进行诗歌创作，写下了很多《竹枝词》。如："杨柳青青江水平，闻郎江上唱歌声。东边日出西边雨，道是无晴却有晴。"现在，宕渠大地流传的"车幺妹""薅秧歌""川江号子""车车灯"等就是仍保留着的民间艺术形式。

李雄建"大成"国

公元前314年，秦置巴郡，宕渠隶属巴郡之县，治所宕渠城，就是土溪镇城坝村。后来，宕渠人李特领导流民起义，其子李雄于公元306年登基大成皇帝宝座，复置宕渠郡。后因皇位继承，自相残杀，在347年，成汉灭亡。宕渠城逐渐走向衰败，于南朝梁武帝普通三年（522），将宕渠县治所迁入了渠江镇。

晋惠帝太安二年（303），宕渠人李特自称益州牧，建元"建初"。不久李特战死，弟李流继称益州牧。随后李流又病死，李特的儿子李雄继任，攻下成都。次年，称成都王，改元"建兴"。惠帝光熙元年（306）六月，李雄即皇帝位，国号"大成"。后来到李寿时，改国号为"汉"，因此，历史上合称为"成汉"，是十六国中建立较早的强大割剧势力。统治的地盘西至汶山、汉嘉，东抵巴东，北达汉中，南括今云南东部和贵州部分地区，其地区建置大抵沿袭蜀汉、西晋。

李雄称帝后，政治上，"简刑约法"，宣布"除晋法，约法七章"。经济上，减轻对人民的剥削：规定一个男丁每年交纳三斛谷子，女丁减半，有病的只交男丁的四分之一；每户交绢数丈，绵数两，比西晋政权的赋税要轻得多。李雄还"兴学校，置史官"，自己"听览之暇，手不释卷"。东晋史学家常璩称赞李雄"宽和政役，远至迩安，年丰谷登……事少役稀，民多富实，乃至闾门不闭，路无拾遗，狱无滞囚，刑不滥及"。

成汉王朝的第五位皇帝是归义侯李势（？—361），其贪婪残暴，荒淫好色，成汉政权在他手上灭亡。

李雄因崇拜诸葛亮，修建了武侯祠，留下了珍贵的历史遗迹。

道家兵家圣人鹖冠子

先秦道家及兵家圣人、賨人鹖冠子著《鹖冠子》。《鹖冠子》是一部以道德为本旨，兼杂、刑、名、阴刚之说的著作。鹖冠子生活在公元前300至公元前220年间，后世以大隐称之。而书在此之后则由其弟子整理而成，是为原作。

历代文人对鹖冠子评价甚高。唐陈子昂《秋日遇荆州府崔兵曹使宴》："蜻轩凤凰使，林薮鹖鸡冠。"杜甫《耳聋》："生年鹖冠子，叹世鹿皮翁。"《小寒食舟中》："佳辰强饮食犹寒，隐几萧条戴鹖冠。"陈振孙《直斋书录解题》卷9"道家类"著录《鹖冠子》3卷，云："陆佃解。案《汉志》，鹖冠子，居深山，以鹖为冠。今书十九篇。"

《鹖冠子》是一本先秦时期的重要典籍，在20世纪50年代开始，《鹖冠子》便引起了众多国外汉学家的关注，他们从不同角度对《鹖冠子》的各种问题加以分析和探讨。

　　现摘录三句：1."兵者百岁不一用，然不可一日忘也。"（《鹖冠子·近迭》）。意即军事作为解决问题的一种手段，百年可能不用一次，但是一日也不能把它忘却，否则将是十分危险的。所谓"天下虽安，忘战必危"就是这个道理。

　　2."一叶蔽目，不见泰山；两豆塞耳，不闻雷霆。"（《鹖冠子·天则》）比喻人被眼前细小事物所蒙蔽，看不到大处、远处和事物的全貌，不能认清全面的或根本的问题。现可用以讽刺有些人主观、偏颇、固执，不看现实，自欺欺人；也可比喻某些人立场、观点、思想方法不对，看不清事物的本质，分不清主流和支流。

　　3."贱生于无所用，中流失船，一葫千金，贵贱无常，时使物然。"（《鹖冠子·学问》）。大意是：物价贱是由于物没有用，比如过河行到河当中翻了船，这时一个廉价的葫芦就价值千金（因为可以救命）。贵与贱本无一定标准，不过时机使它这样罢了。这个生动的比喻说明了经济学上的价值规律。

（原载2017年2月10日《达州日报》）

渠县"賨人"独特的历史与文化

渠县位于四川达州市西南部,这里历史悠久,文化厚重,尤其是从殷商时期就在此生活并且延续三千年的板楯蛮"賨人",是渠县最古老的土著;賨人,《后汉书》有《板楯蛮列传》为载,他们有着无比辉煌的历史,和与众不同的文化。

独立的賨国

《舆地纪胜》记载:"巴西宕渠,其人勇健好歌舞,邻山重叠,险比相次,古之賨国都也。"(宋王象之《舆地纪胜》卷一百六十二,四川大学出版社2005年版。)这里所说的"巴西宕渠",即上古时生活在大巴山南北的一支重要民族——板楯蛮,秦汉时又称賨人生活的区域。他们崇拜蛇,氏族的图腾就是蛇,他们在大巴山的渠江流域生活了三千年。

"板楯蛮"是他们最早的称呼,最迟可以上溯到殷商时期。其来源是因其作战时,手持弓弩,以木板为楯,即木盾牌(木质盾牌,以土漆制过,质地坚韧,又称彭排)攻击与防御。胡三省《通鉴释文辩误》说:"余按楯,音食尹反,……板楯蛮以木板为楯,故名。"(〔元〕胡三省:《通鉴释文辩误》卷二,国家图书馆出版社2005年版)。

"賨人""賨民"是秦汉时对他们的称呼。古文献中,最早提及"賨"这个名称的是西汉扬雄《蜀都赋》:"东有巴賨,绵亘百濮。"东汉许慎《说文》说:"賨,南蛮赋也。"賨是秦汉时期西南少数民族所缴的税赋，税钱称为賨钱。《晋书·李特载记》说："巴人称賨为赋，因谓之賨人焉。"（〔唐〕房玄龄：《晋书》卷一百二十《李特载记》，中华书局1999年版）。

当今的56个少数民族之中虽然没有板楯蛮，但今天的土家族很可能就是板楯蛮之后。板楯蛮的历史可以追溯到远古，很可能，他们曾经是当时被称为"彭人"的夏朝的联合部落之一，夏朝灭亡后，殷人集团将他们从中原赶到了湖北，最后又被巴人赶到四川渠县的地界。与殷与巴的仇恨，板楯蛮积累了很长时间。

板楯蛮血性勇武，喜歌乐舞，聚族而居，兵民合一，质直好义、土风敦厚，善于弩射，慓悍骁勇，英勇善战，建房高耸，渐成賨城。

城坝遗址出土的战国虎钮錞于

《华阳国志·巴志》记载："宕渠盖为故賨国，今有賨城、卢城。"早在战国时期的公元前500年左右，板楯蛮便在也与巴人有世仇的楚国帮助下，建立了与当时的巴、蜀并列的国家——賨国。公元前500年，楚悼王"废公族疏者""往实旷虚之地"(《巴族史探微》,四川省社会科学院出版社1989年版),将宕渠作为芈(mi)姓宗裔封为诸侯国——宗(賨)国(宗为尧舜四部落之一的后代)。国都就建在今渠县的土溪城坝。在相当长的历史时期内,賨国国都所在地的渠县都是川东北政治、经济、文化的中心。

周慎王五年(公元前316年),司马错、张仪出兵伐蜀,灭蜀后,"仪贪巴苴之富",遂灭巴。公元前289年,楚王派兵入流江(渠县)"打宗围巢,执宗子(賨子即宗子,翦伯赞在《中国历史概要》曰:'在西周,国王是天下的宗子,诸侯是小国的宗子。')以归",剿灭了当时的賨国,经历了200年左右,賨国灭。

秦统一蜀、巴、賨后,在原巴蜀之地推行郡县制,在原賨国国都所在地置宕渠县(隶巴郡),治地賨城(今土溪镇城坝村),后来叫"宕渠城"。2018年城坝考古发掘出二十余枚"宕渠"瓦当,证明了宕渠城与史记一致。之所以建县名"宕渠",就是与賨人即板楯蛮有关。"宕",指賨人的住所高耸,下部离地较高,既通风防潮,又能防御毒蛇野兽的侵袭,同时也与賨人的性格有关,"勇健好歌舞",打仗时还"前歌后舞","宕"的本意就有"豪爽,不受约束"之解;"渠",指賨人的军用防御武器,木质盾牌或称板楯。《国语·吴语》:"奉文犀之渠",韦昭注曰:"文犀之渠,谓楯也。"说明,板楯的"楯"是宕渠的"渠"的由来。宕渠、渠江等名称,当由板楯蛮所居而得名。汉代,渠河称潜水,与宕渠的"渠"字无关。

賨人,因为英勇尚武,帮助过大量的中原政权进行战争。

汉归义賨邑侯印

周武王即位后的第三年(公元前1046年),当时被称为"彭人"的賨人先祖,就参加了武王伐纣的战争,在周灭商的战争中,賨人一直作为前锋，冲杀在前，玩命战斗。

賨人从大巴山长途跋涉数千里去朝歌参加武王伐纣的战争。从这场战争开始，賨人在古代的战争威名开始彰显，在战争中每每冲锋在前。

秦统一巴蜀后，司马错"率巴蜀众十万，大舶船万艘，米六百万斛，浮江伐楚。取商于之地黔中郡。"（任乃强《华阳国志校补图注》，上海古籍出版社1987年版）。板楯蛮在争夺黔中郡的征战中，成为勇武之师，战后论功行赏，获得年人均缴税四十钱的优待，比起别的民族少缴八十钱。能获得这种优待的人被称为"賨人"，板楯蛮自此有了"賨人"的称谓。

秦昭襄王时，白虎为患，賨人应募以白竹弩射虎有功，昭王乃刻石为盟："复夷人顷田不租，十妻不算；伤人者得以倓钱赎死。盟曰：'秦犯夷，输黄龙一双；夷犯秦，输清酒一钟'。"（宋范晔《后汉书》卷八十六《南蛮西南夷列传》，中华书局1999年版）。在法律严苛的秦国，賨人即使杀了秦人也未必会被判处死刑，赔偿一些青铜制品和酒就能了事，可见在秦人伐楚时賨人已得到了与秦人相同的政治地位。在巴蜀众多的族落中，仅有賨人获得了赋税的减免，许其顷田不租，杀人者得以倓钱赎死的特权。《华阳国志·巴志》载：其民质直好义。土风敦厚，有先民之流。故其诗曰："川崖惟平，其稼多黍。旨酒嘉谷，可以养父。嘉谷旨酒，可以养母。"说明此地产酒，且酒好，酿酒可以养家。

《华阳国志·巴志》载："汉高帝灭秦，为汉王，王巴、蜀。阆中人范目，有恩信方略，知帝必定天下，说帝，为募发賨民，要与共定秦。"楚汉相争时，刘邦采纳阆中賨人范目的建议，募发賨民，用以摆脱项羽的牵制。由于项羽纠缠于山东讨伐战争的旋涡之中，对"三秦"之域无暇东顾。刘邦乘机从汉中出兵，入据关中，剽勇的賨人为汉军冲锋陷阵，英勇无比，很快就占领了项羽分封地，平定了"三秦"。因为賨人立下赫赫战功，刘邦为此仿照先秦的办法，对"賨人"七大主姓罗、朴、昝、龚、咎、鄂、夕的賨民免除租税徭役，

城坝遗址出土的编钟

余姓賨民"岁出賨钱四十",保留賨人这一民族和部落组织,封其大小酋长为王、侯、邑君。賨民族由此声誉大振,令人称羡。

汉桓帝延熹三年(160),宕渠人车骑将军冯绲奉令率军南征平乱,"虽授丹阳之兵,亦依板楯",使武陵蛮降散。"长沙蛮"与"陵零蛮"合流暴动,冯绲率10万賨兵,平息叛乱。

《华阳国志》载:羌数入汉中,郡县破坏,后得板楯,来俘殄尽,号为神兵,羌人畏惧。建宁二年(169),羌复入汉,复赖板楯破之。益州之乱,太守李颙以板楯平之。

賨人是有个性的民族,敢于反对暴政。东汉顺帝、桓帝时,"板楯数反",灵帝时,"板楯复反",后来参加黄巾起义。东汉末年参加五斗米教,起兵反叛,朝廷"连年不能克。"

晋时,宕渠賨人李特率流民起义,占领成都,李雄称帝,建立成汉。

在川渝一带居民中,賨人的基因深深地隐藏在浩瀚的人海中,而不断出土的青铜器,似乎印证着賨人那段辉煌。

渠县城东26公里处有纪念賨人尚武精神的賨人谷,面积达41平方公里,以奇山、秀水、幽洞、丽峡、飞瀑、湖泊、涌泉、怪石、古栈、茂林著称。賨人谷拥有全国唯一的賨人穴居部落遗址和賨人文化陈列馆,拥有古賨文化与秀丽的自然风光,有"奇山奇水奇石景,古賨古洞古部落"的美誉。

位于渠县土溪镇城坝村的城坝遗址,又名古賨国都、宕渠城遗址,是賨人文化遗址。城坝遗址是川东地区目前尚存的历史最早、历时最长、规模最大的古城遗址。2006年5月,国务院将城坝遗址公布为第六批全国重点文物保护单位。2016年10月,国家文物局将其纳入国家大遗址保护"十三五"专项规划重要大遗址名录。2018年10月,获中国考古学会田野考古奖一等奖。2014—2018年,四川省文物考古研究院对该遗址进行了发掘工作,发掘面积共计4000平方米,已清理各类遗迹438处,主要包括墓葬44座、水井11眼、灰坑331个、城墙2段、城门1处、房屋基址4座、沟37条、窑6座等,并出土大量战国晚期至魏晋时期遗物1000余件,其中最为重要的则是"宕渠"文字瓦当及竹木简牍的出土。城坝遗址由城址区、津关区、一般聚落区、窑址区、墓葬区、水井区等部分组成。宕渠城南北长约260米,东西最宽处约240米,面积近5万平方米。由壕沟、城墙、城门、大型建筑、街道、车辙、窖穴、灰坑等部分组成。处于渠江右岸的津关遗址是国内目前仅见的水路关口遗迹，并出土了大量的竹木器，尤以大量的竹木简牍为代表。文献记载秦灭巴蜀后在川东地区设立"宕渠道"来管理当地的少数民族賨人。西汉早期，因賨人助汉灭秦有功，而改"道"为"县"。东汉晚期，始设宕渠郡，出土10余枚"宕渠"文字瓦当，150余枚竹木简牍，为我们全面了解汉晋帝国对郡县一级的管理以及普通民众的生活提供了新的材料。

巴渝舞与竹枝歌的传承

賨人在秦汉以前居住比较集中，文化特点亦比较鲜明，如船棺葬、崖墓和各种特殊形制与纹饰的青铜器，都颇有地方特色。秦汉以后，賨人与中原以及其他夷人如廪君蛮、賨瓠蛮融合的进程日益加快。汉末魏晋时期，不仅在原賨人十分集中的宕渠地区呈现出"巴夷"（即廪君蛮）与"賨民"杂居的局面，而且在原廪君蛮比较集中的巴东郡和原盤瓠蛮集中的地区涪陵郡，也都有不少賨人杂居其间。尽管如此，充分体现賨人民族特点的巴渝舞与竹枝歌还流传到了今天。

勇猛强悍是賨人特征之一。从发掘出来的巴渠上古墓葬中来看，每墓都有青铜兵器，包括剑、矛、钺、莆簇、带钩等。兵器上的虎纹造型十分逼真，其中的长胡三穿方内虎纹戈，被考古学家称为是蜀中同类兵器中最精者。

能歌善舞是賨人特征之二。他们善跳巴渝舞。歌舞时，数人敲铜鼓，男男女女手拉着手一边唱着歌，一边跳舞。跳到高潮时，铜鼓激越，人们劲歌。舞者手执"牟弩"，步伐整齐有力，作出向敌人进军的模样。这时，舞蹈已经变成战斗的演练了。

《华阳国志》指出："周武王伐纣，实得巴蜀之师，著乎《尚书》。"在牧野之战中，賨人不仅"勇锐"，而且"前歌后舞""歌舞以凌殷人，殷人倒戈"（任乃强《华阳国志校补图注》上海古籍出版社1987年版），一战成名。一战成名的不仅是賨人的勇猛强悍，还有他们的阵前歌舞。

在楚汉相争时賨人"为汉前锋，陷阵，锐气喜舞"。賨人勇健好歌舞，刘邦见且喜之，曰："此武王伐纣之歌也！"得天下后，"乃令乐人习学之。今所谓《巴渝舞》也"（任乃强《华阳国志校补图注》上海古籍出版社1987年版）。刘邦将"巴渝舞"引入宫廷，成为汉朝庙堂歌舞之一种。

"巴渝舞"这个名称来自于汉高祖刘邦。刘邦为什么把这种战前舞命名为"巴渝舞"？众说纷纭。董其祥在《巴渝舞源流考》中，把"巴渝舞"之源结论为："重庆北部四川东北部嘉陵江支流渝水（今名流江河）一带居住过一种少数民族賨人（巴人的一支），或称板楯蛮，又称獠人，创造了一种具有民族特色的舞蹈，它发源于巴郡渝水流域，故名为巴渝舞。"（董其祥：《巴渝舞源流考》，载《重庆师范大学学报》1984年第4期）巴渝舞来源于賨人是不可否认的。

巴渝舞在我国古代舞蹈艺术中占有很重要的地位。巴渝舞传入宫廷后，成为宫廷舞蹈，巴渝舞规制宏大，尽显武舞气势。汉班固《汉书》卷二十二《礼乐志》记载，巴渝舞曲目总共四章，有鼓员三十六人。用来在宫廷宴会上表演军旅战斗的场面，歌颂帝王功德。表演时，三十六名舞者自披盔甲，手持矛、弩箭，口唱賨人古老战歌，乐舞交作，边歌边舞。由于这种舞蹈是武乐舞蹈，又是是群舞，汉哀帝罢乐府后，对巴渝鼓员三十六人仍认为不可罢，交由大乐领属，将它列入雅乐舞蹈的系统。其伴奏乐器以铜鼓为主，配合击磬、摇鼗、抚琴，舞曲有《矛渝本歌曲》《安弩渝本歌曲》《安台本歌曲》《行辞本歌曲》四篇。巴渝舞发展到魏晋，已完全变成庙堂祭祀性质的舞蹈。《上林赋》赞叹巴渝舞"金鼓迭起，洞心骇耳"。

巴渝舞在隋唐之后不见记载。而在川东地区具有民族特色的歌舞传承，逐渐演变为竹枝歌。

"竹枝歌"被乐府列入《近代曲》名目。发端于賨人口头传唱的民歌，或齐歌共舞，或一人领唱众人附和，人们边舞边唱，用鼓和短笛伴奏。民间经常进行赛歌活动。最早可追溯到武王伐纣时的"前歌后舞"，后以"巴渝舞"传世。民间，在狩猎或耕作之余，相聚而歌、即兴起舞，击鼓以赴节，踏木牙为乐。

战国时期，荆楚之地有"下里"和"巴人"等流行歌曲，"下里"是楚歌，"巴人"是巴歌，"千人唱、万人和"，气氛甚为壮观。楚歌带有巴风，巴歌也有楚风，二者相互渗透，互相融合。竹枝歌与"巴渝舞""巴讴"有文化传承关系。

竹枝歌盛行于唐宋时代，是川东賨人地区民间流行的歌舞。具有鲜明的民族特色和广泛的群众基础。竹枝词则是一种诗体，是由賨人的民歌演变过来的。

竹枝词虽然源远流长，但真正让竹枝歌这种古老的曲调焕发新的光彩而成为竹枝词的，是唐代著名诗人刘禹锡。据唐刘禹锡《竹枝词序》（载《刘禹锡集》，商务印书馆2007年版）所说，他在长庆二年（822）担任夔州（今重庆奉节）刺史时，在当地看见老百姓吹着短笛，敲打着鼓，唱《竹枝》，他们一边唱一边跳，载歌载舞，还颇有赛歌的意思。刘禹锡被吸引住了，他侧耳倾听，虽然词句听不大明白，可是，那悠扬的曲调，却深深地吸引了他，他想起了屈原与屈原所创作的《九歌》等楚辞，正是从民间歌谣中汲取的营养，于是，他便开始仿照屈原作《九歌》的方式，尝试着创作了九篇《竹枝》。刘禹锡根据当地民歌创作出来的新词，既有着鲜明的民间歌谣风格，又有着浓厚的生活气息，一下子就流传了开来。他的《竹枝》清新活泼，引得当时的文人竞相模仿，就这样，竹枝词便一下子从只在民间流传，变成了雅俗共赏之物。

本为賨人民歌的竹枝歌，经刘禹锡加以剪裁后，成为竹枝词，流传于世，影响很大，这种人见人爱的新诗体，许多大诗人都留下了他们的作品。

（原载2019《文史杂志》第六期）

几落几起车骑将军冯绲

冯绲，字鸿卿（又作皇卿），巴郡宕渠（今四川渠县）人，卒于167年。幽州刺史冯焕之子，东汉时期名将，历仕顺、冲、质、桓四朝。

其年少时研习《公羊春秋》《司马兵法》。其父冯焕，汉安帝时任幽州刺史。冯焕素来痛恨奸恶之徒，并多次责罚他们。当时玄菟太守姚光也是因此而导致人事关系不协调。

建光元年（121），素来怨恨冯焕他们的人伪造玺书谴责冯焕与姚光，并赐他们欧刀。又下诏给辽东都尉庞奋让他迅速执刑，庞奋斩杀了姚光，并将冯焕扣押。冯焕想要自杀，而当时年少的冯绲怀疑诏书有假，就劝阻父亲："您先别寻短见。我觉得那个诏书好像有问题！"冯焕就问他为什么这么说，冯绲说："您每到一个地方任官，心里想的就是除奸去恶、安抚百姓。您为官坦荡荡，没有私心，皇上为什么无缘无故对您进行谴责呢？您不觉得这个事情很蹊跷吗？我估计这次一定是有小人在捣乱，用毒计陷害您。"

冯焕觉得儿子说得有理，就问怎么办，冯绲建议："您向皇上上书反映这个事情，如果真的是皇上对您不满，要问您的罪，到时甘心服罪也不晚。"

冯焕听从了儿子的话，向皇帝上书陈述事情原委。汉安帝接报，派人核实后发现，果然是有人使坏，就立即诛杀庞奋抵罪。冯焕冤屈得到申解，但他年老体弱，经不起折腾就在狱中去世。

汉安帝听闻冯焕死讯，很是同情，就赐钱十万抚其亲属，封冯绲为郎中，冯绲由此而名闻天下。为其父在其故里宕渠县治立"故尚书侍郎河南京令豫州幽州刺史冯君神道"阙。

后来，冯绲回到郡里乐善好施，经常赈救穷急之人，被郡里百姓所爱戴。

冯绲历任郡诸曹史、督邮、主簿、五官掾功曹等职，被举为孝廉，后被任命为蜀郡广都县长。在广都任职4年，冯绲颇有政绩。又升职为武阳县令，不畏强权、刚正不阿，诛杀犯法的豪强。后来，他又任广汉属国都尉，被司空府征召，为侍御史，升职为御史中丞。

建康元年（144）八月，以九江人范容、周生等为首的一伙贼人，劫掠城邑，屯据在历阳，成为江、淮之间社会稳定的巨大隐患。朝廷派冯绲以御史中丞的职务身份，都督扬州的军事要务，与中郎将滕抚一起打败群贼。但是，冯绲因为强行迫使州郡进兵而被制裁。不久后，冯绲被朝廷司徒府看中了，委任他为廷尉左监正、治书侍御史。再后来，冯绲出任陇西太守。冯绲上任后，确立"恩信"方针晓谕羌人。羌人觉得这个太守挺靠谱的，就都停止活动各自散归原处。冯绲用这个办法，成功地解决了羌人的问题。

冯焕阙铭文

后来，冯绲因事被免职。陇西的羌人又暴动，朝廷看到此前冯绲任陇西太守时，羌人挺服他，再叫冯绲出马任陇西太守。成语"蛇盘绶笥"的来历与冯绲任此职有关。《后汉书·许曼传》记载说，汉桓帝时期，冯绲到任陇西太守，曾打开一个装着印绶的箱子，有两条赤蛇分南北走。冯绲让许曼算了一卦。算成后，许曼说："3年后，您会出任边将，官职有'东'这个字，应当往东北行3000里。再过5年，还会担任大将军，出兵南征。"延熹元年，冯绲出任辽东太守，讨伐鲜卑。过了5年，又拜车骑将军，进击武陵蛮贼，都和占卜的结果一样。后来，"蛇盘绶笥"引申为带兵远征的意思。

此后，冯绲在一段时期内像走马灯似的，不断变换工作岗位，先后担任过议郎、治书侍御史、尚书、辽东太守、京兆尹、司隶校尉、廷尉、太常等。很有意思的是，冯绲前期担任的职务都是文官，后期的职务都是武官。

延熹五年（163）之前，长沙叛军进犯益阳，同时，武陵的土著蛮夷也跟着起闹，在江陵一带抢掠，荆州刺史刘度、南郡太守李肃吓得弃官而逃，荆南全都陷于叛军之手。此时，朝廷委任冯绲为车骑将军，领10多万宾兵前去讨伐。他多了个心眼，担心自己在前方冲锋陷阵，后面被宦官们下烂药中伤，就向皇帝上书说："如果皇上您听信谗言，就是伯夷那样的人，也可以被怀疑；如果不被猜疑，即使是盗跖那样的人，也是可以信任的。所以，乐羊子立了阵功，魏文侯拿出了一筐谤书给他看。现在，我想请派一个中常侍（宦官的一种官职）到军中，监督财费收支情况。"冯绲率军浩浩荡荡抵达长沙郡。叛军听说是冯绲来征讨，吓得主动乞降。皇帝下诏要赐赏冯绲一亿钱，但冯绲坚决推辞不接受。冯绲率军回师后，把平定荆南的功劳推给应奉，还举荐应奉担任司隶校尉。然后，上书希望能辞职回家，但朝廷没有同意。

让冯绲防不胜防的暗箭朝他射来了。监军使者张敞，受到宦官的指使，上奏弹劾冯绲，说他带两个奴婢穿军服随军出征，又在江陵刻石记功，请求有关部门对冯绲进行审理。尚书令黄俊奏议说是小事不必过多纠缠。这时，长沙的盗贼又起兵了，攻击桂阳、武陵二郡。这下，宦官们抓到冯绲的把柄了，说他没有把盗贼杀干净就把军队带回来了，导致那里军力空虚，盗贼再起。于是，请求辞职没被批准的冯绲遭到了免职。回到老家在宕渠城增修城池，后人就叫"车骑城"。

不久，朝廷又拜冯绲为将作大匠（官名，掌管宫室、宗庙、陵寝及其他土木营建），转任河南尹。后改任廷尉、屯骑校尉、廷尉等。

永康元年（167）十二月，冯绲去世。汉桓帝下诏赐谥号"桓"，葬在家乡渠县。冯绲去世后，时人为他撰写了碑文《车骑将军冯绲碑》，今存录于《全后汉文》中。清嘉庆《渠县志》艺文志也载有《汉故车骑将军冯公之碑》：君讳绲，字皇卿，幽州君之元子也。少耽学问，习父业，治《春秋》《严韩诗》，食氏，兼律大杜。弱冠诏除郎，还□任郡曹，历诸曹史、督邮、主簿、五官掾功曹，举孝廉，除右郎中。蜀郡广都长逼直荒乱，以德绥抚化沐。□行到官四载，功称显著。郡察廉吏，州举尤异，迁犍为、武阳令，诛疾强豪，以公去，官部广别驾，治中从事，辟司空府侍御史，御史中丞，奉使徐、扬二州讨贼。……永康元年十二月薨，一要金紫，十二银等，七墨绶。将军体清守约，既来迁葬，遗令坟茔，取臧形而已，不造祠堂，可谓履真者矣。恐后人不能纪知官所吏历，故勒石表绩，以曌来世。八百多年后的宋开宝三年（970），宋太祖赵匡胤封冯绲为应灵侯。熙宁九年（1076），宋神宗赵顼封冯绲为应灵公。崇宁三年（1104），宋徽宗赵佶封冯绲为惠应王。乾道八年（1172），宋孝宗赵昚加封冯绲为惠应昭泽王。

在渠县大神山有冯公庙，庙门有一牌坊，坊上正中竖刻楷书"勅封仁济王"，周围饰以深浮雕蟠龙。横坊上刻"护国祐民"四字，坊柱刻联"正直代天宣化；慈祥为国救民。"另东、西两边横坊上阴刻颜体大字"功高""德远"。坊上序批：民等世代躬耕，山下丰衣足食，感恩而建此坊。冯绲被称为土主，当地人每年二月予以祭祀。

在渠县城，原有冯将军祠堂，建有冯公碑，此祠多有灵验。崇宁二年（1103），宋徽宗赐庙额为"济远"。现有济远街。

（"巴文化·达州故事"征文）

汉阙背后的历史烟云

2009年5月9日至10日,国家文物局专门组织时任国家文物局古建筑专家组组长、教授级高级工程师罗哲文先生等专家组率队亲临渠县,冒雨深入到全国重点文物保护单位"渠县汉阙",进行了认真细致的实地观察、研究,提取珍贵资料依据。

专家组指出:渠县汉阙的价值之大,全国罕见。6处汉阙组成渠县汉阙群,成为汉代文化实物见证,为弥足珍贵的文化遗产。阙的集中存在,体现了川东北一带在当时出现了很多重要人物,发展水平非同一般。它既是研究四川汉代建筑、文化、经济、民俗、民风的重要实物资料,也是研究川东历史沿革、文化经济交流、交通关系发展的重要历史资料。它们集我国古代建筑、艺术、力学、美学、哲学于一体,具有极高的历史、艺术、科学价值。2009年6月13日,渠县被中国文物学会授予"中国汉阙之乡"。

那时,专家们考察完渠县汉阙

冯焕阙

要从土溪镇、青神乡、水口乡三个乡镇去，十分不便，我曾在《宕渠遗存寻觅》一书中建议修一条道路将所有六处七尊汉阙串联起来就好了，不久，县上采纳建议修建览阙路，2013年底竣工通车。

东西无铭阙

阙的建造，在我国已有3000多年历史。在汉代，要官至"二千石"以上者，墓前才有资格立阙。渠县汉阙是墓阙，除沈府君阙双阙尚存外，其余五处仅剩单阙了。

从渠县览阙路东大门西行300多米，就到了全国重点文物保护单位渠县汉阙之赵家村东无铭阙了。该阙建造年代为东汉晚期。原为双体阙，现仅存东阙，子阙和阙顶已损毁。该阙由阙基、阙身、阙楼、阙顶（已毁）四部分组成，除阙顶外高4.17米。阙身正面素平无铭文，上部刻展翅欲飞的朱雀，羽纹镌刻精细，下端浮雕的玄武已风化不见。有墓室21平方米。

由此再继续向西行150米，就是赵家村西无铭阙，为东汉晚期所建。原为双体阙，现存右阙，阙顶已损坏。阙高3.96米，阙身正面素平无铭文，其上浮雕朱雀、玄武；枋子层正面刻辅首。

西侧壁雕刻一白虎，楼上为人物图，顶部西、北两面交角处为一虎扑住一羊咬住其颈，其后一人两手奋力紧拽虎尾。

阙身背面最上部有"官人出行图"，一马夫备好马车静等，三侍从肃立恭候，一侍从递上帽子，官人漫步前往。其下为仙女六博，正在六博的为两个羽人（仙人），一个两手伸张、面部因紧张而狭长，似在计算或争辩着博筹；一个双手相抱于胸前、两肩微耸、一脸不屑，两肩羽带无力下垂。有墓室三座并排。

冯焕阙

冯焕阙建于建光元年（121），原为双阙，现仅存东阙。东阙由母阙和子阙组合而成，现仅存母阙，立于长2.5米、宽1.3米基座之上。

阙身正面铭文是："故尚书侍郎河南京令豫州幽州刺史冯使君神道"，为双竖刻。冯焕阙总高4.38米，由阙基、身、枋子层、介层、斗栱层、屋顶六部分组成。阙基之上矗立着用青砂石做成的阙身，楼部由4层大石块叠就。正面铭文录书"故尚书侍郎河南京令豫州幽州刺史冯使君神道"20字。铭文下为饕餮，浅浮雕，威严怪异，令人望而生畏。有墓道与墓室相通，墓室约121平方米。

冯氏父子有这样的故事：父亲冯焕蒙冤受屈，儿子为父伸冤，名动天下。

冯焕，字平侯，出生年月不详，死于121年，东汉巴西宕渠人。冯焕自幼勤奋好学，博览文武典籍。出仕后，任掌管朝廷文书章奏、协办日常政务的尚书和为宫廷办事的侍郎。尚书，秦朝时为处理宫廷内务少府的官员，掌管章奏之事。

养由基射猿

永元元年（89），冯焕随幕府中护军、写《汉书》的著名史学家班固北伐北匈奴。冯焕一路上出谋划策，屡建功勋；后来，冯焕出任河南京令、豫州和幽州刺史等职。

建光元年（121）初，冯焕奉令率玄菟太守姚光、辽东太守蔡讽等，领兵征讨反叛的句骊王，大获全胜。

朝中素来对冯焕有积怨的人，看到冯焕又立了新功，就想干掉他。他们伪作玺书谴责冯焕和姚光，又赐以欧刀命令辽东都尉庞奋立即行刑。庞奋斩杀了姚光，将冯焕扣押。冯焕想不通，想要自杀。儿子冯绲站出来对冯焕说了一席话，不仅洗清了冯焕的冤屈，还让自己名闻天下。

冯绲，字鸿卿，出生年月无法考证，死于167年。年少时研习《公羊春秋》《司马兵法》。冯绲看到父亲痛不欲生，就劝阻，冯焕听从了儿子的话，向皇帝上书陈述事情原委。汉安帝接报，派人核实后发现，果然是有人使坏，就立即诛杀庞奋抵罪。冯焕冤屈得到申解，但他年老体弱，经不起折腾，在狱中去世。

汉安帝听闻冯焕死讯，就赐钱十万抚其亲属，封冯绲为郎中，为其父在故里宕渠县治立"故尚书侍郎河南京令豫州幽州刺史冯使君神道"阙。

冯绲历任郡诸曹史、督邮、主簿、五官掾功曹等职，被举为孝廉，后被任命为蜀郡广都县长。在广都任职4年，冯绲颇有政绩。又升职为武阳县令，不畏强权、刚正不阿，诛杀犯法的豪强。后来，他又任广汉属国都尉，被司空府征召，为侍御史，升职为御史中丞，出任陇西太守。延熹元年出任辽东太守，讨伐鲜卑。过了5年，又拜车骑将军。很有意思的是，冯绲前期担任的职务都是文官，后期的职务都是武官。

永康元年（167）十二月，冯绲去世。汉桓帝下诏赐谥号"桓"，葬在家乡渠县。800多年后的宋开宝三年（970），宋太祖赵匡胤封冯绲为应灵侯。熙宁九年（1076），宋神宗赵顼封冯绲为应灵公。崇宁三年（1104），宋徽宗赵佶封冯绲为惠应王。乾道八年（1172）宋孝宗赵昚加封冯绲为惠应昭泽。

冯绲之弟冯允（生卒不详），东汉哲学家。《后汉书·冯绲传》载其"清白有孝行，能理《尚书》，善推步之术。拜降虏校尉，终于家。"可见冯允是一个有孝行和高深学问的巴蜀名士，冯允谢世后，朝廷准勒石立阙纪念。

阙上书法为汉代中晚期隶书代表作，字体取斜势，开张瘦劲，飞动清朗，在汉隶中形成独有的风格，为历代金石学家所推崇，赵明诚的《金石录》、洪适《隶释》均收录。康有为谓其"布白疏，磔（捺）笔长"，是"隶中之草"，杨守敬称"冯焕一阙，尤飞动"。

王家坪无铭阙

沿着览阙路再继续前行3000米左右，来到青神乡平碾村6组王家坪无铭阙，其建造年代在汉末。

王家坪无铭阙为双体阙，现存东阙，子阙已毁。阙高5.06米，建造风格与赵家村东、西无铭阙相似。阙基为长方形整石。阙身独石，呈下侈上收的侧脚式，上端浮雕展翅欲飞之朱雀、下端浮雕形状怪异之饕餮、无铭文；西侧浮雕青龙衔璧。楼部第三、四层石块四周布满精美雕刻，正面拱眼处刻仙女乘龙，龙作竞走姿态；背面刻玉兔捣药。

玉兔捣药，道教掌故之一，见于汉乐府《董逃行》。相传月亮之中有一只兔子，浑身洁白如玉，所以称作"玉兔"。这种白兔拿着玉杵，跪地捣药，成蛤蟆丸，服用此等药丸可以长生成仙。久而久之，玉兔便成为月亮的代名词。

侧面刻日神、月神，在渠县汉阙中独一无二。"荆轲刺秦图"画面紧张逼真，樊于期的头颅、荆轲、秦王、秦舞阳等一一刻于画中。荆轲投掷的匕首钉在中柱上，空中飘飞的秦王被扯掉的衣袖更是刻画得淋漓尽致，再现了历史上这段有名的故事，是一幅不可多得的石刻佳作。同时，图中一武士拦腰抱住荆轲，为《史记》中所没有记载的。

沈府君阙

过王家坪无铭阙，西行 3000 米，就到了原水口乡汉亭村 10 组名叫燕家场、沈公湾的地方，有渠县唯一双阙并存、建于东汉安帝延光年间（122—125）的沈府君阙。

沈府君阙是渠县诸阙中唯一幸存的双体阙，东阙和西阙相距 21.62 米。西阙正面铭文是："汉新丰令交趾都尉沈府君神道。"

双阙各高 4.84 米，阙身均用青砂整石制成，形制、手法与冯焕阙相似。阙身正面，上皆刻朱雀、下刻饕餮，中刻铭文。东阙铭文"汉谒者北屯司马左都侯沈府君神道"，西阙铭文"汉新丰令交趾都尉沈府君神道"，东阙内侧则浮雕一青龙，利吻紧咬玉璧下之绶带，挣扎向上，欲嘘气腾云。

西阙之内侧为白虎。二阙楼部与冯焕阙相似，阙周遍布反映汉代社会生产、生活的人物和动植物深浮雕，如独轮车、农商交易、养由基射猿、仙人骑鹿、戏虎、西王母、玉兔捣药、董永侍父、九尾狐、三足鸟以及牛、羊、马诸畜和果树、水草等等。

"董永侍父"的故事是二十四孝之一，对后世有很深的影响。董永，传说为汉代千乘人，传说最早载于西汉刘向的《孝子图》："有董永者，千乘人也。小失其母，独养老父，家贫困苦，至农日，与辘车推父于田头树荫下，与人客作，供养不阙。"而记载这个故事最完善的则是干宝的《搜神记》中，经过他的整理，故事分为"鹿车载父""卖身葬父""天女适嫁""助君偿债"这几个部分，突出行孝的主题。推测墓主沈稚，可能举孝廉出身。

九尾狐，古代东亚神话传说中的奇兽，最早出现在《山海经》。古典传说中，九尾狐乃四脚怪兽，通体上下长有火红色的绒毛。善变化，蛊惑。性喜吃人，常用其婴儿哭泣声引人来探。

三足鸟，神话中说，太阳里有金黄色的三足乌鸦，古代人们就把"金乌"作为太阳的别名，也称为"赤乌""三足鸟"。

养由基射猿，养由基（生卒年不详）姬姓，养氏，名由基，一作繇基，楚国平舆邑人，《战国策·西周策》中记载："楚有养由基者，善射，去柳叶百步而射之，百发百中。"百发百中、百步穿杨成语都出自于此。

同时，让人称道的是其再正宗不过的"汉隶"书法艺术，腾气飞扬，庄重秀丽，是汉代书法中的精品。

沈府君阙历代保护较好，在阙后，现今仍有清代渠县邑候王椿源在道光二十九年（1849）竖立的一通题为《沈府君神道碑亭记》的石碑，碑上记述了沈府君阙的历史沿革及考察研究资料，为后人研究沈府君阙提供了宝贵资料。

蒲家湾无铭阙

过沈府君阙沿水泥路向西侧行 400 米远的地方，有一座与渠县诸阙阙身不同且没有围墙的蒲家湾无铭阙。此阙亦为双阙，现仅存东阙，西阙及子阙已毁，建造年代为东汉。阙高 4.25 米，身为两石上下相接而成。阙身正面素平无铭文，唯上端浮雕朱雀，中部刻铺首，西侧壁雕青龙衔壁。楼部雕刻的枋子、斗栱等建筑构件，与沈府君阙相近。介石层浅浮雕神话故事西王母、玉兔、九尾狐、三足鸟等神灵异兽图案，西王母端坐于龙虎上。斗栱层正面雕仙人骑鹿、董永侍父、玉兔捣药、双禾图、独轮车。

汉阙上的独轮车，引起我国著名机械工程专家刘仙洲的注意，将这种独轮车的发明期推及西汉晚年，觉得是一大发现。

渠县呃酒大概就是那时之前形成的吧！古代賨人发明、酿造了醇和怡畅的呃酒。公元前 206 年，呃酒是汉高祖刘邦御批的贡酒。

（原载 2017 年 3 月 31 日《达州日报》）

渠县汉阙的独特魅力

阙，是成双成对左右对称地建立在建筑群入口处的两侧的建筑物。（王建伟著《渠县历史考古文选》第79页）。

阙的出现在新石器时代就有围栏缺口的建筑，许慎《说文解字》：阙，门观也。《尔雅·释宫》：观，谓之阙。刘熙《释名》：阙，阙（缺）也，在门两旁，中央阙然为道也。

阙分五种：一是城阙，城门楼；二是宫阙，宫中有门阙；三是祠庙阙，如河南登封泰室阙、少室阙、启母阙、正阳庙阙，山东嘉祥武氏祠阙，重庆忠县庙阙，立于庙前神道；四是第宅阙，住宅也有门阙，立于贵族府第门口，多为单阙；五是墓阙，立于墓前神道两侧，约产生于西汉，当时限于帝王陵，东汉时盛行。

全国现记录在案的有37处汉阙，其中四川19处，重庆6处，山东5处，河南4处，北京、安徽、甘肃各1处。其中多处汉阙已风化不可识，只余石堆；更有多处汉阙为考古发现的一些残件，大多散存，有二三处复原；真正立在地面屹立不倒、保存相对成形的不超过29处（习惯说法），如果以渠县汉阙现存标准来看，则不超过20处，所以渠县汉阙占全国汉阙的33%，渠县"中国汉阙之乡"的称号名不虚传，以其独特的魅力傲然于世。

一、全国汉阙现状

1.四川渠县冯焕阙，原为双阙，仅存东阙母阙，子阙已废，此阙大约建于永宁二年（121），高4.38米，由阙基、阙身、阙楼（枋子层、介石、斗栱层）、阙顶四部分六层石材组成，是一座完整的仿木结构建筑。阙身独石，正面隶书铭文"故尚书侍郎河南京令豫州幽州刺使冯使君神道"，下刻一饕餮，楼部由三层大石叠成：一层，雕刻着纵横相交的枋子，二层为介石，较薄，四面平直，上面布满浅浮雕方胜纹图案，三层石块向外飞斜，呈倒梯形，两侧为曲栱，富有强烈的装饰美。栱眼壁上，正面青龙，背面玄武，刻划细腻，刀法娴熟。顶部仿双层檐，庑殿式，筒瓦，瓦纹草叶。

2. 四川渠县沈府君阙，双阙存，各耳阙皆失，阙身雕刻完整，顶部有风化，相距21.78米。左阙现由台基、阙身、楼部、顶盖四部份，由五层石材构成，通高4.85米。阙身，独石，高2.74米，正面居中竖刻隶书铭文"汉新丰令交趾都尉沈府君神道"一列十三字，清晰了了，铭文上部刻朱雀，铭文下层剥落，见部分饕餮雕刻图案，背面无饰刻，右侧柱间刻青龙衔璧绶；楼部由两层石材构成，正面居中置辅首，四隅刻角神，第二层正面居中为西王母坐于龙虎座上，有董永侍父、射猎、仙女乘鹿、玉兔捣药等雕刻图案；顶盖，一层石材，为两石合成之重檐顶，其上刻椽子、连檐、瓦当、瓦垅及四角脊。右阙与左相似，隶书铭文"汉谒者北屯司马左都侯沈府君神道"十五字，下刻饕餮，左侧刻白虎衔璧绶。阙上有独轮车，说明在汉代使用普遍。朱雀精美高大清晰，青龙有角有翼、白虎有翼，辅首衔环。还刻有怪兽、拽虎图等。

3. 四川渠县蒲家湾无铭阙，原为双阙，现存东阙，西阙及子阙毁，东阙主阙现存台基、阙身、楼部、顶盖四部，石材六层，通高4.7米，阙身由上下两石合成（渠县诸阙唯一双石阙身），上部刻朱雀展翅，右侧面刻青龙，口衔璧绶，背面正中刻辅首臀部，右后爪抓获一小兽。第二层正面居中为西王母坐于龙虎座上，左右各一人拜，背面及两侧刻仙禽神兽，有翼马、翼龙、朱雀、三足鸟、九尾狐、双头鸟，神态生动。第三层刻骑乘鹿、玉兔捣药、董永侍父、两侧有嘉禾，应该是高粱和芋头，四角有角神，顶盖为重檐庑殿顶，刻连檐、瓦当、瓦垅垄。

4. 四川省渠县赵家村东无铭阙，现在仅主阙，子阙和阙顶已失，除阙顶外高4.17米，阙身独石，正面素平无铭文，上端浮雕朱雀，下端浮雕玄武已模糊，西侧壁雕青龙，背有翼头有角，尾卷一鱼，口衔璧绶。由台基、阙身、楼部石材五层组成，斗栱层四角力士，楼四周雕刻执物女、庖厨、射猎、赶鹿、鸟衔虾蟆丸、仙人骑鹿等，十分精美。建造年代为东汉末年。

5. 四川渠县赵家村西无铭阙，原为双阙，现存右阙，子阙与阙顶已失。现存台基、阙身、楼部石材五层组成，高4.3米。阙身独石，正面素平无铭文，上刻朱雀，下刻玄武。左侧刻白虎衔璧绶，虎尾卷一蟾，楼部之下四角为力士，四周雕刻六博、戏虎、斗栱人物、兽首人身像、骑怪兽、拽虎、交换物品等，背后刻官人出行图，楼部有献礼图、送别图、辅首、鲁秋胡戏妻、仙人骑鹿、射猿、捉鸟等，建造年代为东汉末年。

6. 四川渠县王家坪无铭阙，现存东阙主阙，有台基、阙身、楼部、顶盖石材六层组成，高4.62米，阙基为长方形整石，阙身独石，正面上端浮雕展翅欲飞之朱雀，下端浮雕怪异之饕餮，无铭文；西侧浮雕青龙衔璧，青龙左后脚跨于尾上，十分别致，龙身瘦劲有力，奋势欲出，颇具动感。阙楼由枋子层、介石层、斗栱层、斗形方石层四部分组成，每部分为独立的整石。纵横交错的枋子层，正面中间刻虎头辅首，四角圆雕神态各异力士，后侧转角处刻有双螭嬉戏。楼部第三、四层石块四周布满精美雕刻，正面栱眼处刻仙女乘龙，龙作竞走姿态；背面刻玉兔捣药。侧面刻日神、月神，为渠县汉阙独一无二的。斗形方石层刻有谒见图，一门半开，一仕女侍门而立，门外四人，从衣饰看，非汉人。尤其"荆轲刺秦图"画面十分逼真，樊於期的头颅、荆轲、秦王、秦舞阳等一一刻于画中，荆轲投掷的匕首钉在中柱上，空中飘飞的秦王被扯掉的衣袖更是刻画得淋漓尽致，再现了历史上这段有名的故事，是一幅不可多得的石刻佳作。同时，图中一武士拦腰抱住荆轲，为《史记》中所没有记载的。还有"百戏"、戏虎等场面以及负重者、骑兽者、执杖者、庖厨，还有人首鸟身、辅首等怪物，皆历历在目，栩栩如生。建造年代为东汉晚期。

7. 四川梓潼县李业阙，由阙基、身、顶三部组成，阙基高0.25米，阙身高2.45米，为独石，正面刻隶书阙铭"汉侍御史李公之阙"两列八字，下部刻道光乙巳年（1845）记述县令周树棠发现并移至祠内经过，其余三面无图案和题记。顶构简单。建于建武十二年（36）。

8. 四川梓潼县贾氏双阙，风化剥蚀严重，雕刻无从辨认，上部皆失，像两石堆，相距17.2米。建于东汉晚期。

9. 四川梓潼县杨公阙，曾在建国后两次迁移，现存右阙主阙，基石与顶盖失去，有阙身及楼部一层，风化剥蚀特别严重，通高 2.6 米，隶书阙铭只两字可认，图案已见不到，只剩石堆，建于东汉晚期。

10. 四川梓潼县无铭阙，现存左阙的耳阙，由台基、阙身、楼部、顶盖组成，通高 3.54 米，剥蚀严重，铭文和图案已不见，只能辨认大体轮廓。

11. 四川绵阳杨氏阙，双阙，相距 26.19 米。左阙由台基、阙身、楼部、顶盖四部分构成，十五层石材组成，通高 5.14 米，阙身由六层（每层两石拼接）石材组成，刻有车马骑行图，楼部下面居中刻辅首，角神毁，斗栱、枋子层残缺；右阙由台基、阙身、楼部、顶盖四部分构成，十五层石材组成，通高 5.21 米，有人身兽首图，角神毁，耳阙皆全。隶书铭文只四字见。刻有异兽、仙人翼马、双龙双虎、师旷抚琴、高祖斩蛇等图案。

12. 四川德阳司马孟台阙，残损重，仅存碑石、碑帽，右阙主阙存在，由台基、阙身、楼部组成，通高 2.8 米。阙身独石，高 1.7 米，下侈上锐作侧脚式，图案风化严重。有角神、三足鸟、九尾狐、西王母、玉兔捣药、辅首等雕刻，隶书阙铭"上庸长口"。

13. 四川芦山县樊敏阙，现存左阙为出土构件于 1957 年参照高颐阙修复，主阙现有台基、阙身、楼部、顶盖组成，通高 4.95 米，台基、阙皆配置，有角神头残，有辅首口衔大鱼，有象戏表演。其耳阙，由阙身、楼部、顶盖组成，高 2.7 米，刻有西王母像。露天存放。无阙铭，阙名由其后不远处的樊敏碑认定，阙前有石兽。

14. 四川芦山县无铭阙，现存为耳阙，阙身由四块大石重叠构成，于 2006 年 10 月发掘整理出土阙顶、台基等残件，通高 2.975 米，无图案，保藏于雅安市博物馆。石兽与渠县赵家村的如出一辙。

15. 四川夹江县杨公阙，双阙存主阙，相距 11.38 米，风化严重，阙身四棱已剥蚀无棱。左阙由台基、阙身、楼部、顶盖组成，有石材十二层，通高 5.15 米，台基高 0.35 米，由两层石材合成，阙身五层，高 2.75 米，正面竖刻隶书阙铭，层数多，雕刻已风化过半；楼部四层，每层有四角兽，双虎，一汉一胡两人，顶盖一层，为重檐下檐。右阙与左阙相同，有驯兽图、双龙图、双虎图、辅首、角神等，风化严重难辨。

16. 四川雅安高颐阙，双阙，建于东汉建安十四年（209），左阙现存主阙，耳阙已失,有台基,阙身由四层整石材组成,通高2.6米;右阙由台基、阙身、楼部和顶盖构成,共十三层石材,通高5.9米,阙身为四层整石,隶书铭文,有字体风化难识。两阙相距13.6米。刻有辅首、力士、高祖斩蛇、张良椎秦皇、三足鸟、九尾狐、黄帝遗玄珠、师旷抚琴、季札挂剑、双龙双虎、车骑出行、献礼图、周公辅成王等图案。

17. 四川西昌无铭阙,1977年清理发掘,双阙,相距8米,左阙出土三石,台基、阙身、顶盖,右阙出土一石。未见纹饰及图案,建造年代在东汉中期。

18. 四川昭觉阙,1983年发现石阙残件10块,其中阙顶残石5件,阙身构件5块,有一长方形立石高1.1米,正面下面雕刻有麒麟,上面有凤凰双脚,不见身体。建于光和四年(181)。

19. 四川成都王平君阙,1980年6月在施工中发现两块有铭文的刻石,一块长2.21米,隶书铭文;另一块长2.25米,隶书铭文,两石铭文共长120余字。石上分别雕有青龙和白虎衔璧绶。建于永寿元年(155)。

20. 重庆忠县邓家沱阙,2003年发掘出土石阙构件9个,分别是基座1件,阙身3件,枋子层2件,阙顶1件。经比对为双阙。隶书铭文残缺,图案有神人戏龙图、凤凰图、天鹿图、天禄图、天马图、三足鸟、神人托月、角神等。

21. 重庆忠县丁房阙,汉代双阙,高约7米,可能为墓阙,也可能为庙阙,由台基、阙身、腰檐、二楼、顶盖五部分组成,无汉代题刻,多为后代宋、明补刻。

22. 重庆忠县干井沟无铭阙,建于东汉中期,双阙,现存右阙,由台基、阙身、一楼、腰檐、二楼、顶盖五部分组成,通高5.85米,阙基为整石板,阙身为独石,高2.53米,左侧浮雕白虎,其余三面无饰刻,一楼上下枋间各置角神,男性,全裸,正中刻辅首,腰檐上刻瓦当、瓦垅、连檐等。腰椽上置一方石,雕与下同,正面居中辅首头部、背面正中刻尾部,其上设扁石一层,其上有斗栱。

23. 重庆忠县乌杨阙,2001年6月至2002年7月考古发掘,出土主阙基、枋子层、扁顶、脊饰、子阙身等16件,复原移至三峡博物馆。有辅首衔环、朱雀、人物、角神等,阙身独石,各刻青龙、白虎。

24. 重庆万州区武陵阙,2002年,因三峡水库抢救发掘,出土阙身、阙盖两部分，阙身残高 2.15 米，一侧雕白虎衔璧，另一侧无雕刻；阙顶残缺，为两重檐式，高 0.65 米。

25. 重庆江北区盘溪无铭阙，双阙，现存右阙，已建亭保护。现有台基、阙身和楼部三部分，由六层石材构成，通高 4.15 米。阙身独石，呈侧脚式，左侧面刻白虎衔璧，右刻人首蛇身捧月，应是女娲捧月图。楼部四层石材构成，每层整石。第一层枋子，四隅刻角神，第二层为一斗二升斗栱。左阙残件右侧面刻青龙衔璧，左侧面刻伏羲捧日，为重庆四川诸阙所没有。建于东汉晚期。

26. 山东嘉祥武氏祠双阙，建于建和元年（147），乾隆五十一年（1786）金石学家黄易发掘、搜集、整理、复原，系出土文物，现存石阙、石狮各 2，石碑 2 块、画像石 43 块，隶书题记 1069 字。两阙相距 5.5 米，各高 3.4 米，建屋保护。非完整石阙。有孔子与项橐、辅首双鱼、孔子见老子、骑吏、周公辅成王、朱雀、玄武、虎、人身蛇尾、水陆攻战、荆轲刺秦、泗水捞鼎等图案。

27. 山东莒南县孙氏阙，建于元和二年（85），系 1965 年出土文物，有顶二石，阙身一石。阙身三侧有画像。非完整石阙。有人首蛇身、竖刻蛇状物、竖刻铭文、三鱼共一头、人物等，动物少。

28. 山东平邑县（费县）功曹阙，建于东汉章帝章和元年（87），四层，通高 210 厘米，为西阙，2001 年迁入平邑县博物馆，与皇圣卿双阙一道并立。三面有画像，有楼部、斗栱、顶部，完整，但小。隶书铭文，与渠县汉阙形制同。刻有车马出行、杂技、孔子见老子、泗水捞鼎等图案。少动物，多人物。

29. 山东平邑县（费县）皇圣卿双阙，建于元和三年（86），隶书铭文"南武阳平邑皇圣卿墓"。与渠县汉阙形制同。雕刻有人物、车马出行、周公辅成王、孔子见老子、人物搏击、胡汉交兵图案，少动物，多人物。

30. 山东泰安市师旷墓无铭阙，师旷，字子野，春秋后期的宫廷音乐家，有墓，墓前有石阙，呈方柱形，由阙基、阙身、阙顶三部分构成，高 2.68 米，宽 0.67 米，底座宽 0.92 米，阙顶为两层石块重叠，下层阙顶略小，刻有瓦垄，阙身为独石，四周线刻雕饰，纹饰画像分为四层，现存于泰安市博物馆。只雕刻纺车马出行图一个，其余皆纹饰画像。

31. 河南登封市少室双阙，建于汉安帝延光二年（123），为少室山庙阙，东阙通高3.36米，西阙通高3.75米，两阙相距7.6米。西阙阙基两层石板，阙身由十层石材组成，高2.99米，阙顶三块大石雕作四阿顶，顶上有瓦垄等，画像丰富，现存于室内。篆书铭文。雕刻有牵马图、斗鸡、哺雏、蹴鞠、羊虎、马戏、月宫、车骑出行、龙虎、常青树等图案。

32. 河南登封市启母庙双阙，建于汉安帝延光二年（123），毁损严重，西阙现存3.17米，东阙现存3.18米，相距6.8米，两条石相接为一层，共7层，顶存一点。基础好，无艺术性。有乐伎图、骑马出行图、郭巨埋儿图、交龙图、逐兔图、月宫图、斗鸡图、驯象图、蹴鞠图等。篆书阙铭、隶书请雨铭。

33. 河南登封市泰室双阙，元初五年建（118），庙阙，东阙高3.92米，西阙高3.96米，相距6.75米，两阙结构完全相同，由阙基、身、顶三部，每阙又分正阙和子阙联成一体，正阙高子阙低，正面刻铭文，其余各面刻画像。雕刻朱雀、玄武、双鱼、交龙、羊头、车马出行、鲧画像、辅首、虎食鬼魅、青龙、鸟、人物等。隶书铭文，保存室内。

34. 河南正阳县正阳阙，现存东阙，为重檐四阿顶子母阙，青石十三层，由阙基、身、顶三部分构成，主阙高4.25米，子阙高3.05米。阙基3层，阶梯式，母阙阙身10层，子阙阙身8层，阙顶有屋脊、瓦当、瓦垄，雕刻有人物、牛、虎、钱纹、菱形纹、云纹等，建于公元169—189年间。

35. 北京秦君阙，于1964年6月采石发现石柱2件，通高2.25米，隶书铭文，额下两侧各雕刻石虎一个；石柱础2件，一长1.13米，一长1.1米，上各雕刻伏龙一。其朱雀与渠县汉阙朱雀相似。建于元兴元年（105）。

36. 甘肃瓜州踏实土坯阙，有4座，为土坯墓阙，分别位于茔圈的茔口和神道口两侧。神道墓阙为单体阙，右阙由阙身、台基组成，阙身高3.8米，阙基高1.3米，通高5.1米。台基由十三层长方形横竖相间砌成，中间夹以草拌泥，阙身同样以土坯砖夹芦苇砌成，神道阙左阙已坍塌。茔圈口阙为子母阙，两阙相对，间距18米，右阙基高1.2米，由十二层土坯砖砌成，阙基上分砌子阙和母阙，母阙残高5.8米，子阙残高4.7米，阙身以土坯砖夹芦苇砌成，共九层。茔圈口左阙，基高1.1米，由十一层土坯砖砌成，母阙残高6.1米，子阙高4.8米。反映汉代西域建筑风格，但看不到铭文和图案。

37.安徽淮北无铭阙，2011对淮北相山公园一平台勘探调查，发现有汉阙构件54块，从残件可推测为双阙，由阙基、身、顶三部分构成，无阙楼。有瓦当、云纹、水波纹等。

二、渠县汉阙的独特魅力

1. 渠县汉阙的集中完整性

西风残照，汉家陵阙。保留汉文化信息量最丰富者，非汉石阙莫属。全国现存的37处汉阙，四川最多，有19处，其中渠县最多共6处7尊，是全国最多的地方（邓天柱著《阙乡风采》，四川文艺出版社，第149页）；重庆6处，山东5处，河南4处，北京、安徽、甘肃各1处。

四川19处，其中雅安高颐阙、绵阳杨氏阙、渠县沈府君阙、夹江县杨公阙四处为双阙存，保存较好；梓潼县李业阙、渠县蒲家湾无铭阙、渠县赵家村东无铭阙、渠县赵家村西无铭阙、渠县王家坪无铭阙、渠县冯焕阙、德阳司马孟台阙、芦山县樊敏阙、梓潼县无铭阙九处保存较好；芦山县无铭阙、梓潼县贾氏双阙、梓潼县杨公阙、西昌无铭阙、四川昭觉阙、成都王平君阙六处保存较差，几乎成石堆。同时，渠县汉阙相对集中，6处7尊汉阙处在近10千米长的古官道旁，学习、观摩、研究都相对方便。

重庆6处：重庆忠县丁房阙、重庆忠县干井沟无铭阙、重庆忠县乌杨阙、重庆江北区盘溪无铭阙四处保存较好，重庆忠县邓家沱阙、重庆万州区武陵阙为出土部分文物。

山东5处：嘉祥武氏祠双阙、平邑县（费县）功曹阙、平邑县（费县）皇圣卿双阙三处保存较好，泰安市师旷墓无铭阙、莒南县孙氏阙保存差。

河南4处：其中登封市少室双阙、登封市泰室双阙、河南正阳县正阳阙三处保存较好；登封市启母庙双阙保存较差。

北京、安徽、甘肃各1处：北京秦君阙、甘肃瓜州踏实土坯阙、安徽淮北无铭阙三处保存都差。

如此推算，全国共有23处汉阙保存较好（一般官方说29处，渠县汉阙占全国四分之一），如果再以渠县现存汉阙为标准，比较完整的不超过20处，渠县汉阙就可占全国的三分之一以上。

2. 渠县汉阙构成的独特性

阙一般由基（阙座）、身、楼、盖（顶）四个大的部分构成。

渠县汉阙阙基都为长方形整石，且比较厚实稳重，渠县话叫桩子稳，所以渠县现存汉阙六处七尊屹立二千年而不倒塌（破坏的除外）。如冯焕阙阙座长达2.5米，宽达1.3米。阙基由整石构成比较牢固，石材不好或条件不具备的地方的汉阙由好几块条石拼接而成。

渠县汉阙除蒲家湾无铭阙阙身由两石上下重叠外，其余汉阙阙身都是整石立成，上小下大，收分明显，外观高大、粗壮，其上雕刻的图案也比较大气、威武，铭文飘逸，一气呵成，不存在拼接的痕迹，也不易毁。一般上刻朱雀，中刻铭文（或无铭文），下刻玄武或饕餮，侧壁浮雕青龙或白虎。冯焕阙阙身独石高2.7米，厚0.63米，下宽0.96米，上宽0.88米。河南正阳县正阳阙和河南登封市少室双阙阙身均为10层石材，河南登封市启母庙阙阙身7层石材，著名的四川雅安高颐阙阙身也是4层石材构成；同时，渠县以外的即使以整石为身的汉阙，阙身高度也没超过冯焕阙阙身。

渠县汉阙阙楼一般由枋子层、介石层、斗栱层、斗形方石层三至四层整石构成，便于雕刻和保存。

阙楼是阙顶与阙身间分层雕刻的枋子、介石、斗栱和斗形方石的仿木结构部分。枋，常见断面为方形或长方形，一般纵、横叠压排列，楼层或平座有的两重，有的三重，枋头一般为素面，不做雕饰。渠县各阙于阙身头上施纵横交错的枋二至三重，除冯焕阙外诸阙枋子正面正中刻铺首、四角雕刻负重力士，赵家村西无铭阙西南角力士还抱着小力士。冯焕阙使用的是45度角枋。

渠县诸阙都有整石长方体介石层，较枋子层和斗栱层薄，一般四周刻神灵异兽或云纹。赵家村东、西无铭阙刻仙人骑鹿，冯焕阙则刻浮雕方胜纹图案。

渠县诸阙都有整石斗栱层，上宽下削，雕刻柱、斗栱，渠县各阙斗栱丰富。斗栱起着扩展屋面出檐和传递屋面荷载作用，斗栱基本为一斗二升，即栱上有两个散斗，斗栱由斗和栱两个组成构件，斗又分为坐斗和散斗，坐斗为长方形或方形，正中开一字口或十字口，上承栱、枋。散斗位于栱端，或开口或不开口，用以承接枋子。汉阙的栱有普通型栱和曲臂型栱两类，普通型栱的栱臂平直，两端作90度垂直而上，下角作45度角切去。或栱臂平出、两端有卷杀，卷杀有斜杀和近于圆形两种，如冯焕阙。曲臂型栱的栱臂弯曲，或栱臂弯曲呈如意云头形，如蒲家湾无铭阙、赵家村东西无铭阙所刻斗栱。另外还有一种称之为鸳鸯抄手栱的，是两朵单独斗栱的组合，一般有两个坐斗，散斗有两个或三个，如沈府君阙。

渠县赵家村东无铭阙、西无铭阙，王家坪无铭阙有整石斗形方石承接阙顶，而冯焕阙、沈府君阙、蒲家湾无铭阙却没有，斗栱层就直接承接阙顶。斗形方石层雕刻比较丰富。

阙顶一般以块石垒砌或整石雕刻，分层叠压覆盖。一般雕刻为五脊四面坡的庑殿顶，单檐或重檐，屋面雕刻出筒瓦瓦垄形状，前有瓦当，瓦垄置于瓦口内，下有遮檐板，其下为线刻或高浮雕的椽。赵家村西无铭阙有汉代独特的一种柱的形式，即束柱，这种柱是将柱捆扎在一起作为柱使用，一般认为是木料缺乏而采取的构架方式。

椽，汉阙上的椽为圆形，椽头断面也为圆形，无装饰。其摆放一般与瓦垄平行，即与阙身的前面、背面、侧面垂直。渠县汉阙的椽具有地方特色，正面或侧面正中的椽与阙身垂直，角椽从阙身的转角部分栱设，与阙身呈45度角。椽的摆放从正中椽开始向两侧，椽向外撇呈八字形，一般正面五至七椽，侧面三至五椽。

椽和瓦垄有两种对方方式，一是不对应，交错排列；二是对应，冯焕阙、沈府君阙、蒲家湾无铭阙主阙正面椽、背面椽与瓦垄对应，筒瓦落于椽上，侧面椽位于瓦沟的中部。冯焕阙于斗栱下雕刻椽头一周，排列密集，是楼层的承重结构，椽头为圆形。

瓦，有板瓦、筒瓦和勾头几种形制，板瓦为底瓦，筒瓦为盖瓦，筒瓦前端为勾头。瓦当或素面，冯焕阙、沈府君阙、蒲家湾无铭阙为云纹。

阙顶主要是五条脊，四面坡的四阿顶，即庑殿顶，整个屋顶一般用二至三块大石雕刻而成，一般正脊为一块。

脊包括正脊和垂脊两种，正脊以一块整石雕刻而成，基本以水平直线为主无装饰或雕刻扣合的瓦当。渠县冯焕阙为垂脊，阙顶一般由一块整石或多块石拼合雕刻而成。

渠县汉阙楼部内容丰富和表现活泼、多样，与所处环境有关：南方因多雨而潮湿，在建筑风格上体现了木结构的建筑形式，特别是阙的楼部表现突出，梁、枋、椽、斗栱、瓦垄等木结构上能见到的中国传统木建筑构件大多能见到，且阙顶的造型也呈坡面屋脊，出檐较大，盖住阙身，以防护多雨地区有雨水冲刷。而北方汉阙建筑结构以墙体垒砌形式为主，纹装饰主要集中在阙身，楼部和阙顶只是简单地装饰一下，显得呆板（张孜江、高文主编《中国汉阙全集》，中国建筑工业出版社，第42页）。

3. 渠县汉阙画像艺术的精美性

雕刻艺术是汉阙艺术的重要组成部分，雕刻技法包括浅浮雕、高浮雕、圆雕、阴线刻、阳线刻，渠县六处七尊汉阙，主要是采用浅浮雕、深浮雕、圆雕，呈现出七轴连环画式的画卷（邓天柱著《阙乡风采》，四川文艺出版社，第156页）。善于利用阙顶、阙盖、枋子、介石、斗栱、阙身等分层、分格构图，把天上人间、神灵异兽、民俗民风、衣食住行、神话传说、历史故事或传说、社会生活、装饰花纹等包罗万象的事物，有条不紊地展现出来。

一是表现生活场景，舞乐百戏。赵家村东无铭阙有执物女、庖厨、射猎、赶鹿等。雕刻比其他阙精美。赵家村西无铭阙楼部背面刻仙人六博图，中二人，头饰双髻，身长羽，似乎为仙人，二人正在博弈游戏，中有棋盘。还有射猿图、捉鸟图等依附于斗栱。还有炫耀墓主生前威势和仕宦生活题材，如车骑出行图，赵家村西无铭阙楼部背面刻一棚车，车后四人，左一人头戴冠，身着长袍，应为主人，右侧三人正在为主人出行前送别。如献礼图，赵家村东西无铭阙、王家坪无铭阙，所刻位置皆在檐下楼部斗形方石层正中。赵家村西无铭阙画面一门半开，一头饰双髻的侍童立于门内做接待状态，门外为请求谒见的引介者和献物者。有的执灵芝仙草、有的端一碗状物。王家坪无铭阙楼部斗栱层有偈见献礼图，刻一门，门半开，一侍女倚门而立，门外四人，从服饰看非汉人。侍女左侧一人，头装饰髻，手抱一节，门前右有三人，第一人手执一物，身着羽服，正在往前走，第二人，头装饰双髻，身着紧身衣，一手执灵芝，第三人头戴三山冠，手持鸠杖。渠县汉阙上的献物者下摆尖削，既非汉装，也非夷装，衣带飘飞似神仙，手持三株树，象献仙物的仙人。

二是表现历史故事或民间故事。其故事大多成人伦助教化。沈府君阙上董永侍父：大树下一老者坐独轮车上，一人侍立，一手拿锄，一手执一物正往其父亲口中喂送。蒲家湾无铭阙上董永侍父图上有三人，一人侍主，一人坐独轮车上。董永侍父为四川和重庆等地南方汉阙重教化的典范。其斗栱层养由基射猿却是渠县汉阙所独有。赵家村西无铭阙楼部右侧为鲁秋胡戏妻之故事，刻一树，树下一头装饰髻妇人，正在采摘树叶，其右一人露出半身，似乎为秋胡。事见刘向《列女传》，唐有《秋胡变文》。王家坪无铭阙楼部背面第一层刻有荆轲刺秦图，樊於期的头颅、荆轲、秦王、秦武阳等都一一出现在画面上，荆轲所投的匕首正好钉在中柱上，空中飘飞着秦王被扯掉的衣袖，柱边跪伏献图的人为秦武阳，秦王旁边站着侍医夏无且。当中有一力士拦腰抱住荆轲，为《史记》中的有关记载所没有。

三是表现神话传说或神灵异兽。渠县汉阙上几乎都有四方位神，一般是左青龙右白虎上朱雀下玄武或饕餮，同时楼部正面居中刻辅首，四隅刻裸身角神（力士）。

辅首：沈府君阙双阙、王家坪无铭阙、蒲家湾无铭阙楼部正面居中刻辅首，面目狰狞，巨口獠牙，口衔圆环，刻在门上看守财物，叫辅首衔环。赵家村东西无铭阙、蒲家湾无铭阙楼部楼部正面居中刻辅首，背面居中刻辅首臀部，右后爪抓获一小兽。

角神（力士）：沈府君阙双阙、蒲家湾无铭阙、赵家村东西无铭阙、王家坪无铭阙四隅刻角神也叫四角力士，一般为裸体。赵家村西无铭阙角神清晰度高，其西南角力士还抱有小力士，十分精美。

朱雀玄武青龙白虎：沈府君阙双阙铭文上部刻有展翅朱雀，左阙铭文下部石层剥落，应该刻有饕餮，右阙铭文下部却刻有饕餮，大耳双角。左阙侧面柱刻青龙衔璧绶，璧悬于上层横枋，龙有角有翼，右阙侧面刻白虎衔璧绶，璧悬于上层横枋，虎也有翼。蒲家湾无铭阙上部刻有展翅朱雀，侧面刻青龙衔璧绶，璧悬于上层横枋。赵家村东无铭阙上端浮雕朱雀，下部玄武已模糊，西侧壁雕青龙，背有翼、头有角，尾卷一鱼。其右上楼部刻一鸟口衔一物，似为虾蟆丸，虾蟆丸为玉兔捣出之仙药，为西王母所掌握。赵家村西无铭阙阙身正面上刻一朱雀，下刻一蛇缠乌龟为玄武，在渠县汉阙中最为清晰。其辅首、白虎衔璧也较为完整。王家坪无铭阙正面额下刻朱雀，尾有三羽，中羽有三眼，下刻饕餮，侧壁雕青龙衔璧绶，青龙左后足跨于魌尾上，最为别致。同时此阙斗栱上刻辅首。冯焕阙铭文下部刻有饕餮，十分形象完整。楼部正面栱眼壁雕青龙，头长角，背有翼，尾上扬，龙正向前奔走，龙前有蟾蜍。背面刻玄武，线刻，细腻生动，刀法简练。

西王母：沈府君阙双阙左阙正面楼部二层居中为西王母坐于龙虎座上，右一人宽衣博袖，捧笏而揖，后有飞鸟、奔兔，一女荷长竿，竿悬两物，乘鹿疾驰。右阙正面楼部二层居中为西王母坐于龙虎座上，及三足鸟等。蒲家湾无铭阙第二层正面居中为西王母坐于龙虎座上，左右各一人趋拜，为求仙药者。

仙女乘鹿：沈府君阙、蒲家湾无铭阙有仙女乘鹿，鹿在向前飞奔。蒲家湾无铭阙仙人头后有一连环球之物。赵家村东无铭阙楼部正面正中刻双阙，阙中间刻一鹿，鹿之左右各一人手执嘉禾或仙草，正在斗鹿，双阙外也各有一人手执嘉禾或仙草。赵家村西无铭阙仙人乘鹿居于两斗栱间。王家坪无铭阙枋子层正面刻仙女乘龙，头装饰双髻，乘坐龙背上，龙作游走态，为乘龙升天。

玉兔捣药：沈府君阙、赵家村东西无铭阙、蒲家湾无铭阙上都刻有玉兔捣药，玉兔用一前爪端盂，一爪执杵捣药，造型生动。王家坪无铭阙枋子层背面刻一仙人自天上飞下，下部玉兔迎面而来，双手捧一物捣药敬奉，仙人正用手拿筐内之药，此图在所有汉阙中最为完整精美。

拽虎：沈府君阙、蒲家湾无铭阙、赵家村西无铭阙、王家坪无铭阙上刻有拽虎图，蒲家湾无铭阙刻一人头装饰双髻，正双手用力拽住虎的尾巴往后拖拽，其虎的前爪子正抓住一个小动物用力拖入其怀。赵家村西无铭阙楼部左前转角处刻双虎戏斗，一体态较大的虎正在回头欲咬一只小虎，有一人在右侧抓住大虎的尾巴，阻止大虎欺负小虎，此图较大且十分生动。王家坪无铭阙四角中右前角刻双虎戏斗，浮雕高，一虎的躯干占了右侧面的大部分。

日月神：王家坪无铭阙楼部左侧面横栱下刻一仰面飞翔、身上有圆形标志的大鸟，这就是日月神。

独轮车：沈府君阙双阙、蒲家湾无铭阙都有独轮车，说明当时此车运用广泛。

佳禾图：蒲家湾无铭阙上有高粱和两株芋头植物，说明当时酿酒技术和生产生活水平较高。嘉庆《渠县志》载：汉桓帝时，蜀郡太守赵温以恩信降服板楯，于是，宕渠出九穗之禾。

蒲家湾无铭阙有翼马翼龙、三足鸟、九尾狐、双头鸟等图案。

4. 渠县汉阙书法艺术的精典性

书法艺术从秦代开始隶变，到东汉形成各种风格的隶书，东汉后形成今楷和今草。汉阙的铭文，大都刻在阙身正面，也有刻在侧面的，多采用阴刻，书体或篆或隶或草隶或楷隶。现存37处汉阙中，有铭文的只有中岳三阙用篆，其余皆隶书。阙铭有长有短，渠县两处汉阙有铭文，皆简短，在四川所有汉阙中铭文最为完整清晰，其余皆有损毁。冯焕阙，赵明诚《金石录》载为《冯使君墓阙铭》，洪适《隶释》载《幽州刺史冯焕神道》，建于东汉永宁二年（公元121年），仅存东阙，刻隶书大字二列，前列九字，后列十一字，合为"故尚书侍郎河南京令豫州幽州刺史冯使君神道"。

沈府君阙，建于东汉安帝延光二年（123）前后，略晚于冯焕阙，双阙完好，隶书阙铭，右阙镌"汉谒者北屯司马左都侯沈府君神道"，左阙镌"汉新丰令交趾都尉沈府君神道"。冯焕阙、沈府君阙铭文书法，则是以飞腾奔逸的风格称于后世书坛，飞动放逸，笔势开张，用笔纤劲苍郁，波磔彰彰，气势逼人。沈府君阙铭文不仅保存完好，而且字体较大，在书法艺术上，波撇尤长，任情恣逸，不拘故常，被康有为赞扬为"隶中之草"。清渠县知县王春源《沈府君神道碑亭记》上记载了汉隶二十八字发笔处具如《隶释》及宋王象之《碑目》考所载，唐代书论家张怀瓘赞其书法"作威投戟，腾飞杨波，自晋魏以来所能仿佛也"（王建伟著《渠县历史考古文选》第76页），"俱属摹搨，年来已数百纸矣。"冯焕阙书法较沈府君阙更为纤挺瘦劲，字大四、五寸，画细若箸，笔力始终如一。二铭结字精紧，布白清朗，飞腾跳掷，深韵远出。我国著名书法家、书法理论家和书法教育家，二十世纪最重要的碑学大家祝嘉品评二阙时称道：至蜀中沈府君阙、冯焕阙，几与真书无异，画势细长，如长江之水，万里浩荡，亦奇作也。（张孜江、高文主编《中国汉阙全集》，中国建筑工业出版社第53页）

（原载《巴文化研究》第五辑，四川人民出版社2021年4月第一版；
2021年《达州新论》第四期）

东汉崖墓崆峒山

崖墓，又称岩墓、仙人洞，渠县人叫蛮子洞，古代墓葬的一种形式，在石岩上穿凿洞穴作为墓室。西汉后期开始在四川出现，后迅速发展，是汉代至魏晋南北朝时期四川地区最富地方特色且流行的一种丧葬模式，在很多地方一直延续到明清。渠北镇境在渠江与流江河交汇的三角地带就有五处81口东汉崖墓。

从渠北镇前牌坊村道向前锋村前行3500米，过渠北镇第一小学（现渠县第九小学）600米的垭口，就到了渠江边了。这是前锋七社，就在右边靠河的半山腰上就有11口崖墓。一整石成壁的崖下，只见茅草高耸鸡窝草横行，遮住了好几个洞口。这一排崖墓座西向东。扯着茅草上到第四口墓前，洞口向内开凿50公分的门框，叫门楣，只有一框，叫一楣，

孝石溪东汉崖墓墓门

说明此人地位低或家庭条件差。洞（墓）内垫满了泥土，没有墓台，可能是居中而搁吧。其右1米旁，是5号墓，墓门为两楣，墓室内右侧有高出1寸的墓台，为搁棺材用，左侧为祭祀品摆放的地方，这家的条件要好些。其余几墓大致相同。墓内早已没有物品。

  在散云台，有一座崖墓位置高、小而精。在崖墓的选择方面，大多数在山脚离地1米左右，少数在山腰的岩石上，山势不大而石陡，有利于排水、通光照，视野开阔，崖面宽敞。这墓室门口成方形结构，宽高各约为2.2米，墓室后壁正中是石棺台，看其结构是在凿造崖墓时就石打凿而成，是个大概高1.9米、长1米、宽0.8米的长方体空间。石棺台的后部两边并不是90度的棱角，而是垂直的弧形圆柱，底部有一条水槽延伸到墓室门口，与一条歪斜地攀爬在山壁上的排水沟相接。石棺台被一道门隔离了，因为我们发现石棺台两边上下各有一个完整的门洞，专门设计为门柱。石棺台出来的顶上就是一个精致的二层墓楣，石棺台门口两边各有一个龛，其中，左边的龛打造非常精致，外围是个规矩的方形，入内15厘米后，又凿了棱角清晰的洞，恰能放进一尊十余厘米高的佛像。墓室正中的地面上有一口圆洞，里面堆有不少土石。整个墓室内部的凿印都清晰可见，显现出一条条美丽的线段，匠人当年是花费了不少心血的。

  向南进入流江村5社天马山下的大碾坡。这儿绕山都是崖墓，在两百米范围内坐落了34座崖墓。由于受崖石朝向的限制，墓的朝向不尽相同。这里完全被茂密的杂草遮蔽着，从远处看，根本不能发现这些珍贵的崖墓。靠近崖墓群，走到一座崖墓门口，一股冷流扑面而来，小声向着里面说话，声音在期间回荡良久。这里的崖墓墓室多为长方形、平顶，门楣为单层或二、三、四层不等，一般为素面，没有发现雕刻、画像、文字题词等凿迹。

  该村4社何家湾崖墓。墓门非常小，高宽均不足1米，室内地面沉淀了大量泥土，墓顶呈弧形，后壁正中是超过2米长的石棺台，石棺台四周平整，其右上角有一个黑洞。里面有一个石棺台，约长2米，宽0.8米，纵深不足1米。左边，又有第二个、第三个石棺台。这个墓室的建筑面积比外墓室大1倍，内墙上的凿迹比外墓工细复杂、精致。从左边石棺台到右边石棺台之间的墓顶呈弧形，犹如铁路隧道的顶，打磨非常精细。3、4

号崖墓相连，如同一个子母洞。一室四棺，一外三内，是何道理，无从考证。此墓融合了渠江流域崖墓的特点，又独具地方特色，是渠县流域的一处重要文化遗址，是研究汉代时期渠县流域社会、经济、文化、艺术、民风民俗和宗教信仰等不可缺少的宝贵实物资料，具有重要的历史、文化和科学研究价值。

来到庆丰村过庆丰水库就上崆峒山了。在山上水泥路的最高处，向右进入密密麻麻的柏树林向山顶进发。以前这儿就有崆峒庙，相传为清朝所建，座南朝北，庙宇巍峨，石狮高大雄伟，建国后改成了学校。

密林中穿行300米后，从这儿下去就是崆峒山最大的岩洞，抗日战争时期为防日寇飞机轰炸，国民党竟然将渠县司法局和渠县监狱迁到此岩洞。一步一滑地挪向前，前面竟然是100多米高的悬崖，悬崖下露出层层上收的三四层楼的黄色琉璃瓦屋顶。

小心翼翼侧着身体横着脚板向下移步，进入依崖壁而建的木房屋的顶楼，楼板稀松，还有雨水滴落的痕迹，再下5米高0.67米宽的正规木梯，就进入一个平台。平台呈条形，有100余平方米，向西长100米。堆放着一些柴草，光线暗淡，据说曾作女监。

鹞子岭东汉崖墓群

借助手机的亮光，看到木梯下的崖壁上竖刻有"嘉靖三十二年癸丑六月廿九日□□□□"，字迹十分模糊，原来是明世宗时期1553年时所刻。平台东靠洞内方向立有一镀金塑像，高近1.5米，手持法杖，面目凶狠。平台外有窗通光。接木梯处向崖壁下有一排2米宽的石梯再向下通向底洞中部，洞底漆黑，面积有400余平米。

据传，此洞内有一洞口可直通流江河，可惜被潮泥填满了。洞内朝东位向西立有两座座佛，摆有青油、柚子等供品，两盏长明灯被罩着，作为清静修身之地，真的是个好场所。

再次上山，前行300米，就是庆丰3社，临流江河的村道左侧的鹞子岭上，长30米的崖壁上，14口东汉崖墓清楚可见。

神秘贾家寨

渠北镇山坪村（原属青龙乡）贾家寨，这里三面临河，桃花溪河蜿蜒西北，流江河东南环绕，东北四百米溪河相见。一残缺的围墙里露出一口口的洞穴来。寨上有大小洞穴130余个，古洞或于乱石之间，或于树林之中，奇观万千。洞中玄机四伏，那金娃洞是洞中藏洞，洞环洞，那长寿洞有石柜、石桌、石凳。整个寨子四面为悬崖峭壁，只有一笔直小路可上。洞穴大小不等，小的有四五平方米，大的有一百平方米以上。洞高一般人弯腰就可以进出，其布局合理，里面靠内墙一侧稍高。小洞前修有排水沟，保持洞内干燥。有的洞穴可以几人并排通行，有的地方只能一人通过；有的洞穴

汉代崖墓群

可以直接通达到河边，长达数百米。这是汉代崖墓。站在山顶，只见三面临河，有桃花溪河蜿蜒西北，流江河东南环绕。那弯弯曲曲的河流把山下的台地绕成了像白鹤、团鱼形状的岛屿。

寨子的东边半山腰有一岩洞，供有如来、罗汉等，侧边还有一水井，从崖缝中有一眼泉长流不止，名长寿水。据说，以前这里还是一座寺庙，传为王爷庙遗址，旁边还立有一清光绪十七年捐款修建功德的石碑。

贾家寨风景秀美，山中植被茂密，穿行其间仿佛走进人间仙境。

贾家寨虽高耸于三面都是河流的地方，只有很小的一部分与寨外相连。而寨上却有丰富的水源，到处都可以看到蓄水池。在这高高的山上，有十几个在石头上凿出的蓄水池，其中最大的可蓄水上万立方米。有一个池子，洞口不过两张餐桌那么大，据说里面大得很，可容纳上千人，蓄水可以灌溉十几亩田。山顶平台还有一古石磨，还有复制的一尊汉阙，三副乒乓球台，几个石墩，一家农家乐。

从山顶向南，是零星的庄稼地，而地边悬崖上，老百姓修建房屋打过石头后留下的痕迹奇形怪状，有的像狗头，有的像豹嘴。在寨子西北方的流江河里还能欣赏到渠县八景之一的沙碛丰年。"水落鱼梁浅，天寒梦泽深。"（唐代孟浩然《与诸子登岘山》）

目前，这儿引进一家文化旅游公司打造贾家寨巴賨文化景区，有"岛幽、水特、寨险、洞奇"之特点，有天降神牛、王平衣冠冢、参女盼郎、賨人射虎洞、賨人崖墓群等景点。

张飞扬威宕渠

渠县八濛山在县城东北七里，连绵起伏有八处，周围有渠江环绕，最窄处不到500米，常年有烟雾蒙其上，所以叫八濛山。其山山势险要，渠江环三面，上山只有一条小路，仅容一人一骑可行。山的东面悬崖峭壁，渠江惊涛拍岸，滚滚北来；山的南面江水缓缓流淌，从容南去，这里是三国蜀汉桓侯张飞大战魏将张郃的古战场。

俯视八濛山

《三国志·蜀书》记载，建安二十年（215年），曹操打败张鲁后，留下夏侯渊、张郃驻守汉中。张郃却率军南下进军宕渠县的蒙头和荡石，就是现在的渠县八濛山，在此与张飞相持五十多天。张飞率精兵万余人，引诱张郃到不熟悉的小道与之交战，由于山道狭窄，前后无法相互救援，张飞于是大败张郃。张郃弃马寻着山路，独自与麾下十余人从间道溃逃，好不容易跑回了南郑，宕渠由此得以安宁。

张飞打败张郃后，扬扬自得，一时兴起，用丈八蛇矛在八濛山石壁上凿下两行隶书："汉将军飞，率精卒万人，大破贼首张郃于八濛，立马勒铭。"这便是后世所称道的"八濛摩岩"或"张飞立马铭"。

这一仗还得从头说起。建安十九年（公元214年）夏秋之季，刘备取得益州大部分，就派张飞到东北面的巴西郡当太守。张飞到任后，面对汉中的曹军就开始酝酿一场著名的战役——宕渠之战，这也是张飞用兵30多年最为辉煌的一场战役。

为何选择张飞守巴西郡，这是刘备从战略全局的背景下考虑的，最重要的就是看中益州北部的汉中郡。汉中位于秦岭与巴山之间的汉水平原上，并且是益州最北面的一个郡，战略地位十分重要，它是连接北面关中和南面成都平原间的必经之路。当时汉中郡张鲁割据此地30年，当年益州牧刘璋之所以从东边的荆州请来刘备，就是想借刘备来抵御张鲁。哪知请神容易送神难，刘备倒是请来了，张鲁没被拿下，刘璋却被先拿下了，鸠占了鹊巢。刘备夺取益州后，也盯上了汉中郡。汉中郡大部分边境与巴西郡接壤，其中间界线就是不高的大巴山。刘备派张飞到巴西郡的战略考量就是想消灭张鲁，把刘备的地盘扩张到汉中一线，这样就能完全控制益州，然后穿越秦岭，再经营关中，完成诸葛亮北伐中原、兴复汉室的夙愿。

莫道君行早，更有早行人。公元215年，曹操就先动手消灭了张鲁，留下大将夏侯渊、张郃、徐晃守汉中，并不断向南侵扰巴西郡。公元215年11月，张郃率领大批军队向南杀入巴西郡。张郃原为袁绍手下猛将，后来降曹，在曹操手下屡建战功，成为曹军异姓五虎上将之一。诸葛亮第一次北伐，在街亭就吃了张郃的亏，挥泪斩了马谡，当然也成就了另一位宕渠人王平。

张郃入巴西郡，是有特殊使命的，那就是帮曹操抢人，抢人才。为什么要抢人？这有两个原因：一是当时人口少。要知道，东汉时人口近五千万，经东汉末年连年征战，加之灾荒、传染病，人口大量减少，死亡十之八九，剩下的不到五六百万人，即便到了三国时期也才恢复到七百万人。二是巴西郡的宕渠县很特殊，是古代少数民族板楯蛮聚居地，古賨城也是他们的国都，板楯蛮也叫賨人，十分勇猛，他们作战时使用木板做的楯，这在冷兵器时代非常有用，孔武有力。在秦汉时賨人组成的军队就叫賨兵，当时帮汉高祖刘邦平定三秦打进关中当前锋的就是賨人，到东汉时被称为天下神兵。同时，这个地方民风质朴，尚武，多出将领，《华阳国志》"巴有将，蜀有相"，说的就是巴西宕渠出军事人才。所以说这里不是一般的人口资源提供地，而是优质兵源地。于是张郃从汉中郡首府南郑长驱直入，直达巴西郡的宕渠县。张郃部兵3万，分为宕渠、蒙头、荡石三寨，各傍山险。当日，张郃各分兵一半向阆中进发。张飞得知，急分兵5000给雷铜，自引兵1万，两路夹击张郃。张飞与张郃相遇，大战二十余回合后，雷铜引兵从张郃后军夹击，张郃不敢恋战，急忙退兵，一直败退到宕渠、蒙头、荡石三寨，坚守不出。

张飞派兵阵前叫骂，张郃就是坚守不战，一连几日都是这样；强攻山寨，又被滚木炮石打来，一直相拒了五十余天。

张飞穿针，粗中有细，一改人们对他粗犷的印象，他正在细心地做着功课。张郃部兵的宕渠、蒙头、荡石三寨，张飞都十分熟悉，他发现敌人致命的软肋，就制订了克敌制胜的方案。宕渠关在渠江东岸云雾山下大峡口，而八濛山、沿渡坝在渠江西岸，其地形就像一个乒乓球拍，拍子边缘就是渠江，蒙头在球拍把子顶端，荡石在球拍把子中段，而球拍把子直径不过500米，沿渡坝不过3平方公里，球拍把子一带有八个山头，山的两边是渠江且通道非常狭窄险陡。那张郃为何如此犯忌来扎营呢？道理很简单，他是抢人的，抢到的兵源往三面环水的沿渡坝一关，集中起来后从宕渠关、瓦合关撤离。张郃利用了沿渡坝的地形抢人关人，却忘了对阵的忌讳。

从汉中到宕渠，纵深700多里，补给不够，囤兵宕渠、蒙头、荡石，粮食是不够的，而阆中到宕渠不过200来里，张飞长期驻扎，粮草丰足。张飞审时度势、运筹帷幄，于是屯兵蒙头山前，抢占有利地形，堵住张郃向西的通道，然后深沟高垒，驻扎理来做长久打算。张飞此时却出奇的淡定、沉稳，也不再在阵前不停叫骂，而是天天喝酒作乐就是不出战。刘备闻报大惊，急找诸葛亮商议，诸葛亮却说，恐怕军中无好酒，成都好酒多，可将五十瓮好酒装三车送到阵前给张将军喝。解释这是张飞装醉诱敌。于是叫魏延送酒到前线。只见张飞收了酒，然后吩咐魏延、雷铜各引一支人马为左右翼，只要看到军中红旗扬起就各处进兵。然后命兵士将酒摆列帐下，大家开怀畅饮，击鼓而乐。

却说张郃闻报，亲自观望，果然见张飞坐于帐下饮酒，还让两个兵士在前面摔跤助乐。怒骂张飞欺他太甚。于是传令晚上劫寨，命蒙头、荡石二寨为左右援军。当夜张郃引军来到阵前，远见张飞大帐中灯火通明，正在饮酒。张郃快马向前，一枪刺倒，却是个草人。知道中计，想回跑时，张飞抓住时机亲自率领一支精兵，从旁边丛林杀出，大战三五十回合，想援军来救，却已被魏延、雷铜两军杀退。张飞这支强劲之师打得张郃军队只有招架之功，毫无还手之力，宕渠关也被张飞的军队夺了。张郃连抢到的人也不顾了，手下兵马也不要了，甚至连胯下宝马也丢了，仅仅带了十几个随从步行，悄悄穿过密林，侥幸逃出卷硐山上的瓦合关，狼狈逃回汉中，张飞取得完胜。

这一战张飞打得酣畅淋漓，把名将张郃打得大败而逃，张飞极为高兴，于是以矛代笔、以石为纸，在八濛山石壁上，留下了一段话，即《八濛山铭》（民间又称之为"桓侯碑"，或"立马铭"）：汉将军飞，率精卒万人，大破贼首张郃于八濛，立马勒铭。

由于年代久远，张飞真迹已经慢慢消失，清代文人模仿张飞的真迹，重新篆刻了一座新碑。在《八濛山铭》的隶文之后，清朝文人胡升猷还附有一段小跋记述张飞"立马勒铭、以矛刺石"，到了清朝时期，已经"壁裂字毁"，于是他就按照以前"家藏拓本重钩上石"的过程，但不管是功力还是神韵，都远不如张飞真迹。

有关张飞善书法的记载，最早就见于《刀剑录》。南梁文学家陶弘景有"山中宰相"之称，他在《刀剑录》中提到这一块石刻，确认是张飞亲手所刻。说笔丰满遒劲，气势刚健凝重，可称佳作。元代吴镇是著名的大画家，评价张飞立马铭是"关侯讽左氏，车骑更工书。文武趣虽别，古人尝有余。横矛思腕力，繇（钟繇）象（皇象）恐难如"。钟繇、皇象都是三国大书法家，吴镇认为张飞"横矛思腕力"，"繇象"都比不了。写过《临江仙·滚滚长江东逝水》的明朝三才子之首的杨慎，对张飞刻石评价是"其文字甚工，飞所书也"。

总之，这个历史上著名的杀猪汉，令人意外的还是一个超级书法大家。

宕渠之战，是张飞追随刘备参军37年来用兵生涯当中辉煌的胜利，其表现出来的用兵才能，不仅表现出体力型作战猛将的本领，更表现出智力型主帅的本领。此战后，巴西郡的秩序完全得到安定，曹魏之兵再没杀进巴西郡。

张飞立马铭

而今，351米高的八濛山也是"一半儿云遮，一半儿烟霾"。八濛山成了渠县八景之"濛山晓雾"，乾隆《渠县志》述其景观"清气朝濛，八峰隐约"。明考功任瀚题八濛山桓侯庙联，对张飞给予了极高评价："八濛山荡曹贼，熊虎驱羊，想当年气盖乾坤，独朝夕君子周旋，讵许俗编窥将略；三分国佐汉皇，蛟龙得雨，到而今惠存草木，宜伏腊遗黎奔走，犹疑高帐读兵书。"

（入选"巴文化·达州故事"，原载2019年11月5日《达州晚报》）

王平故里西阳洞

过望江乡沿省道204继续前行3000米，来到双盘村龙洞沟，向前左拐就来到三国大将王平故里西阳村，始建于清乾隆四十六年（1781）的西阳洞石窟，为佛道一体。石刻座东向西，整个造像分布在西阳洞内120平方米的崖壁上，三面横向排列，从左至右共11龛。长方形龛平顶8龛，栱形穹窿顶3龛，其中九号龛最为完整和特别。龛高3米、宽2米、深0.8米，共有石刻造像22尊，中为观音，游戏坐于菩提树台上，龛壁两侧刻小佛像20尊，均立于祥云上，龛门边各立武将，整个龛壁浮雕香草云纹。11龛共有石刻造像144尊。

1龛为月亮菩萨和太阳菩萨，此窟上横有"泽被众生"四字，且有一联配之两侧："两曜代明万国遍，四时迭运九州清"，笔法刚劲不俗。2龛为药王菩萨，坐于虎背上，手擎龙朝天，左右各一童子，此窟上书有"恩泽普济"四个大字。4龛为观音，坐于莲台之上，左右各有一力士。5龛为如来佛，结伽跌坐于莲台上。10龛为关圣人，身背大刀，披着战衣，整个龛的规格不同，高约1.5米以上、宽1米左右、深0.5米左右。

石刻共碑文四块，1号碑高0.34米、宽0.26米，2号碑高0.17米、宽0.5米，3号碑高0.26米、宽0.3米，4号碑长0.38米、宽0.14米，其中1号碑文曰："……西阳古洞经善仕李大爱等肯心殿佛两禅今口口刻太阳大阴二尊像落成口口石以志不朽……"。其他碑文均载"修路、捐款、捐木凳、捐布多少和姓名"。1号落款为"嘉庆十八年十月十二日"。有善士李公大爱父子买佛顶树数株施入西阳洞万世禁蓄以志不磨。王来遴

西阳洞

《西阳寺》：万山东去翠屏张，箐密林深界上方。几朵闲云环净土，数声清磬落疏篁。幽窗静浥千峰秀，老衲浓薰一瓣香。好向禅关参慧果，西天图画在西阳。

而与西阳洞相对应的是其对面流江河东岸的东阳洞，只是此洞已废。王来遴《东阳寺》也云：层层梵宇峙崇冈，福地悠然掬水乡。山静偶遇青嶂动，僧闲都逐白云忙。画屏耸翠迎朝旭，古树凝烟背夕阳。矗矗丹梯仙路近，一天花雨满禅房。这儿的民间至今流传着："东阳对西阳，白马对凤凰，谁若能识透，子孙做帝王！"王平故居就在离西阳洞不远的地方。左边是王平出生的将军沟，右边是凤凰山。离将军沟不到一公里，有一个官家坝，将军沟和官家坝之间有一个将军嘴。在将军坝的侧面，有一座将军山，那山的顶部，酷似古代将军戴的帽子，因此，当地老百姓又称为将军帽。还有一个王家湾，这里聚居着以王姓为主的数百人。

王平（？—248），字子均，官至镇北大将军，曾任汉中太守，封安汉侯。王平是蜀汉名将，深受诸葛亮重用。他忠勇而严整，一生南征北战，为蜀汉立下汗马功劳。王平从小寄居在外祖父何氏之家，先姓何，故史书

将军沟

有时称其"何平",后复姓王。215年,曹操占领汉中,王平随杜濩、朴胡到洛阳,成为一名代理校尉。219年,王平追随曹操参加汉中之战,此战中投降了刘备。刘备拜他为牙门将、裨将军。228年,诸葛亮开始北伐,兵出祁山。派参军马谡去把守战略要地街亭,而王平为马谡先锋。马谡察看地形后,决定舍水上山。王平一再劝阻,马谡不听。后蜀军水源被断,大败,士卒离散。唯王平领本部千余人虚张声势,断后,收拾败军徐徐而退。事后,因功破例升为参军,统五部兼当营事,进位讨寇将军,封亭侯。231年,蜀汉军的第四次北伐。诸葛亮再出祁山,王平驻守南围。魏将张郃引军进攻,王平坚守不动,张郃不能取胜。234年,蜀汉军第五次北伐。同年八月,诸葛亮病死在军中,蜀汉军撤退。魏延作乱,因王平的努力,一战平定。事后不久,王平升任后典军、安汉将军,辅助车骑将军吴懿驻守汉中,兼任汉中太守。237年,王平晋封安汉侯,代替吴懿督汉中。238年,大将军蒋琬驻沔阳,王平改任前护军。243年,蒋琬病重,回军驻扎涪县。任命王平为前将军、镇北大将军,统领汉中。244年,魏帝曹爽伐蜀。同年三月,曹爽到长安,发兵十余万人,与夏侯玄一起从骆口进入汉中。当时汉中守军不满三万,诸将慌乱,欲放弃关隘,退守汉、乐二城。王平力排众议,提出防御计划,分兵据势,王平在后接应,成功坚持到增援大军到来,魏军撤退。248年,王平去世,儿子王训继嗣。王平墓在今四川南充永安。

王平一生戎马,不会写字,认识的字不过十个。但是,经他口授、别人录写的公文书函，却都有见地，有条理。据记载，他无论是行军途中，或是驻守营地，总是让人念《史记》《汉书》中的本纪列传给他听，别人给他念完后，他不但能完全记忆下来，并能对每一个人物的得失、优点与缺点做出评价，从中汲取教训。王平遵守法度，说话严正，从不戏谑。从早到晚，正襟危坐，没有一点武将的轻躁之气。

说到王平，就要说到勾扶。《顺庆府志》载：勾扶，与平同郡，忠勇宽厚。昭烈时数有战功，爵位亚于平。官至左将军，封宕渠侯。《华阳国志》记：勾扶，字孝兴，皆邑人。《巴志》载：王子均，勾孝兴，张伯岐，建功立事。刘二主之世，称美荆楚。先汉以来，冯车骑，范镇南，皆植斯乡。故曰巴有将，蜀有相也。目前四川省渠县已经建成"王平故居纪念馆"。

李白留诗南阳寺

渠江从东安镇（原流溪乡）绕过一大湾，又西流回到土溪镇与李馥镇交界处的南阳滩前南阳寺，李白等多位著名诗人在此留有墨宝。

明代李白诗碑拓片

1980年7月，渠县历史博物馆工作人员在土溪镇（原天井乡）一村民住房内，发现一块刻于明代的题为《游南阳清冷泉》的李白诗碑。此处原为唐初建起的名刹南阳寺（又名南阳阁）。南宋绍兴中（1131—1162）守关指挥徐明舍地扩建。明代正统（1436—1449）初，云游僧果仙在此鼎建层楼，后兵毁殆尽。清康熙四十五年（1706）知县侯承垿又重建，但今无存，只留后殿。土改时分给农户，此碑因补壁才得以保存。寺庙清代楹联云："门外浅滩头，许多舟子渔翁，黄昏夜伴西岩宿；寺中深密处，幸有高人逸士，青莲句题南阳碑。""南阳其诸葛庐乎，着马足车尘,不闻刘先主冒雪三顾;西望惟释迦像耳,考苔碑薜碣,重在李谪仙寒潭一吟"。

明代李白诗碑青砂石质,无碑额,弧形碑首,高1.7米、宽0.88米、厚0.15米。发现时已断为三段,但拼拢无缺。文作草书,11行351字。右三行录李白诗,字径8厘米×8厘米,中部跋语7行,字径5厘米×5厘米。最后一行落款,字径6厘米×6厘米。现藏县历史博物馆内。李白诗云:惜彼落日暮,爱此寒泉清。西辉逐流水,荡漾游子情。空歌望云月,曲尽长松声。

此碑刻于明万历四十二年(1614)浴佛日(农历四月初八),书者为邑侯高则腾,文字笔势流动,狂放中有潇洒,整体布局星汉横天,一气呵成,把握住王羲之用笔特点,颇具功力。《渠县志·文征》中有邑侯高则腾《南阳寺》诗一首:"南阳滩上前朝寺,李白微之已赋诗。挝鼓进舟明月夜,逢僧话旧晚风时。半空音调松巢鹤,满地文章草卧碑。遍访村居人去远,一声清笛到江涯。"此诗与刻李白诗碑时间差不多。

唐元稹、郑谷,宋彭公仪,明张三丰等曾流寓渠县。元稹《南阳寺》诗云:"渠江明净峡逶迤,船到明滩搜唫迟。橹窸动摇妨作梦,巴童指点笑吟诗。畲余宿麦黄山腹,日背残花白水湄。物色可怜心莫恨,此行都是独行时。"清人王来遴《题南阳寺》有"太白有诗题翠壁,微之乘光到禅房"。阎自新《访南阳李白碑》:"本是当年放逐臣,醉中落笔耀星辰。龙飞凤舞颠狂字,宕水巴山世代春。"雷汝谦《访南阳李白碑》:"大雅消沉几度秋,重门残碣慰心愁。诗尊唐室雄无敌,吟到谪仙迥不犹。古阁应添新气象,荒台仍续旧风流。堪悲此日南阳水,一片文光万古流。"而今,诸多古迹皆不见,唯有文庙看残碑。

看了南阳寺,就到了南阳滩,滩还在,只是多了一座电站。南阳滩既是航运关口、水能电站,又是生态园林、爱国主义教育基地。南阳滩落成纪念碑坐落于渠江右岸密林深处,翠绿丛中,张爱萍上将题词、题写电站名,并赋诗"昔日苦熬鬼门关,今兴水电万民欢。渠达同饮一江水,齐心协力高峰攀。"原四川省委书记杨超题词"渠江明珠"。著名诗人杨牧故里重游,朗诵诗作《故乡》,题词"南阳滩头水,跌宕故乡情"。

(原载2017年10月13日《达州日报》)

渠县梭罗碥石窟：
巴中南龛造像的"姊妹窟"

渠县报恩乡天子坪沿望（溪）石（梯）路向南行至大溪村巴河边上，悬崖峭壁之明月山上，有一座三面绝壁，高出河面150米，修建于"清嘉庆巳未年（1799）仲春月"的明月寨。

明月寨门

寨顶平面呈长方形，长600米，宽60米，面积3600平方米。现存长20米、高4米、厚2.7米的寨墙，拱形寨门，二重檐歇山式顶，高3.26米、宽1.35米、厚2.7米，拱高2.9米。门额阴刻"众志成城"，边饰回纹，两侧各雕一狮,张嘴向下。顶阴刻"明月寨"三字。寨门门楣浮雕有"二龙戏珠"、祥云朵朵,栱侧雕仙鹤、人物故事。寨门左右两侧一扇形匾各刻"地利""人和"二字。门柱柱基刻有怪兽,形态怪异。住在此处的王姓老大爷告诉笔者,这儿以前有6户人家居住,基本都姓王,现在只有他老两口住在这儿了,其他人都搬走了。生活好了,老寨子的防贼用处就不起作用了。

穿过明月寨沿河边的高坎向南走500米左右,就有一处四面为绝壁的平台,这就是梭罗寨。只见乱石成堆,看不到寨门。寨子上面树木丛生,百草丰茂,与人腰齐,过去老百姓就是暂时在这里躲避土匪的。站在梭罗寨南面的绝壁上向北眺望,渠江中的中坝就像一枚巨大的圆翡翠嵌在巴河的上游。崖壁下的巴河岸边,俗称梭罗碥的地方,有着渠县唯一一处现存的唐代雕刻——梭罗碥石窟,这是荔枝道、米仓道上重要文化遗存。梭罗碥摩崖造像为第八批省级文物保护单位。

下行400米,竹笼下面:石窟共四龛,刻于一块整石下,可惜20世纪80年代初大石从中断为两半,左右各两龛,且逐渐陷入淤泥之中。第一龛为释迦牟尼,跌坐于须弥莲座,释迦牟尼面目清秀,微带笑意,头有螺髻,身着袈裟。两侧浮雕文殊和普贤,体态自然。龛壁右上方有一花瓶饰物。

梭椤碥石窟第一龛

第二龛亦为释迦牟尼坐佛，结跏趺坐于莲台上，头有螺髻，身着袈裟，左手放膝上，右手微举执一球状物。主像左右两侧各有二侍者和一武士像。整龛除主像外，其余六尊皆为立像，对称协调，保存完好。

梭罗碥石窟二龛

第三龛为六手观音，坐于金刚座上，观音头戴花冠，着天衣，身系腰带至膝座下，胸前二手合捧一仙桃，头顶二手左托月亮，右举太阳，并化出二道毫光向左右散射，光末变成祥云；肩上二手平伸，左抓青蛇，右握宝剑。两侧有侍从。

梭罗碥石窟三、四龛

第四龛刻二菩萨像，削发秃顶，身着袈裟，盘腿席地而坐，两手合十于二膝上方。

在梭罗碥石窟所在的农家院子地坝边，左右各立有一根高大石桅杆，底座为八角形，每面刻精美图案。建于清中晚期，为房前石桅杆，原建筑已不存。石桅杆东南至西北向。桅杆采用青砂石雕凿而成，左右分列各一，间距61米，占地面积87.3平方米。桅杆通高11米，由基座、柱础、下端石柱、栌斗、上端石柱五部分组成。柱础八面皆雕刻有龙、狮子、人物等图案八幅。石柱为圆形，由下至上逐渐缩小。斗形石下立四个曲形掌栱。石桅杆杆头为竹节形圆头。左桅杆斗形石正面刻字"悬来"，背面刻"八旬上寿王荣忠"。"渠县分县张""渠县正堂德"，左右素面，石桅杆斗形石正面刻"北阙""道光四年□月十九日榖旦"，背面也刻"北阙"，"道光四年□月十九日榖旦"，左右素面。这也是渠县设三汇分县的又一例证。

据何介福的《巴蜀史》介绍，米仓古道支线有三条，其一为从汉中出发经牟家坝、回军坝、西河乡到碑坝，再经平溪、民胜、得胜、元山到达平昌，沿巴河、渠江走水路下重庆。

2016年3月11日，国家、省级考古专家团一行30余人到渠县考察。专家从龛内佛像形制特征、衣纹服饰、龛眉及其上花饰分析，认为与巴中南龛造像非常相似，而且是十分流行常见的。巴中同类题材有明确纪年款，为唐中晚期，达州与巴中相邻，因此，山西大学赵瑞民教授断定："梭罗碥摩崖造像虽无题纪年款，但基本可确定为盛唐或中晚期造像。"专家们认为，梭罗碥摩崖造像对于研究佛教传入四川，特别是在川东北的传播路径以及米仓道、荔枝道古道研究方面提供了十分难得的珍贵资料。

（原载2017年7月7日《达州日报》）

渠县汧江寺见证几多历史

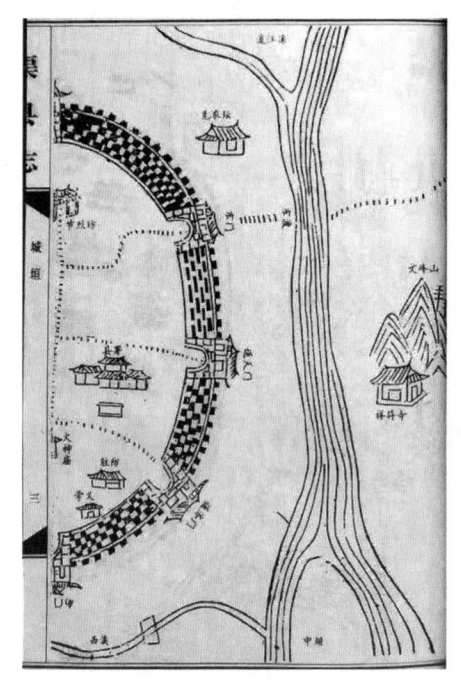

渠县文峰山汧江寺修于何时已不可考，但在唐朝时就有此寺名，因黄巢起义诗人郑谷随难民避乱于渠，于此有诗；直至1936年时，此寺还为川鄂公路的修建做出过牺牲，因寺庙维修入不敷出而向政府请求补助，千多年来见证了多少历史事件和文人的佳作。

黄巢起义，郑谷随唐僖宗避乱蜀地于渠留诗

乾符二年（875）正月，田令孜当上右军中尉，成为宦官首领。由于宦官专权，朝臣勾结宦官，以至科举不公，官吏贪污，全国各地义士先后举兵反唐。广明年（880），黄巢起义攻克潼关，兵锋直指长安，唐僖宗从长安皇城西门潜逃，南下"幸蜀"，逃入成都。中和元年（881），诗人郑谷随难民避乱于渠、通、巴、壁四州。在渠县留下了《渠江思旅》《为户部李郎中与令季端公寓止渠州汧江寺偶作寄献》等诗篇。

《渠县志》上的祥符寺

郑谷（约851—约910年），唐朝末期著名诗人。字守愚，汉族，今江西宜春市袁州区人。进士，官至都官郎中，人称郑都官。又以《鹧鸪诗》得名，人称郑鹧鸪。其诗多写景咏物之作，表现士大夫的闲情逸致，风格清新通俗。与许棠、任涛、张嫔、李栖远、张乔、喻坦之、周繇、温宪、李昌符唱答往还，号"芳林十哲"。后曾跟从僖宗登三峰，朝谒之暇，寓于云阳道舍，编所作为《云台编》三卷。归，编《宜阳集》三卷，及撰《国风正诀》一卷。《全唐诗》收录郑谷诗327首。

诗人三次入蜀，前后在蜀中生活了6年，创作了40余首入蜀诗，也为我们了解晚唐时期蜀地政治风貌提供了大量资料。

动荡的时代、困顿的生活，让郑谷饱尝战乱之苦。郑谷初次入蜀，大部分时间居于成都，创作了《咏水》《竹》《锦浦》《蜀中三首》《蜀中寓止夏日自贻》等诗歌。

第二次到蜀地，886年他漫游至渠州（今四川渠县），写出《渠江旅思》："流落复蹉跎，交亲半逝波。谋身非不切，言命欲如何。故楚春田废，穷巴瘴雨多。引人乡泪尽，夜夜竹枝歌。"充满流落异乡的孤独与乱世不得实现抱负的悲痛。

他在渠州汧江寺写有《为户部李郎中与令季端公寓止渠州汧江寺偶作寄献》："退居潇洒寄禅关，高挂朝簪净室间。孤岛虽留双鹤歇，五云争放二龙闲。轻舟共泛花边水，野屐同登竹外山。仙署金闺虚位久，夜清应梦近天颜。"户部李郎中姓名失考，令季是对他人兄弟的美称，即李郎中的兄弟，他任职侍御史，唐人称"侍御史"为"端公"。这首诗是为李郎中和他兄弟寓居渠州汧江寺所作，表达对二公的仰慕以及对其闲适鹤居生活的赞赏。

887年春，郑谷在长安进士及第，第三次匆忙入蜀搬取家小。此时郑谷的心情和前两次完全不同，"上国休夸红杏艳，深溪自照绿苔矶。一枝低带流莺睡，数片狂和舞蝶飞。堪恨路长移不得，可无人与画将归。手中已有新春桂，多谢烟香更入衣。"诗中描写海棠盛开灿烂夺目，轻快活泼，与其滞留蜀地时的惆怅烦闷形成鲜明对比。

郑谷继承了杜甫的现实主义传统，不同程度地揭露批判了唐末衰败、人民涂炭的社会现实，表达了诗人关心与同情劳动人民疾苦的思想感情。

因此，郑谷被后人称为晚唐"咸通后僖宗、昭宗时代的诗史""晚唐之巨擘"。

嘉庆《渠县志》记：汧江寺有郑谷诗碑。今已无存。

胡濙受命暗访建文帝踪迹到祥符寺

历经五百年，汧江寺在宋真宗大中符祥三年敕赐名祥符寺。

永乐元年（1403），明成祖朱棣即位，胡濙升任户科都给事中。建文帝朱允炆在大火中驾崩，有人说他从海上逃走了，还有许多旧臣随从，有人说建文帝出家当了和尚，甚至听说张三丰在渠县祥符寺，建文帝朱允炆在此出家。于是郑和奉明成祖朱棣之命率船队到海外寻找朱允炆，人没找到，却开启了海上丝绸之路；胡濙奉朱棣之命前往内陆各地寺庙追寻建文帝朱允炆下落，来到了祥符寺，结果既没访到张三丰，更没找到朱允炆，于是写下《祥符寺访张三丰不遇》：交情久已念离群，独向山中礼白云。龙送雨来留客住，鹿衔花至与僧分。疏星出竹昏时见，流水鸣渠静后闻。却意故人如此隐，题诗谁似鲍参军。

张三丰，又称"张邋遢"。道教思想家。初居成都鹤鸣观，寻来居巴岳山昆仑洞。成祖时尝遣尚书胡濙求之至京朝见，忽遁去，唯笠蓑于丹陛地寓昆仑洞。

胡濙（1375—1463），字源洁，号洁庵，江苏武进人，明代重臣、文学家、医学家。胡濙为建文二年（1400）进士，历授兵科、户科都给事中。永乐元年（1403），明成祖朱棣即位，胡濙升任户科都给事中。建文帝朱允炆在大火中驾崩，而有人说他从海上逃走了，还有人说他出家当了和尚。于是胡濙奉朱棣之命前往各地寺庙追寻建文帝朱允炆下落。胡濙自永乐五年（1407）起连续14年在外暗访建文帝踪迹，足迹遍布大江南北。胡濙历仕六朝，前后近60年，他为人节俭宽厚，喜怒不形于色，被比作文彦博，是宣宗的"托孤五大臣"之一。任礼部尚书32年，累加至太子太师。天顺七年（1463），胡濙去世，年八十九。获赠太保，谥号"忠安"。胡濙留心医学，曾与戴思恭讲《内》《难》诸经，推张仲景为医学正宗。著有《卫生易简方》《芝轩集》《律身规鉴》等。张三丰隐遗渠县，胡濙找到渠县祥符寺时写有此诗。意思是说在相互交往中与张三丰建立起了深厚的感情却离开众人，独自向慕山中白云。

清代文人对祥符寺多有唱和

清代渠县文人写有关祥符寺的诗，除了对寺庙环境描画外，都会提到郑谷和他的诗，或用郑谷的诗韵唱和，对其大加赞赏。

渠县人阎检《题祥符寺》：中原正多故，逸客此留题。水落沙添阔，山高塔压低。短桥归老衲，凉夜听荒鸡。布鼓嗤余子，诗名孰可跻。写到了郑谷避难渠县时的黄巢起义及其题诗，称赞无人敢与齐名。

同时阎检还用郑谷汧江寺韵题写《祥符寺》一诗：寂寞禅扉夜不关，龙鳞回首五云间。碑阴细认诗人迹，天下无如佛地闲。钓舍成村皆房水，僧寮无壁怕遮山。往来多少簪缨客，恐对先生一汗颜。

湖南祁阳举人，乾隆二十四年任渠县邑候的邓献璋用郑谷汧江寺韵题《祥符寺》一首：僧扉阴色启仍关，声枕幽溪转折间。龙象何年相对寂，风光出世此偷闲。来逢奇石苔中径，坐数苍松酒后山。万古诗人空笔迹，导师无处叹尘颜。

秦安李从范《游祥符寺》：远望分明古寺存，至门翻又不知门。新秧一带迷荒径，修竹千竿护短垣。传授番经僧有课，寒暄游客鸟能言。曾闻郑谷诗碑在，几度摩挲子细论。

民国时期祥符寺住持因修川鄂公路向政府请求补助

据渠县民国时期档案记载，民国二十五年（1936）八月二十七日，祥符寺住持汤真修向渠县县政府萧县长呈报该庙建修置产入不敷出，请求查核补助："呈为报恳存查事，窃真修接管东关所属祥符寺庙业无多，佃当过重，收入甚微，兼之年久，庙宇倾颓，本年因修筑公路复经折毁。真修始于原庙另侧建太清宫寺庙一座，塑老君神像三尊，置买祥符寺庙产田榖四十挑，退还蚕桑社及各佃户原安押金，并给顶僧照成即明空下庙银洋安葬杨真常费用，以及完粮杂支各项共去洋壹千陆百柒拾六元九角三仙三星，钱三千七百三十三千九百文。共入洋壹千三百六十四元，钱三千四百九十七千六百文。品迭不敷洋三百一十二元九角三仙三星，钱二百三十六千三百文，此外兑项洋九百三十元应负偿还责任。兹因庙宇落成，理合将接管。该庙建修置产连年入付各账逐一缮具清册随文赍呈。钧府俯予存查,神道均沾。"

汤住持将修筑川鄂公路造成的损失作为了一个重要理由。1932年至1937年间,华北、沿海地区处于日军刀锋之下。南京国民政府急忙进入四川,令四川省政府赶修并整理公路,以应军需,满足国防备战,大力赶修毗连四川各省的联络公路。修筑川鄂路是1936年开始的,从湖北利川进入万州,经梁平、大竹、渠县、广安至简阳共582千米。沿线的渠县、大竹、梁山依土方而分配应征民工数目。其中渠县段长44千米。渠县土方数为402980公方(另石方400710公方),2月15日开工,作工25天,应需民工为80060名。同年底川鄂公路通车。1936年为整理川鄂公路,渠县按照户口,全县共征民工13万多名,除以代金雇工自代外,平均每日调集民工8820名。而今,川鄂公路融入了318国道。

再后来,见证几多历史的汧江寺却被历史淹没了,只留在了档案里和部分文字中。

(原载2021年12月6日《达州晚报》)

前人尽赞静边寺

从渠城沿204省道（营渠路）从鹤林社区分道右行，过简家桥，就到静边镇，这是以前的老路，而今，南大梁高速公路在静边镇这儿开了口子，人们习惯走高速了，18公里路程，渠城到此十多分钟就够了。

静边镇位于渠县西北部的流江河畔，属全省301个试点小城镇之一。场镇三面环水，呈半岛型，地理位置十分优越。

静边寺始建于后唐明宗年间，禅诗承诠，建寺于天成静边军刺使徐承谅宅舍，初名"福堂院"，至宋嘉定年间，禅师绍符广大其制，更名"静边寺"。元大将军涂汝略竭力支持住持宝月鼎新修造，备极宏丽，成为渠县第一禅林，康熙二十六年，住持时一重建。乾隆《渠县志》载：后唐李嗣源在位，静边节度使徐承谅舍宅为寺，后建场于此，因名。康熙《顺庆府志》对徐承谅有介绍：徐承谅，宕渠人，有才略，唐开成中，因巴州寇警，特擢为静边军节度使，威德远播，四方宁谧。后舍宅为佛院。

四川学政吴省钦有《题静边寺》：暮径盘龙山，宿宿翠微寺。门左屹一碑，驳落窦鲁字。上言天上麟，始出偓王裔。尝刺静边军，舍宅后唐季。下言萑苻盗，阑夜胜篝笥。缚僧强劫金，头断全不畀。要使七宝妆，永证三摩地。是为佛堂院，佛火冈失坠。自余七八通，修造付摹记。杂以有韵篇，百吻惊腾沸。而我攻其瑕，知人必论世。佛院宋始名，军州宋始置。明宗人继初，岂预改官制。年时登小康，焚香格天意。闽王纷度僧，尔宅谅可弃。真人嗳灶紫，毋乃启放废。投老寄沙门，览古发疑义。摄山迹自重，辋川赏难继。世间佞佛处，亦复分显晦。跌坐惨妄言，柏堂响寒吹。

顺天府太守昝云鹤《憩静边寺》：五马逍遥过虎溪，桑麻问罢憩招提。野花不语棋谁对，荒院无人鸟自啼。鹤老松关延客人，林森石室引云迷。高僧塔上卧明月，一卷黄庭伴杖黎。

四川按察司杨瞻有诗四首：其一，佳胜丛林拥紫霞，山前山后遍开花。村翁爱听僧说法，移住山门四五家。其二，丛林寂静自生凉，洗足长流不褰裳。月夜楞严初读罢，老僧挂杖入云房。其三，上山老衲下山呼，声彻林邱乍有无。真是菩提无景象，要求景象是愚夫。其四，如画深山寺占幽，寺前流水况悠悠。老僧入定尘凡隔，谁是春光谁是秋。

明渠县令王来宾《静边寺》：何来古寺一江湾，腊尽春回驻此间。风雨半惚惺客梦，松萝满径迥人寰。禅关寂寂传心快，征斾悠悠远蜀山。欲问远公同结社，红尘犹自点衣斑。再一首《过静边寺》：偶过山边寺，居然静者心。大唐还有碣，古殿欲生阴。风雨千岩堕，烟梦一径深。褰帷春色好，无处不登临。

清渠县邑令侯承埩《题静边寺》：静边寺影傍西天，松柏亭亭枝倍妍。唐宋流芳碑更古，元明遗迹钵还坚。岭高翠色廻廊后，水曲清光绕殿前。

静边老街

捡点工人修葺早，从今七宝快长年。

清大竹令邹图云《宿静边寺》作：江邨云映古浮屠，舟子冻眠隔岸呼。暮鼓敲残灯影动，老僧茶灶作行厨。

叨邑令王冕有《静边寺碑记》，乾隆《渠县志》有载：渠县，古渠州也。去县二舍许有寺，曰静边寺，临江浒而清幽，山四远而壮丽。……于是前功愈大而益耸人矣，矢引此又为营渠之冲，而凡持王命，走公务及诸藩臬、权贵经此，罔不停车驻马而信宿之。此寺所以益名早诸寺也。越三岁，丁巳，大建山门三间。前中两楹间为中道，以通出入。外两楹间列金刚三塑，后树以石，以避风雨。由是栋宇鸟草，簷阿翚飞，山门档壁前后相栱，廊宇僧舍左右相副，巍巍乎！焕焕乎！此功之所以成也。当时静边寺被称为渠县第一大寺。

经学大师黎錞

新市镇（原宋家乡）状元村，有一座状元坟，就是北宋状元黎錞之墓。北宋状元黎錞出生在小黎村（现状元村）。其状元府原居现村8社，有传闻叫天井坝，其正西为骑龙嘴。在状元坟西面，原是一个乡场名王家场，因被大火烧毁后才迁建到现在的清溪场。

黎錞，字希声，生于宋大中祥符八年（1015），卒于宋元祐八年（1093），宋代梓州路渠州流江县（今渠县）人，是当时蜀地首屈一指的经学家，既做过朝中大夫，也做过地方官员，刚正不阿、廉能俱备、政声显赫、深得民望，是从宕渠大地走出的一位非常杰出的人物。

清嘉庆《渠县志》载："黎錞，庆历（1043）中状元。官至朝议大夫。英宗尝以蜀士问欧阳修，对曰'文学苏洵、经术黎錞'。其知眉州也，苏轼作《眉山远景楼记》，称其简而文、刚而仁，明正而不阿。久而民益信之。又，苏轼有《寄黎眉州》诗，吴荐有赞，俱附载《艺文》。"

状元坟

黎氏家谱记：

  88代黎政，黎瑞之子。唐昭宗光化三年庚申（900年）举孝廉，官拜散骑常侍，由四川避地居江西新喻县递步村。娶张策公之女张氏，生子：植。

  89代黎植，黎政之子。生子：嵩。

  90代黎嵩，黎植之子。北宋太祖建隆二年辛酉（961年）由江西迁回四川戎州（今宜宾市），后迁居渠江县。公从商兴家，致巨富，广施舍，生性仁慈，赈济乡里。娶高氏，生子：文万。

  91代文万，字学陶，处士，黎嵩之子。北宋太祖开宝二年己巳（969年）吕蒙正荐举贤良方正。娶冯口公之女冯氏，生子：明达。

  92代明达，文万之子。处士，居宋场乡黎家山寨（后改名状元村），性至孝，自力耕樵营生，隐居不仕。娶妻黄氏，贤淑端庄，有孟母之风，严教有方，生子：錞。

  93代黎錞，字希声，明达公之子，居宋场乡黎家山寨（即宋场乡状元村）人，精通理学，于北宋仁宗赵祯庆历三年癸未科（1043）状元及第，官拜朝议大夫，旋告终养。

  94代黎建，黎錞长子，生子：梁。

  94代黎沛，黎錞次子。

  95代黎梁，黎建之子，生子：献。

  96代黎献，黎梁之子，生子：物

  黎錞年轻时苦读经书，夜阑人静仍吟诵不止，甚至如痴如呆。据传，乡人中有好事者试其心志，于一天夜里邀一女子去其书斋前，让这女子娇声娇气地呼唤他的名字。黎依旧手不释卷，目不斜视，口占一绝云："十里楼台五里亭，忽闻花里唤黎声。状元本是天生成，故遣嫦娥报姓名。"好事者摇摇头，认为他真是个书痴。

  黎生性质木，行动迟缓，刘贡父戏之为"黎檬子"。黎不知"檬子"系一树名，不以为意。一天，与朋友骑马过集市，遇见一卖檬子树的人大声叫卖"梨檬子"，才猛然省悟，并为自己的"迂"而捧腹大笑，差点从马上跌下来。这事，一时被传为趣闻。此事见记于苏轼之《东坡志林》。

  黎錞勤奋好学的事情，传到渠州府，引起了州牧龚鼎臣的关注。于是，州牧经常邀请黎錞到府衙作客，互相谈诗论经，常至夜深。看到黎錞才学深厚，但性格内向、不善言辞，州牧便为之取字"希声"，源自《道德经》中之"大象无形，大音希声"，这也寄寓了州牧良好的盼望和祝福。龚鼎臣知渠州时，正值范仲淹倡导"庆历兴学"。《宋史·龚鼎臣传》载："渠故僻陋无学者，鼎臣请于朝，建庙学，选邑子为生，日讲说，立课肄法，人大劝，始有登科者。郡人绘像事之。"由于州牧的举荐，黎錞进入了县学，开始接受正规而系统的学校教育。龚鼎臣只比黎錞年长五岁，在25岁时即中进士第。黎錞对这位亦师亦友的兄长佩服不已，龚鼎臣对这位好学上进的后生也非常喜欢，他们成了莫逆之交。

庆历二年（1042）初，在龚鼎臣的鼓励下，新婚不久的黎錞赴京赶考。离家时，妻子若藜仍不忘考验大黎对自己是否忠贞不渝。黎錞立即吟诵《上邪》一诗以作答："我欲与君相知，长命无绝衰。山无陵，江水为竭，冬雷震震，夏雨雪，天地合，乃敢与君绝！"然后手指前面的大山说，"我

状元府邸的旧物（左为石排水沟，右为府邸柱础）

就是这座山,可唤'大黎',山在情在,永世相守,绝不相负!"

庆历三年(1043)十一月的"癸未"日,仁宗下诏:"馆职有阙,以两府、两省保举,然后召试补用。"而这时欧阳修已被调到谏院做谏官。在欧阳修的举荐下,黎锽参加了这次"补考"。身怀平生绝学的黎锽这次不负众望,终于状元及第,官拜朝议大夫。不久之后,他便辞职还乡。

民国《渠县志》载,"黎锽故里,县西宋家场,距场四、五里,有大黎山、小黎山,盖以锽得名云。"这里也是黎锽原配夫人熊氏若藜之故里,因其病重不治,先黎而去,葬在大黎山。黎锽为兑现长命相知的承诺,便把墓地选在离此仅四、五里的另一山。后来人们便把其墓所在之山称为小藜(后多写成黎)山,其墓则称状元墓。民国《渠县志》云:"小黎山寨,冈峦耸秀,相传为宋状元黎锽故里,墓道可识。"无论岁月如何变迁,大、小黎山永远都是相守相望,好似黎锽与夫人的爱情见证。

黎锽再次入朝为官,得益于欧阳修的举荐。欧阳修是庆历新政的主要人物,也是北宋文坛领袖,对经、史、农、谱等颇有造诣。他研究《春秋》,能不拘守前人之说,有独到见解。在黎锽初中状元时,他就留意到这位来自家乡蜀中的青年。他喜欢赞美才俊、提掖后进,堪称千古伯乐。"唐宋八大家",宋代五人均出自他的门下,而且都是以布衣之身被他相中、提携而名扬天下。

北宋英宗赵曙治平三年(1066),欧阳修为中书令,皇上向他询问:"蜀中有何名士?"欧阳修对曰:"文学有苏洵,经术有黎锽。二子皆名载一时也。"帝征之"善",溢眉宇曰:"如洵之文学,黎之经术,诚盛世之名也。"同年,下诏召黎锽入翰林院,以备顾问,辟为侍讲学士,掌制诰兼太常礼院。世称"黎锽以经术扬名于世",即此。

北宋神宗赵顼熙宁元年(1068),王安石当国(担任左丞相)。黎锽反对王安石变法,与之言论不合,力求外放为官,以"龙图阁侍制"的身份出任四川眉州太守。

黎锽任知眉州期间,仁明而不苛秩,深受民众爱戴。三年将满,百姓上书朝廷苦苦相留,因继任三年。黎锽公主持修建"远景楼"于眉州州治北面的北塘,楼上刻有他所著的《远景楼赋》流传于世。苏轼与黎锽交往甚厚,故在其所作《眉山远景楼记》中,赞黎"简而文,刚而仁明,正而不阿,久而民益信之"。又在其《寄黎眉州》一诗中，表达和好友"且待渊明归去赋，共将诗酒趁流年"的愿望。诗云：胶西高处望西川，应在孤云落照边。瓦屋寒堆春后雪，峨眉翠扫雨余天，治经方笑春秋学，好士今无六一贤。且待渊明归去赋，共将诗酒趁流年。

黎錞一生致力经学，中进士后留京做侍讲，在人才云集的北宋京师中名噪一时，众多学士均视他为"大儒"。任知眉州时，再度当国的王安石著《三经新义》，诋《春秋》为"断烂朝报而不列太学"。黎不苟同，撰《春秋经解》，苏轼以"治经方笑春秋学，好士今无六一贤"的诗句赞其行为。此书计十二卷，并附有统论。完成后，又著《荀子校勘》十二卷。人称之为著名经学家，获"文学苏洵，经术黎錞"之美誉。宋代学者吴荐对黎更是推崇，他在《赞黎》一诗中写道："三传融心，六一修契。经术扬诞，结知英帝。仕学兼优，借留斯致。笺简遗言，百世争媚。"

北宋熙宁九年（1076），王安石变法失败，被迫辞职。黎錞公蒙诏擢升为"直宝谟阁学士、签书枢密"。而公志在传学，故逾岁即告老致仕。渠江郡是公之故乡，元丰四年（1081），黎錞以"金紫光禄大夫司空兼侍中观文殿大学士"的身份归隐渠县讲学。后转锡州，遂南迁于常州府，并卒于常州，赐祭葬。公之墓，俱有陇西李忠定缮写墓志铭。宋家场小黎山之状元墓为黎錞之衣冠冢，是应其遗言而建，也实现了他与原配熊氏的相守约定。

在民国《渠县志》之中，刊有《三汇塔序》一文，曰："一峰插天，直开云衢之路。千寻矗地，借作龙门之梯。佇见三苏文章，口口乔梓。二程学门，雅奏埙篪。白玉读书于古刹，青莲题句于南阳。墨洗子云之池，精汇宕水。桥题相如之马，彩映流江。远逾杨升庵之佳制，近接黎状元之先声。"文中引用了李白、黎錞等与渠县紧密相关的人物。

（"巴文化·达州故事"征文）

礴山寨上宋石刻

涌兴镇向南行3000米，到该镇（原云盘乡）云岭村东500米，有一座地势险要的古寨子礴山寨。

过原云盘乡政府往涌兴方向1000米，右转沿着通向兴武村的水泥路前行，1200米水泥路在山底就到了尽头。宕渠春色归来迟，二月垂杨未挂丝。抬头望，虽是水瘦山寒，却有茂密的柏树林包裹着一组石墩石墙，北边四个石峰看上去有像佛头的、有像人头的，没法形容。

要上礴山寨，只有东南方唯一小路曲折向北斜上通向寨顶。小路上的条石稀稀拉拉，好多已不见了。小径左侧高高的寨壁上有无数大小不等的小洞，当地人说，这叫打儿洞。新婚夫妻只要从下往上抛硬币或小石子一次性进洞的话，就要生儿子。不过，好多来玩耍的小朋友们胡乱地抛小石头，可见是不那么讲究的了，是否灵验也不得而知了。

要上寨顶时，就是寨门，仅能容纳一人可上，石门不存，但门框依然。上得寨来，映入眼帘的是满山的杨槐夹杂着柏树，而高高在上的是一大石盘上用石头砌成的5米高的空心大圆柱，顶部东南西北各开一口子，原来是农业学大寨时利用这里制高点的地理优势装四个高音喇叭用的，东面已缺，起初我还以为是一个石塔。

就在这个假石塔座基临东的石壁上，却刻着始于南宗（南宋）绍兴七年的礴山寨石佛龛。佛龛座西向东，形制为穹窿顶，高1.7米、宽1.7米、深0.7米，其造像共有七尊：为一佛四菩萨二力士，主佛和菩萨结跏跌坐。主佛居中，坐于须弥莲台，两手平直于胸前，神态庄重肃穆，通高1.4米、

宋代石刻　　　　　　　　　　　礌山寨势图

宽 0.4 米；四菩萨中二菩萨两手平直于胸，面带微笑，另二菩萨持宝物，表情温顺，恭恭敬敬。龛口两侧各有一力士，面呈金刚怒相。龛二侧有二碑，均高 1.2 米、宽 0.9 米，为张道谨题记，文字已灭，唯有落款"大宗绍兴七年"可辨认。在石刻造像侧还有宋绍兴十五年（1145）礌山寨形势浮雕地图碑一块，高 1.3 米、宽 0.6 米，图上道路、洞穴、关卡等清晰可见，与现存寨势完全相符。礌山寨造像为渠县现今发现的唯一宋代造像。

寨上生活痕迹较多。过佛龛向北，就是一排排的在石头上凿出来的石水缸，有 48 口之多，目前大多有水，再向北，还有石灶、便池、洞穴等。

站在寨上通观一周，目及十里，不在话下，阡陌交通，田林原野，炊烟房舍，尽收眼底。横看成岭侧成峰，远近高低各不同。

（原载 2011 年 5 月 4 日《达州日报》）

游南宋礼义城

渠县土溪镇，清雍正八年（1730）建场，场镇初址在今老渠汇路桂溪桥附近，因现址泥土较之初址处泥土要重，故得名为土溪。跟随着渠江，沿金河村向下，进入洪溪村，在村的12组，即临江的礼义山，却是宋、元两朝之间存在了约20年的渠州故城——省级文物保护单位南宋礼义城。

远观礼义城

据《大明一统志》载："宋宝祐中（1253—1258），四川制置使渠县人蒲泽之、宣抚李会、将军张需，为避元兵之患，徙州治于礼义山。元军至，练使胡载荣率州人经死拒守，城得无恙。"胡载荣多次打退蒙军进犯，有力支持了合川钓鱼城的抗蒙斗争。城破被血洗，知州张资英勇就义。渠

101

州故城在宋理宗宝祐中移至礼义山，元至元十九年（1282），始迁回旧城流江县城，前后约29年。

现在的礼义城占地二百余亩，山壁峭削，高数十丈，十分险峻。前倚天险渠江，后枕大、小斌山，东南西北四方城门仅南面"水门"、北面梯道和部分城墙犹存。岁月掩埋了先贤的尸骨，消散了战斗的激昂，却也为后人留下了不朽的精神诗篇和宝贵的文化遗产。

从渠江东岸窄窄的、陡陡的石梯上山，行一千米，远远就见绝壁上南向一寨门洞开，"水门"到了。"水门"上方正中一匾，阴刻"水门"二字，匾左右立刻一对联："松石连云锁，桃花逐水流。"站在这儿，远眺，土溪镇万亩蔬菜基地、土溪镇街道、城坝遗址尽收眼底。

穿过"水门"，便能看到《练使胡将军碑》。"知郡都统练使将军胡公全城却敌之记"碑，俗称胡将军碑，高丈余，宽约八尺，碑文共计数千言。胡公，胡载荣将军。碑阴刻礼义城图，中绘城廓、房舍、田里、道途等井然有序。此碑是研究渠州礼义城重要的实物资料，可惜1975年被开成八根广播电线杆。明万历己卯年（1579），县人陈从宗碑记云："天生英雄，胡公练使，威武莫测，功德难名焉。王莫能敌谥镇国将军。"

礼义城水门

继续上行，见一农户家地坝里一香台，上横书"三教寺礼义城"。屋内供奉有如来、观音佛像。门口一吊钟，上刻"礼仪悠鸣"。屋旁立有达州市重点文物保护单位碑记。

三教寺遗址

再北行 50 米，三教寺到也。《渠县志》载：故城后，有僧了一，自安岳县天台寺飞锡此山……城之绝顶处有祠：中如来、左孔丘、右老君像，皆石刻，此三教所以名也。自宋朝以来，历代皆有增修。明永乐时，著名僧人雪松和尚入寺，卓锡以后，日携《羲》《易》，泛读中流，读拜而哭，后在寺后舍身崖"飞升"。据从小就出生在这儿、78 岁高龄的村民杨述昌老大娘讲，三教寺以前很大气，共有六层殿宇。一层为龙襄殿，三层牛王菩萨殿，四层为大雄宝殿，五层为送子娘娘殿，六层为夫子殿，供有如来、孔子、老君像，此为三教也。而今，各层殿宇已不在，保存完好的就只有两侧厢房了，空余重修三教寺碑、各层殿的基础，旧址上已为现代水泥砖房所替代了。

三教寺前是层层梯田，而在这梯田之间，竟然还有一三亩见方的堰塘，

103

虽是秋冬季节，却也是水波盈盈，荷叶田田。"羊打鼓、马摇铃，一夜跑到礼义城。"一个好所在。

礼义山为历代兵家必争要塞，易守难攻，明末张献忠入蜀攻渠，亦在此遭遇郭荣贵地主武装的截击。邓天柱先生有诗《礼义碑丰》称赞：

水映悬崖半座城，丹心碧血慰乡亲。
官民共忾渠州猛，老少同仇宕郡神。
守土全邦彰凛烈，安民护众显赤诚。
威雄气壮昭日月，礼义碑丰万古存。

（原载 2011 年 2 月 16 日《达州日报》）

钓鱼城的卫星城——礼义城

渠县礼义城遗址

公元 13 世纪初，于宋金百年对峙、两国元气均大为耗伤之际，蒙古族在北方草原崛起，建立了蒙古汗国。蒙古军队以强弓骏马组成的铁流荡平西域各国，并将金人赶到黄河以南。1234 年初，金被宋蒙联军灭亡后，南宋就直接面临着蒙古的威胁。当年下半年，蒙古即对宋发起战争。交战之初，蒙古就定下了首先攻取四川，然后凭借天府财富和地利，顺流东下，灭亡南宋的战略。

1235 年（宋端平二年、蒙古窝阔台汗七年），蒙军发动了全面进攻，蒙军在四川邻境仙人关一带受到阻击退去。1236年秋，窝阔台汗的儿子阔端率领号称五十万大军大举入蜀，阳平关一役宋军失利，蜀门洞开；随后，蒙军分两路进逼成都并迅速攻占之；后又分兵出击，使全蜀"五十四州俱陷破，独夔州一路及泸、果、合数州仅存"。蒙军后虽退出四川，却在蜀边建立军事基地，不断出兵袭扰，使四川不得安宁。

　　1242年底，宋理宗派遣在两淮抗蒙战争中战绩颇著的余玠入蜀主政，以扭转四川的颓势，巩固长江上流。1243年，余玠采纳播州（今遵义）贤士冉琎、冉璞兄弟建议，制订了以合川钓鱼城为支柱，沿水陆交通干线构筑山城防御体系的守蜀计划。即在四川的主要江河沿岸及交通要道上，选择险峻的山隘筑城结寨，星罗棋布，互为声援。制定了按照"守点不守线，联点而成线"的战略方针，发动军民在长江、嘉陵江、涪江、渠江、沱江及岷江沿岸依山筑城，作为据点，以制约蒙兵善于骑射野战，施展弛突的长处；并以三江（涪江、嘉陵江、渠江）为依托的战略方针，遍令诸郡据险建筑山城。

　　礼义城就是渠州建筑山城的成果，也是钓鱼城的卫星城。渠州地处川东属潼川府路，领流江等三县，在合川三江之右；同时州县经济发达，人口密度仅次于西川，当时户口近3万户15万人。位于渠江江边的礼义山依恃天险、易守难攻，战略位置十分显要。建筑了山城，并成为了山城防御体系的核心和最为坚固的堡垒之一，在相当一段时间里，遏制了蒙古铁骑的进军锋芒，支撑了南宋半壁江山。

　　1253年后，渠州进士、现三汇镇重石村蒲氏先祖蒲择之继余玠之后任四川制置使兼知重庆府，驻节重庆。1255年（宋宝祐三年），渠州沦陷后，蒲择之等决定徙渠州于治东北八十里之礼义山，以作长期屯守之计。蒲择之在余玠筑城的战略基础上，进一步扩大了礼义山上礼义城的范围。

　　改建后的礼义山山围四里以上，岩壁峭削，拔高四至十余丈不等，据险可守；山上开阔，地广300余亩，有田土可耕，有林木可用，有泉水可饮，依山傍水，水陆相联，足以容纳众多军队和民众，屯积粮秣，战略反攻；作为军事据点，礼义城共开设五门，西、北两面临江，东南枕靠大、小斌山；辖山控水，天成其险，进退自如。同时还在州县境内构山寨洞所30余处，补充防备。通过屯田、修城、扩军、造船、训练水军，建成后的礼义城，扼守渠江，成为了联通宋代蓬（治蓬池县，今陇龙县）、巴（治化成县，今巴中市巴州区老城）、达（治通川县，今达州市通川区老城）诸州与重庆的交通要道，卡住了蒙军经米仓山南下的必经之路，与钓鱼城遥相呼应，为其东北翼重要据点和镇守渠江战略通道的堡垒。

拖雷的儿子蒙哥坐上蒙古大汗的位子后，派弟弟旭烈兀率领十万大军西征欧洲和北非，自己则和忽必烈、兀良合台分兵三路进攻南宋。

蒙古军队遭到挫折后，逐渐改变了以骑兵为主的战术，特别是不少南宋将领投降之后，使他们更有条件改变战术。于是，蒙古贵族遂以其人之道还治其人之身，在四川地区屯田、修城、扩军、造船、训练水军，步步为营，进逼宋军。蒙古统治者除了攻占并充分利用南宋所筑的寨堡如青居城、大良平等以外，还利用南宋降将的力量，新修一些城寨，如神仙山、东安山、虎啸城、母章德山、马琼山、虎头山、云门山、平康寨、章广平山寨、金汤城、方斗城等。蒙古军队以这些寨堡为据点，或主动出击，或围宋断援，或分兵偷袭以牵制宋方，或并兵合围以各个击破，给南宋军民很大的威胁和打击。

1258年初夏，蒙哥大汗亲率蒙军主力分三路进攻四川，一路所向披靡。三个月内接连占领苦竹隘、鹅顶堡、大获城、运山、青居城、大良平六个城寨，这些都是由于守城将吏出降完成。这段时间内，蒙古军队占领大获城后，十一月，蒙军将领木哥率队攻击礼义城，遭到有力抵抗，守城将士将賨人精神和当年賨兵的"神兵"称号发挥得淋漓尽致，一边勇猛杀敌，一边智慧守城，运用滚木垒石、长矛弓箭，打得蒙军丢盔弃甲，溃不成军，弃荒而逃，礼义城的城防初显其固。

1259年正月，蒙哥分兵进攻合州旧城（今重庆合川）、平梁城（今四川巴中西）和渠江流域的礼义城，断绝了它们与钓鱼城的联系。同时，蒙哥还派纽磷进攻忠（今重庆忠县）、涪（今重庆涪陵），断绝下游宋军的增援。木哥这次进攻礼义城，激战将近一个月，礼义城仍巍然不动。宋将渠州知州张资竭力坚守，人民群众更是奋力以赴，浴血战斗。妇女备粮、小孩搬石，各种物资齐备各要道口，将士们砸云梯、抛飞石，将蒙军阻止于城下。白天对抗，晚上夜袭，不胜不休。同时，钓鱼城的防卫也取得了重大胜利，蒙哥不仅连续几个月都没有攻破钓鱼城，自己还因为中了钓鱼城发出来的火炮，致其在七月中旬呜呼哀哉死于军中。

蒙哥大汗暴死后，由于先前没有指定继承人，导致蒙古内部爆发了汗位争夺战。在中国战场的忽必烈和在欧洲战场的旭烈兀，都结束了自己的征伐，杀回到蒙古的大本营抢班夺权。

1260年忽必烈即汗位后，蒙宋两军在四川围绕要冲山寨展开争夺。1267年仲春，忽必烈下诏宣布："嘉定、泸州、重庆、夔府、涪、达、忠、万及钓鱼、礼义、大良坪等处官吏军民，有能率队来降者，优加赏擢。"在其他几个据点守城将军投降献城的压力下，渠州军民不为所惑，继续坚持斗争。礼义城守军主动出击，发扬战斗中"前歌后舞""且歌且舞"的賨人战斗精神，以攻为守，坚守住了城池。1269年，渠州知州张资还带兵前往蓬州（今蓬安）的白土神山、蒲渡等处打击蒙军，挫其锐气，并打通了嘉陵江通道，有力地援助了钓鱼城的斗争。为此，钓鱼城主将张钰亲自领兵运送粮草到礼义城表示慰问，互相鼓励。

1271年仲冬，忽必烈定都燕京，改国号为"大元"。易帅更帜后，加紧军事进攻；同时大量任用汉人为官，实行诱降和招抚，不少地方相继投降或陷落。蜀中仅有川东、川南几座沿江孤城仍在坚持抵抗，局面已异常艰难。1274年孟冬，元兵一度攻入礼义城。安抚使、知渠州事张资不屈自杀。都统胡载荣纠合洞寨民练，督军奋战，随后又夺回礼义城。

1275年正月，元军东川副都元帅张德润以重兵进攻，礼义城军民浴血奋战，战不到一月，终因寡不敌众而陷落。胡载荣战死，仅余伤病1500人为敌所掳。

渠州自1236年初陷、1255年徙治到1275年城破陷落，坚持抗蒙斗争40年。渠江中上游地区从人力、物力上顽强支撑如此之久，并能以弱敌强、反复争夺，写出了蜀中战争史上的奇章；礼义城在十分恶劣的情况下固守约29年，凭人和、地利之优，开创了以少制多、克敌保存的战争范例。这座山城市南宋四川防线少有的坚城之一，有力地支持配合了钓鱼城的斗争，使四川成为南宋王朝坚持抗战最久和最后的基地。

（入选"巴文化·达州故事"，原载2020年1月7日《达州晚报》）

三汇特醋

三汇镇沿巴河向北1000米，过一小桥就到三汇醋厂，三汇特醋创于明崇祯十六年（1643），由明朝著名官员李伯伦辞官归故里创建，三汇醋厂的前身叫华昌醋庄。距今已有近400年的历史，由于用料考究，工艺独特，质量稳定可靠，产品以酸、香、醇、甜享有盛誉。三汇特醋是四川省传统名特产品，曾连续三届蝉联商务部和四川省的"优质产品"、连续五年获"四川名牌"称号，其"三汇"牌果醋还获得过"国家重大科技奖"。

1984年，"三汇果醋"研制成功，填补了我国酿造工业的一项空白。远销美国、加拿大等国家。1989年，在中国首届保健食品博览会上，"三汇果醋"获得金奖。

三汇特醋

访明万历南昌商人万鸾三汇墓

在三汇镇街，有一单座墓万鸾墓，俗名万乐一墓。该墓为石条砌成石室，券栱，室内四角各有一铁链系在木棺上，木棺悬空。墓室长4.5米、宽2.8米、高2米，墓门为石质长方形，高1.4米、宽1.1米、厚0.1米，上刻万鸾生平及事迹。万鸾是江西南昌人，明万历六年（1578）入川来到渠县三汇，勤耕善商，促进了三汇农商发展，为时人称赞。

民国《渠县志》万鸾碑文载：万公讳字驾堂，江西南昌府南昌县人。娶易氏琴瑟调甚，四十无子，誓不纳妾。公与汤玉茗先生友善，诗酒往来最称莫逆。玉茗者，江西名人也。公谓玉茗曰：科名非我欲，子息亦不我强也。万历六年，偕易远迁，览瞿塘、滟滪三盛，棹赋诗，唱和欢如。由是入川抵渠寄汇滨，购买家业遂家焉。晚年不事诗酒。乃言曰：酒非知己不饮，诗无会人不吟，吾何利于此耶！命童仆辈畜马牧牛，法陶朱之经营，既而财集巨万，乃修石室数间，期与易氏共为尽年计。时人因以万十万称之。堂设都仙许真君位。朝夕虔供。宅外修筑佳城，并夫妻生庚，产业契界，刻立碑记。尔时，玉茗宦居京师，公将生平事迹作书，为知己者道。而玉茗则转移南昌，载入家乘矣，崇祯末，献逆乱蜀，石室毁亡。

10月22日，一个周六，虽然淫雨霏霏，却没阻挡我的寻求。搭车来到三汇镇与向丰乐方向叉路口下行50米，买了一个凉粉盐锅盔，边吃边走，右转进入宽不过1米、窄窄的大井街巷子，10米后转拐，问一对过路老人，说直行左拐，右走就是大街了。果然直行10余米，右是上坡之梯，七弯八拐到一户一户的家里。左行下梯，四五人对门而立摆着龙门阵，再向前，仅容一人可过,乃两房之间夹道,10米后,到正街了。

再问路,说向前,直走左拐就是。街道宽了,两旁却是高楼大厦了。200米后,左行,就到了劳动街,不觉已过镇第一小学门口,向里张望,有操场。操场院墙后面是顺坡而建的百姓的单家独户,没有墓的痕迹。再向前,看到有人从右侧小巷出来,就走进去,却是一家大户人家,还有天井,住了好几户人,退出,又前行,再进入小巷,原来却又到了大井街。大井街,以前叫后街,原来是沿山脚由北至南的一条街道。再向南行,一古井阻于叉路口,井水清澈,深可见底。

我没向东下河,反向西上坡。小路仅一人可行,刚走几步石梯,就是一户人家,转拐几步,又是一户人家,甚至路口有三四条小叉道,左左右右,上了50米后,碰到一老者正在剔废砖,一打听,原来是镇一小退休的王老师。他告诉我,万鸾墓以前就在左上那个黄桷树下,现在修幼儿园被占了,万乐一院子就在那儿。

我顺着他指点的方向前

小巷

老街上的石板路

行，200米后，却近不得黄桷树。左行向上，却到了新民街。只见街宽不过2米、光滑的石梯一头朝南蜿蜒向上，一头向东蜿蜒而下，这才到了具有重庆道路风格的三汇镇古道。终于明白三汇镇为何叫"小重庆"了。

走上斜斜的三五步不平而滑的石梯，最多不超过10步，就可上到一级平台，接着又是如此，两旁单家独户而又偶尔相连的一台一台平房，间或平房间一小巷通向更高处，1000米后即将上顶时，就是笔直的一道石梯来到罐丫口，再前行就是山顶的渠县第二人民医院了。

我原路返回向下，来到整洁明亮的幼儿园。西南角，一黄桷树下的院墙内是教学楼和花台，没有我所希望见到的万鸾墓。再出，从学校上隔壁的小巷入，只有三户人家。新民街118号的女主人告诉我：万鸾墓以前就在这个角落里，修学校占了，可能墓就在这个院墙和这个巷道下面，她八九岁时和小朋友们拉猫猫，就在墓里钻上钻下，钻进钻出，把空荡荡的铁环碰得叮当响，那时就没有棺材了。对着黄桷树，就此拜一拜吧！

雨中拜谒万公，我连伞都没打，端的只有崇拜。想的是他四百多年前到渠县搞活了三汇的商贸流通，真的是慧眼识宝地，繁荣了三汇小重庆；思的是渠江之源头这么早会招商引资，端的是如此前卫，开了兴商之先河，这对当下县域经济发展、特别是乡村振兴是否有新的启示呢！

大小斌山古战场

站在礼义山北门向东北望，1000米外有一"高耸数十仞，足锐而顶峰，四壁峭直，划焉如削成，南北有二径可以上下，基方广三里许，可容数千人（《渠县志》）"的东安镇大斌山，乃宋末、明末古战场遗址也。

大斌山古战场遗址

崇祯十七年（1644）十一月，张献忠部吴应元农民起义军攻入渠县，当地人郭荣贵率其宗族及乡里黄、郑、刘、周、廖、楚、徐、邓、董、罗、杨等十五族及地主武装，共三千余人，依大斌山为固，内修楼橹，外勤耕织，筑寨以抵御义军。次年十月，张献忠部王有进以数万人至渠，郭荣贵以寨兵二千人迎击，破义军近万人，后义军杨秉印攻礼义城，以逼大斌山，相持五个月，清中丞李国英，派镇国将军马化豹、卢光祖打败了起义军。

康熙《顺庆府志》载："郭荣贵，渠县人。强干任侠。明末乱，与弟荣昌筑寨大斌山。杀贼首吴应元，宕、达安堵。时斗米值百金。贵兄弟自节俭，倾囊接四方文士及避乱者。无间亲疏，悉为馆谷，赖以成活者甚众。邑之相继登科弟者，皆得其推解焉，顺治戊子，贼首杨秉胤拥众来夺斌山。贵兄弟力拒不下。乃问走本朝投诚。输饷一千石。请兵剿贼抚院。李公国英遣大兵击破之。贼遁走。川东北遂入版图。年八十卒，邑人士德之。"

从礼义城北门顺着狭窄的石梯而下，向东北行 1000 米长的山脊，就来到大斌山下。沿着农业学大寨时修建的导虹管向上，就是大大小小的乱石堆。"大者、小者、卧者、蹲而伏者、怒而欲噬者凿凿然，杂沓交互，若猿、猱、虎、豹、群友而嬉游。自非习居此土者，偶一入焉，眩迷不得出。"在村文书的导向下，我们很快就来到崖壁下。在石丛、树林中找到一排石梯，直上 20 级，再右拐 10 级，再上行 10 级左右，在半山腰有一拱形石寨门，高 2.8 米、宽 1.7 米。寨门上方一横梁已断裂，悬于两壁。

上得寨来，只见寨子上有大小方圆梯形等石缸 12 个，最大者长 1.52 米、宽 0.75 米、深 0.72 米；寨北一凌空的大石上，有大小圆柱洞十五个；柴灶一个，堂口直径 0.4 米、深 0.27 米、灶口宽 0.33 米、通道 0.54 米；明代留存的火药碾，槽长 1.5 米、口宽 0.28 米、深 0.24 米。站在山顶北望，只见渠江上游达成铁路、襄渝铁路交汇，交通发展非当年所想的了。

现今，由于退耕还林，山上已是柏林森森，杂草萋萋。从树丛中穿过，来到北口，由于开山打石，成了斜坡，已没有路了。

庆余石桥成化造

渠江岸边与广安市接壤的五峰村。村东2000米竹林掩映中，有一始建于明成化年间重修于清同治二年（1863）的庆余石桥。桥不长，但历史悠久。

《渠县志》载："成化丙午春，洪都（今南昌市）秦侯自谏垣出二守广安，道出于兹，目桥之圮，闵行之难，其心恻焉，思济其难，下车未几，适承檄往摄渠治，视篆之日选于众，举义官邵君本乾及吴某以作桥事委之，侯肤敏（闿）爽，乐易近民，敷政听讼，既明且恕，务不眪乎人情，浃旬弥月，渠人翕然顺之，而邵等忠勤干固，克济其谋，悦以先民而

圆雕虮蝮一

鼓舞之，相与捐资鸠工伐石于石，治以为梁。肇功于夏五月，及农隙也，不逾时而桥成。"

此桥为南北走向，是渠县与广安区交界往来必经之道。桥由石条砌成，底为券栱。桥长14.7米、宽3.6米、高3.2米，跨度3.8米，栱顶中部东侧圆雕虮蝮头，作昂首状，前两足刚劲有力，欲飞欲越；西侧圆雕其尾上翘而卷曲，鳞甲历历，做工精巧，桥下顶部并刻题记年代，至今仍牢固实用。

河不大，可以算是小河沟，而桥已久也，桥上动物雕刻更是精妙绝伦，竟不知是何动物。当地群众叫它狮子桥，可见并不准确。

圆雕虮蝮二

渠县文庙

渠县城北大街，乃北来之龙骧山脊也。顺山脊向南到石子岗翘首俯冲，如"渴龙饮江"（民国《渠县志·地理志》）般，在龙头层迭之下，有一占地十亩，巍临大街，坐北朝南、居高耸峙、大显皇宫之势的渠县文庙。

据嘉庆《渠县志》载：渠县初无城桓，依山阻水，编木为栅，垒石为门。明正德八年，焉、蓝贼起，睢甘泽始规度形势，甃筑城桓，周围广四里二分，高两丈，置五门，其略覆以楼，而城守始备。明末为献逆焚毁。康熙三年，县令雷鸣鲁修复旧现。东门，乾隆三年县令邓献璋题"利济巨川"匾额；南门，嘉庆辛未年县令崔景偁题"解阜恬熙"匾额；北门，康熙四十八年知县侯承塀题"金汤永固"匾额；通济门先后题有"文峰耸秀""江城如画"匾额；通文门题有"文运开张"匾额。

位于石子岗山南侧的文庙，整座建筑坐北朝南、依山取势成阶梯状，匠心独具地构建了三进四合院院落式框架结构。以中国传统常见的中曲轴线对称布局手法，依次顺地形走向，巧妙合理地布置了正门照墙、圣域坊、贤关坊、

棂星门

宕渠密码
DANG QU MI MA

文庙正面甬壁"宫墙万仞"

泮池、棂星门、戟门、大成殿、东西庑、启圣殿等建筑。

文庙始建于宋代嘉定年间，经康熙、雍正、乾隆、嘉庆相继修葺，道光年间竣工。南北长143.04米，宽32—39米，占地5711平方米，整体建筑平面呈矩形，由清一色的青砂石铺成地板，砌成阶梯和栏杆，建筑色彩为皇家御赐黄红主色调。建筑群呈宏伟壮观的阶梯状空间序列，红砖黄瓦、挑角飞檐、厢庑亭阁浑然一体，高峨庄严、气势雄伟。是国内保存较完好的祭祀孔子的庙宇之一，棂星门牌坊被誉为"蜀中第一牌坊"。

渠县兴建庙学（孔庙、文庙、学宫），始于北宋仁宗康定年间（1040—1041）。渠县文庙建于宋代嘉庆以前，元代大德年间（1297—1307）重建。明代洪武年间（1368—1398），邑侯梁从义移建于县城南外西岩侧。明天启元年（1621）邑侯邸居正又将文庙迁回旧址。明崇祯十六年（1643）九月初九，文庙被农民起义军焚毁。《渠县志》载："癸未重九之变，贼由西门毁堞而入，学宫焚焉。"现存渠县文庙建筑群落自清康熙四年（1665）修复正殿，继而几经扩建、增修、完善，至道光元年（1821），具有现存规模。

自汉祖过鲁，以太牢祀孔子，唐晋宋元尊崇圣号，历代有加。明洪武十五年，诏天下儒学，通祀孔子，颁拜奠仪。正统元年（1436），刊定崇祀名爵位次，颁行天下。嘉靖九年（1530），厘正祀典，始为本主，题曰：

118

"至圣先师孔子"，改大成殿为先师庙。四配称：复圣颜子，宗圣曾子，述圣子思子，亚圣孟子。十哲以下及门弟子皆称先贤，左丘明以下称贷先儒。每岁仲春、仲秋上丁日祭。

从和平街西边入口，向北步上13级台阶，就到了文庙正南门口。正中没有正大门，只有一扇朱红甬壁，古称殿顶一字式照壁，砖砌体结构，红砖黄瓦、壁体通红，建于乾隆五十九年（1794），高9.06米、长10.30米、厚1.47米。墙身正面和背面上部都镌刻书写有"宫墙万仞"4个镏金大字。正面稍大4字为清康熙皇帝御书字迹，背面稍小4字为渠县清朝文人金宝臣手书。据传，在封建科举时代，乡人要中了状元，衣锦还乡祭孔，方能从正面墙中开门入内，或搭云梯从墙顶越过。在文庙正面照壁建成后的数百年里，渠县一直没有考出个殿试状元，所以至今仍没能开正大门，只开有左右对称的两个侧门供人进出。宫墙左右侧门横楣原有黑底金字匾额："圣域""贤关"，左边水井前原有一碑，上刻行书"文武官员到此下马"，惜乎已毁。

进门就见泮池，建于清乾隆四十八年（1783）。平面半月形，弦长21.7米、弓高12.9米，池上架设三座三孔石桥。三桥九洞，桥下游鳞戏水，碧波盈盈。中桥桥头两端分别浮雕正面四爪坐龙和升龙。封建社会只有高中状元衣锦还乡才得从此而过，真正享受"独占鳌头"的荣耀。池帮为石砌，池周及桥两侧均设望柱、栏板。栏板上雕刻内容有文房四宝、花鸟虫鱼、祥云灵兽等。过泮池就见文庙正中第二个阶次前有一扇巨大的石牌坊，上刻"棂星门"三字，这就是闻名遐迩的"蜀中第一门"。

棂星门上的麒麟送书

这座石牌坊规模和气势都在国内罕见，不仅大多是整石连雕，它比山东曲阜孔庙棂星门还要高近一米，且雕刻更复杂、精美。被专家学者等称为"蜀中第一石牌坊"。牌坊建于清乾隆五十九年（1794），为五间六柱式石牌坊建筑，毗连五

119

门，六柱冲天，六龙昂首，面宽14.57米，高11.30米，厚度0.85米。石条全用接榫，墨法准确，虽200多年日晒雨露，至今保存完好。坊除柱身及石枋没有雕刻外，其余地方均有雕刻，并多运用镂空透雕。有二龙戏珠、双凤朝阳、仙鹤祥云、五蝠归真、麒麟送书、鱼跃龙门等图案，雕刻精湛、气势雄伟，生动活泼，巧夺天工。正中群龙拥圣，一道石匾上竖刻有"棂星门"三字。《渠县志》载："棂星门选拣石材美而巨，雕刻尤精，绝川中未曾有之。"民国十五年（1926），商务印书馆编辑的《东方杂志》曾载专文和图片予以介绍。

位于照墙两侧的圣域、贤关坊建筑，大小、结构相同，与照墙之间以墙身有透雕花窗的矮墙相连。面阔一间，两柱六檩，宽4.9米，高4.85米。穿斗式梁架结构，硬山墙上顶，筒瓦屋面，小式元宝正脊，垂脊上饰花瓦。

牌坊后两厢，原是名宦祠、乡贤祠、贤良祠、忠孝祠、世义祠。正中石阶上横陈文庙戟门，也叫大成门。其门只有祭礼时开启，平时都从两侧腋门出入。以前，这里石梯高垒，平台层迭，甚是壮观。正中戟门列24戟，一派显赫森严气势，门前斜置一条一米见方的镂雕青石蟠龙，涌波腾浪，世之罕见。惜乎哉，戟门毁于1941年11月25日夜私立楠轩中学的一场大火，蟠龙后也被毁！

穿过高5.2米、宽10.5米的戟门，就可达到文庙主殿大成殿，系两重檐硬山式琉璃瓦屋面建筑。高峨庄严，脊顶为江西景德镇烧制的两条卧龙，殿顶金黄琉璃瓦。大成殿，宽五楹20.45米、进深13.05米、高15.65米。为穿斗、抬梁式混合结构。大门上方正中有一巨大匾额，为康熙皇帝御书"万世师表"4字。右有雍正御书"生民未有""圣协时中"；左有乾隆御书"与天地参""圣神天雄"共16字。殿内六根楠木柱，每柱周长1.51米，立于0.6米高石础上，镌书有不同风格楹联。殿内正中供奉有"大成至圣先师"孔子塑像和牌位，左右有腾云驾雾的雕龙护卫。两侧供奉孔门高徒牌位。东西两庑供奉先贤79人、先儒75人。明间抬梁枋施藻井，山面封火墙高出大殿屋面。殿前单墀，现称月台，高3米，雕刻有丹凤朝阳、文房四宝及各种戏文等，形象生动、惟妙惟肖。

殿下东、西庑，建筑结构相同，每庑三楹，为带前廊的硬山式建筑。面宽五间15.99米，进深两间4.47米、廊深1.56米、通进深6.03米。木雕穿花窗棂，壁饰祥云鸟兽。

过大成殿，再上几级石梯，平台上三楹房屋，长12.9米、进深10.3米，叫崇圣殿。其后，是原有二层楼房的尊经阁，右边是明伦堂。

崇圣祠，文庙建筑群中的最后一座建筑，为带前廊的硬山式建筑。三间共宽11.87米，进深两间，廊深1.7米、通进深11.08米。20世纪六七十年代崇圣祠曾作为民居使用。

渠县儒学早，自汉元贺精易授徒，而后文章华国，功业佐时者，代不乏人。旧在南门外饮虹亭侧，宋嘉定间，知县邸正迁入治西石子岗，乱后灰烬。清康熙雷鸣鲁重建，康熙24年知县董矩补修，康熙25年奉颁御书"万世师表"。然无学堂专授。嘉庆十二年，邑侯叶楸勋以邑中公项盈余，禀请上宪准修渠江书院。继经邑侯王衍庆、薛天相度地，于县南铜鱼洲西岸上修建。王衍庆《新修渠江书院记》载：嘉庆壬午秋，予奉委权渠篆，祗谒文庙后，以时接见诸生，询书院所在。全曰："邑旧无书院，虽设义学，延师主讲，时而佛寺，时而奎阁，时而文昌宫，盖未有一定之所也。"予闻而慨然曰："书院为兴贤育才之地，迁徙无常则士心靡定，其何以成德达材乎！当即思所以修之。以修成后堂三楹，中讲堂三楹，前礼门三楹，外头门三楹，左右书室各八间，环以砖墙，蔽以照壁，窗明几净，境僻尘清，真士子藏修游息之所也。"道光九年，知县王春源在文庙前建起了考棚。渠邑试院与文庙宫墙近接，拓地广数亩，号舍宏敞，堂室深邃，规模廓如也。同时建起官学十馆，乡学二十五馆。嘉庆十四年，县臣李吉士在三汇镇创建汇江书院。

20世纪80年代初，我在渠城求学，经常穿梭于文庙内。从大门入，过泮池打台球，上石梯穿过棂星门，然后再从原戟门右边上石梯，再转，到中轴线上再上石梯，上有一平台，左边是阅览室，右边是录像厅。坝中正对一排石梯，上，大成殿也，不过那时空置，后来是舞厅。从右厢房街檐向北通过，文庙后门也。出，穿过一10米小巷，防疫站、卫校到也，再过一小门，就是渠县师范附小了。那时，课间10分钟，就可从学校到文庙接受洗礼一番。不过，当时确实对文庙没有多少认识，只知道是作乐的场所、好玩的去处。

而今，照墙右侧改成了现代化的文物陈列馆了。大门口，一对武士持戟立于前。进门，就是巴蜀青铜器馆。首先映入眼帘的是土溪城坝出土的汉编钟、战国虎纹铜戈、兽面纹铜戈、巴蜀文字铜戈、战国铜斧、铜钺、铜剑、铜斤、铜矛、铜灯、铜天禄、虎钮錞于、战国桥形币、战国衔环辅首釜、龟化石、鱼化石、牙化石、树化石等各种化石，新石器时代的石镞、石斧、砍砸器等各种石器，还有新石器网坠、骨锥及汉石辟邪摇钱树座、汉绳纹灰陶瓮、陶仓、汉红褐釉陶罐、陶灯、陶碟、上釉陶勺、陶鸡、陶猪、陶俑等陶器，整体的石棺。同时介绍渠县文化渊源，包括汉阙、古墓、牌坊、文庙等古建筑和城坝、礼义城等古遗址，各位大师、领导的题词。第二楼为各类出土的瓷器、铜镜等器物。

左起王甜、贺享雍、肖启文、杨牧、李学明、周啸天在文庙

笔者曾两次参观过文物库房，印象倒还深刻。这个文物库不足200平方米，库房四周是存放的汉砖、汉瓦，一轮一轮由地面挨墙而砌，高有50厘米左右，少数呈桃红色，大多数为灰黑色。每一块汉砖四周都有不同式样且精美的图案。据说，现已收藏的汉砖有100多种图纹，全部是从城坝

遗址发掘搜集而来,这是2000多年前寶城古老历史的重要物证。库房前一间屋主要收藏有生活一类的文物,在屋中间一个约两米长、近一米宽的玻璃橱窗中,摆满了陶瓷一类的餐具、茶具、贮罐等文物。尤其是那些碗、盆、壶等器具的图案彩色非常精致、光彩夺目,与我们现在使用的同类东西几乎无差异。在第二间屋的橱窗中,摆满了军事类的文物,有各种长短和形异的斧、刀、箭、矛、盾等。看上去尽管锈迹斑斑,但那斧、刀、矛、箭、盾的形态,仍然显得刚劲有力,尤其是长胡三穿方向虎纹戈,被称为蜀中同类兵器中的最精者。库房的四角处还存放有出土的石、木一类的文物,尤其是出土的新石器时代遗物石斧、骨针、纺轮、砍砸器。汉代的铜斧、石避邪摇钱树座、陶鸡、角钟等,栩栩如生。

而今,文庙有了很大的改观,文庙右侧临街面前两年已修缮,一派琉璃色彩。大成殿等也修旧如旧,供世人免费瞻仰。

宝珠山上八角亭

渠城马家街中段,从县代建办南侧边一宾馆的小巷进入3米,再右上居民楼的4层楼梯,七弯八拐,来到宝珠山上,来到后山,上得石梯,这里有一建于清康熙初年(1662),为县境保存下来的唯一古建亭阁——宝珠山八角亭。康熙《顺庆府志》载:"宝珠山,其顶特立,状如珠圆。"

亭系双层房架重檐楼台式建筑,平面为八方形,内外层房架相距1米。外层房架为八面,每面宽2.5米,周长20米,房面作筒瓦,八脊檐端施翘,檐口距地面4.2米;内层房架为主体建筑,均为八方形,间距1.75米,周长14米,房面作筒瓦,脊檐端施翘似弯月凌空,整个房盖呈八方锥形。

亭顶为莲花托出葫芦形,中插一铁柱,高约2米,顶及内外层脊均嵌玻璃片和各种色泽瓷片,阳光照耀,光彩夺目。亭建有楼台,连接内外两层房架。

八角亭,原是宝珠山南麓关岳庙后的陪衬建筑,清康熙初年重建关岳庙时为占"宝珠山"之风水而造,原山上多奇花灌木,怪石千姿,来县骚人墨客无不到此留迹。民国时,崖上刻有县人袁子琳所书"宝珠山"三字,字广约1米,数百米远亦清晰可见。崖上原有人物故事浮雕多处,可惜尽毁。

八角亭一角

我绕着亭子转了数圈,只知道建筑特别,它有内外两层房架不知其何用意。从靠东南一侧已掉了两张梯板的木楼梯上到第二楼，有一门进入阁楼，木楼板，楼顶为穹窿顶，布有太极图，八面壁各有一扇木窗。阁楼外是一圈木走廊，走廊上方木板封顶，八角高翘；走廊外是1米宽的廊檐，也是八角高翘，与上部相衬，可惜有的地方脱落了。

遥想当年渠城全是穿斗房，八角亭地处县城正中，高高乎雄峙半空，极目四望，渠中山水，一览无余。更有北来金蟾映月，龙骧山弓身欲跃、石子岗翘首俯冲、文庙高大巍峨；东之濛山晓雾，渠江如带，文峰夕照芭茅荡漾；南面市桥官柳，铜鱼佳谶夜吼不绝；西望西岩晴虹，马鞍叠翠。渠县八大景除"文峰夕照""濛山晓雾""龙漱瀑布"时下常有所见外，其余五景皆难得一见了。

渠城八景之"沙碛丰年"，在流江河与渠江汇合的出口处，初春水浅，积沙显露，随处可见成雁尾形的沙碛，"流江七曲水荥荥，春泛淤成雁尾形"。乾隆《渠县志》言：江沙现碛，预卜丰年。县太爷王蔺三在《太平年·咏沙碛丰年》："波流一镜烟光媚，露出江沙碛。恍疑雪作花飞地，丰年真有瑞。凫眠雁宿看无际，好把豳缯，竟道太平事，比户欢醉。"

渠城八景之"金蟾映月"，乃渠城西北一公里左右，连绵山岭，《渠县志》称"屏列双峦，状如新月"。曾有玉蟾寺，明吴廷举《宿玉蟾寺》："川北湖南一水通，一生半寄祝融峰。此身高逐云来往，又挂玉蟾山上松。"乾隆二十四年（1759）出任渠县知县的邓奇逢称赞新月：翠峦屏立出层巅，如绘新磨宝镜研。初魄平分青黛笀，半轮斜挂碧萝牵。形模曲肖神工削，奇幻天然鬼斧镌。自是巨灵留此迹，纤纤常对玉钩悬。王蔺三《西江月》：渠水明如金鉴，渠山秀似玉蟾。一弯新月挂峰巅，画出蛾眉初展。万缕烟凝霭霭，两头弓势纤纤。琼楼玉宇不胜寒，漫道瀛洲路远。

渠城八景之"市桥官柳"，指老渠城南门，绿柳成荫，官道旁经人工培育的一处人文景观。知县邓奇逢有诗赞扬：春到南关万缕垂，浓阴如幕映桥陂。含风依爱临官道，迎日横看出酒旗。袅袅流莺啭觉始，依依系马荫堪思。深情摇曳轻腰舞，鸭溪边翠影滋。知县王蔺三《柳初新·咏市桥官柳》警示今人更要保护环境：城南市口长虹架，看九陌，春来也，潆潆波绿，蒙蒙烟碧一片。柳阴桥下，好是春光淡冶，是谁家层台芳榭？却笑丹青无价，嚣尘中妆成图画。柳舒翠眼，桥横雁齿，竞喜莺迁鱼化，有多少定鞍骄马。暗魂销，攀条恨惹。

渠城八景之"铜鱼佳谶"，指渠城南外二中校临河面，有黄色巨石横卧，状若铜鱼，水位变化的夜晚，石下传出"轰隆"的吼声。《渠县志·山川》记述："乡试年，夜听吼声，其响异于平时，是科必有联登者。"康熙十二年（1673）任渠县知县的毛鸣歧有诗："共指铜鱼两石鲸，长酣风雨卧江城。年丰好兆牧人梦，岁比预占才子名。知有任公原不饵，即无范令也长生。羡君自是神奇物，瞬息飞腾赴北瀛。"知县萧鋐《铜鱼佳谶》诗云："石鲸鳞甲卧江边，不饵钓餐历几年。苔藓作鳞春汛绿，吼声预报士高迁。"知县何士钰紧接着大加赞扬预言作用："石鲸突兀卧江边，未及春雷且自眠。致意文人侧耳听，吼声直入九重天。"知县王蔺三作小令《月宫春·咏铜鱼佳谶》再紧跟："渠江东下水潺潺，苍茫雪浪连。铜鱼百尺卧波间，风霜几万年。吼挟雷声鳞甲动，夺来艺苑锦标鲜。寄语流江士子，登龙看影联。"而只有读书人最清醒，岂有不劳而获的？贾纯浦之《铜鱼佳谶》曰："魁斗石前春水生，文峰塔前秋月明。铜鱼本是无情物，尽有文人侧耳听。"

渠城八景之"西岩晴虹"，处于渠城南渠江三小（实验小学）背后山岩，古时叫"西岩"。《渠县志·山川》载："岩上有泉，侧出其流，涓涓而下，下有天造石盎盛之。每日出，时有虹影跨岩下饮于盎中，移时乃散。"此处曾建有虹饮亭和西岩寺。宋人彭仪《游西岩乳泉》称赞："西岩风景天下绝，幽窦泄出山之脉。滴沥无间古与今，常阴洞内层冰冽，风清夜寂梦初回，忽闻天籁声相协……"知县萧鋐诗云："朝朝南郭看晴虹，恍饮西岩涧底中。碧水尽从幽谷出，声声滴碎玉玲珑。"更有王蔺三的小令《拂霓裳·咏西岩晴虹》：日初升，城南山色晓烟凝。声滴沥，清泉一罅玉壶明。练飞穿谷口，磴泻拂云根。耀双睛，缥缈间，红碧影层层。桥拖百尺横，丹岭依降云。晨光里，曈曈渴饮涧之滨。西岩看翠耸，东屿倩霞蒸。画图里，是阿谁一纸付丹青。现在从万兴广场上马鞍山左侧路旁，还有人从岩中插入水管引出清泉，供人们饮用。

（原载2011年11月2日《达州日报》）

冯公庙居大神山

三板镇大神山，它是渠县中部最大的一座山，也叫大青山，山顶有冯公庙，庙前有冯公庙牌坊。清代乾隆年间始建，现庙已毁，唯存正殿房架，为一村民住房；可惜，其牌坊也于几年前倒塌了。《渠县志·地理志》载："大青山低于玉山，其上惟东西两面门可出入，有车骑将军冯公庙，土名大神山……大青山寨，县北五十余里，四面陡绝可守，惜山顶无水，避乱者恒有美中不足之叹。"三板，县志载：原名菜子碥，因场中有石板桥三洞故名。清康熙初年设场。

大神山，我是小时候背着草背篼割草放牛沿着鼓锣寨的山脊经常去的。那时，只知山上的草多好割背篼装得满，牛儿也吃得饱，还有就是山上的香火旺、牌坊很雄壮。当然，传的神乎其神的是山上长年不干的堰塘是一条龙的眼睛，它的尾巴就伸在了南阳滩里，后来有人盗宝伤了龙眼堰塘就干涸了，龙也就死了，甚至还撵跑了一对金鸭儿……

大神山梯道

叫大神山的名，就要赋予它神话般的故事。

平时到大神山是从望石路三板镇第二小学前的神山村道右行，水泥路通到了西山下。穿过密密的柑橘林就可上山了，这里50%的土地种柑橘，老百姓50%的收入来于柑橘，要知户平柑橘收入在3万元左右。这里还有千亩农业示范园正在扩大规模。

"到门不计山重数，但觉衣襟有白云。"大青山有寨山二层，仅两道可通。入二层山后，迎面为一石坊，即冯公庙牌坊。该坊青砂石砌成，四柱三楹，三层檐。高6.3米、宽4.14米，坐北朝南，坊顶成三角形。背面顶下正中阴刻楷书"勅封孝廉□"，柱上联语："德褒汉代几重浩；威镇渠州第一峰。"向南的正面枋上，正中竖刻楷书"勅封仁济王"，周围饰以深浮雕蟠龙。横坊上刻"护国佑民"四字，枋柱刻联"正直代天宣化；慈祥为国救民。"另东西两边横坊上阴刻颜体大字"功高""德远"。枋上序批：民等世代躬耕，山下丰衣足食，感恩而建此坊。从序批中得知此坊始建于乾隆年间，后代有增补，但于嘉庆年间倒塌过，光绪三年（1877）重修，2005年左右再次倒塌。康熙《顺庆府志》："（明）敕祭汉廷尉冯绲文：钦承上命，致祭于汉廷尉冯公之神。曰：惟神为汉名臣，屡彰功伐。忠孝之节，史册所傅传。灵夹昭灼，久而益著。御灾捍患，福庇邑人。累代褒封，人心响慕。稽之祀典，崇报攸宜。兹惟仲春，式举时荐，神其钦格。以慰众忧。"

牌坊后面就是庙子，现在重建了部分，直达山顶。从南上山，山顶阴翳蔽日，中间一路向东，下不久，就是第二层的寨门，再下，又是一层寨门。再向下，则属于李馥镇境了。

（原载2011年11月16日《达州日报》）

"铁面御史"李漱芳

乾隆进士翰林"铁面御史"李漱芳旧居，位于双土乡园峰村七组李家中院，一排穿斗老房，坐北朝南，毗邻国道318线文昌沟，门前八角六桅杆系清朝乾隆皇帝为彰显李漱芳家族刚直气节而立，迄今200多年。对面300米外渠县到大竹的古驿道旁牌坊梁下原有石牌坊，坊侧石碑书有"文官下轿，武官下马"。

独一无二李家八角六桅杆

李家中院李漱芳旧居，一排穿斗老房门前地坝外左右相隔20米各屹立一根石桅杆，通高9.5米，基座系一矩形石面，置于高0.54米的八方石磴上，两端成圆形，饰鼓丁纹。石磴侧面各方另刻有朱雀、鸟、兽、花草、植物等浮雕图案。石磴中心竖起圆形石柱一根，上小下大，底部直径0.4米，中部有一方斗，四角微翘，高0.35米、宽1.48米，用四块作螺旋纹的石枋支撑四角，形似腊台，柱径绕两道单线纹，顶作棱形，像蜡烛点燃后的火光。房屋左右两侧山坡延伸出去的坡头200米，俗名长坟林坝。大坟林坝处，又各立有一组石桅杆（现左右各毁了一根），形成等腰梯形；形制与门前石桅杆大致相同，仅尺寸略低，高7.9米，为素面台基，中部方斗高0.4米、宽1.1米，端顶造火矩形，有光照万年之意。向南对面山下古驿道旁建有一彰显李氏家族地位的石牌坊，坊侧石碑书有"文官下轿，武官下马"，可惜已毁，只剩下四根大致对称排成梯形的桅杆。

李漱芳家族旧居

独占鳌头李家仕学兼优

李漱芳，字艺圃，清雍正十一年（1733）出生于渠县一个世代书香家庭。据嘉庆《渠县志》载："公系出陇西，渠之万寿里人。初名清芳，登第后，京官有与同名者，呈部改漱芳，字艺圃，号文轩；公生而颖异，六经、四子书随读能解。诚天性纯笃者欤！学优才赡，尚气节，多直言，举朝皆惮其风采，其参奏当时权要，言人所不敢言，折上天子嘉其胆略，擢升给事。公以此益感激，披肝胆，励志节。乃以奏山东王逆事不实，左迁仪部主事。未几，复升员外郎，行将不次擢用，固不谓其居扰回籍。而遽殒也。"乾隆四十九年（1784）去世时，享年52岁。

其高高祖李高魁，被封"奉政大夫"；叔高高祖李兆翼，明万历三十四年举人。高祖李含乙，明崇祯七年进士，曾任高邮州知州、朝中礼部仪制司员外郎，赠兵部右侍郎；高叔祖李储乙明崇祯四年举人。曾祖李珪，顺治丁酉举人，曾任福建宁德县知县；曾叔祖李璠，顺治甲午举人，曾任江南凤阳县知县。叔祖李牲，康熙辛酉举人，为南充《顺庆府志》校阅，与李珪、李璠号称"李氏三杰"；叔祖李秉，康熙贡生，著有雍正《渠县志》、嘉庆《渠县志》；祖父李朋，乾隆辛丑年获赠"奉直大夫"。父亲李祖聃（读dān），庠生，河南道监察御史，乾隆辛卯年获赠"奉政大夫"；胞兄李濂芳，乾隆乙巳年获赠"奉直大夫"。堂叔李祖皋，贡生，诵读未遂志，堂弟李春芳，乾隆庚寅贡生；堂弟李德芳，乾隆癸酉举人，兴文县教谕；堂弟李怀芳，庠生。

李漱芳20岁府试夺冠，补博士弟子员，23岁乾隆丙子中举，24岁丁丑进士，历官户部主事、陕西河南道御史、工科给事中、左迁礼部主事、员外郎。乾隆辛卯年诰授"奉政大夫"，妻子王氏诰封"太宜人"。李漱芳当朝任职久，名声传播中外，家乡父老，都想一睹风采。等到他归来，都争先一睹为快。看到他相貌和蔼可亲，大家十分欣慕，以为是神仙下凡。而李漱芳自我要求严格，在乡里说乡音，乡亲还不知他曾经是朝廷的重臣。他留下的作品除奏疏外，有诗《自题小照四图》留存县志，县志中介绍了他的生母早逝，他亲自抚养年幼的弟弟长大成人，以及他的哥哥和弟弟相继去世后，自己辞官还乡亲自照顾继母的故事。其诗清新典雅，著有《艺圃诗集》。

正在打造的李氏陈列馆

独树一帜李家节操善行

守气节一脉相承。清葛虚存的《清代名人轶事》一书中在气节类一栏对李潋芳的刚直有这样的描述：李侍御潋芳，巡视中城，有傅文忠公的家奴叫栾大，自恃傅文忠公家的权势，就在社会上招徕无赖之辈横行街市，以致无人敢过问。李潋芳十分愤慨，当着大家说："傅相以忠谨传家，故能奕祀而保大。而他的家奴游荡于社会干坏事，傅相不一定能知道这些，所以决不可使栾大的这种坏风日益滋生蔓延，反过来拖累傅相，这是对傅相十分攸关的事。"于是就乃命人抓捕栾大，经审理得出结论，立即上报皇上。皇帝非常高兴，立即处置了栾大，对傅公管教不严也一并处罚，同时提拔李潋芳为给事中，以表彰他的刚直。清嘉庆《渠县志·人物志》表扬李潋芳，说他刚正无私，弹劾不惮权贵，直声震一时。同治《渠县志·人物志》说，当御史官，风裁峻厉，一有弹劾，却不避权贵。升迁给事中，敢说他人不敢说的，一时有"铁面御史"之称。

清嘉庆《渠县志》载：李含乙次配王氏，与姐姐同日归家。李含乙讨贼兵败后带着十个儿子二个女儿躲避山中，王氏与七个孩子被贼兵抓获后大骂贼人，她和亲属三十余人都被杀害，三个半大不小的儿子与姐姐得以逃脱。后来，三个儿子李珪、李璠、李泳和孙子李甡、李朋等相继考取功名。雍正八年，他一家的气节和忠义得到表彰。高叔祖李含乙在明崇祯末年回乡为母守孝时与其兄李储乙散尽家财兴义兵讨伐贼人，后战死。《胜朝殉节诸臣录》载：乾隆四十一年，赐谥"忠烈"，赠兵部右侍郎，崇祀乡贤。

行孝善上传下效。一是母贤。清乾隆、嘉庆、同治《渠县志》记载：高高祖李高魁之妻陈氏，因高魁早年去世，家里十分贫穷，两个孩子幼小，而想尽一切教育方法，尝尽人间艰辛万苦，终于让孩子成名。长子储乙于崇祯庚午中孝廉、次子含乙崇祯甲戌中进士，陈氏受封太宜人，"血忱格夫，起夫危于九死；丹心誓穴，课子业而双腾"，守节44年，死时75岁。二是子孝。高叔祖李含乙，字生东，小时跟着哥哥孝廉储乙，侍奉母亲天下闻名，蜀中人都称之为"孝友之家"。《江南通志》还记载他的仁义之举：说崇祯九年，当高邮知州，一年大旱，瘟疫流行，他亲自煮稀饭赈济灾民，使数万百姓全部活了下来。他在任上精明廉干，高邮人至今都还思念他。李储乙虽然是举人，但仍被皇帝授理刑部，而他以母亲年老需要人照顾而未外出去做官。漱芳十分孝顺有善，在十八岁时失去父亲，没了依靠，当时他的弟弟还在襁褓中，他口哺手携，终于把弟弟抚养成人。邻居们都特别赞赏他。他一生讲宋儒学问，立心制行，当官做事，都以古代贤人自励，即使那些达官显贵，都敬重他、害怕他。

重操守官庶同德。李含乙先当高邮知州，后升任礼部员外郎，转主客司郎中，都精明廉干。李瑨，走遍吴越大地，经历闽海风情达三十年，他的光明磊落行为，都写在了他的诗中。晚年任职凤阳，吏治也十分突出，被人称道。李祖皋，读书而未做官，一心一意教育子女兴家立业。后来与四个儿子分家时做四六分，伯、季得六，仲、叔得四。春芳、德芳、怀芳都体谅父亲的想法，告诫子孙，不说闲话。李漱芳在外为官三十年，辞官还乡，所载之物只有一船书。真是清廉得不一般。

做学问名垂青史。清康熙、嘉庆、同治《渠县志艺文志》载李氏多人60余篇诗文，著述甚丰。李含乙著有《秦邮集》；李珪著有《说剑斋集》；李瑨著有《片石斋集》；李泳著有《文庵集》；李牲著有《濠梁集》，且是《顺庆府志》的校对，与李珪、李瑨号称"李氏三杰"；李秉著有雍正《渠县志》，李秉、李春芳、李德芳著有乾隆和嘉庆《渠县志》；李漱芳著有《艺圃诗集》。

（入围"巴文化·达州故事"）

守台功臣王万邦

渠县安北乡有守台副将王万邦墓,其为省级文物保护单位。

王万邦(1760—1827)清代守台名将,台湾北路协副将。清乾隆二十五年(1760)出生于渠县太平里龙井湾(今安北乡双凤村)。王万邦身高体壮,浓眉大眼,相貌堂堂,气度不凡,真正的彪形大汉,从小熟读兵书,苦练武艺,力大如牛,常抱小水牛入池为其洗澡,其故居后仍有练武场和洗牛池,乾隆四十八年(1783)中武举,"遵例随营,应征湖北"。

嘉庆元年(1796),清东乡白号首领王三槐与冷天禄、张子聪等率众爆发白莲教起义,共同进攻通江、长寿、垫江、渠县等城。势力逐渐强大,地方无力征伐,皇上问计于人,有人建议非王万邦不可。嘉庆三年,王万邦随清军出击义军,激战于红水河(今达县双河场)。事后,王三槐被擒,王万邦因进剿有功受赏。嘉庆十四年(1809),调幽燕(今河北省北部及辽东省南部)任清军直隶督标良乡营守备,嘉庆末(1820)任福建漳州镇平和营游击。王万邦南御北剿,征战频繁,立下汗马功劳。嘉庆帝赐封其武翼大夫。

道光元年(1821),因其骁勇善战,王万邦奉旨调至台湾彰化协镇都督府任协镇都督,接替徐廷荣并兼任北路协副将,授职正三品。身材魁伟、胸怀报国大志、深谙兵法而善于指挥作战的王万邦守护台湾,立足积极防御,加强军事操练、布阵演习、武器制造与工事构筑,坚决抵御来犯的日寇。他矢志精忠报国,战必身先士卒,随军宕渠兄弟,也奋勇当先。在一次海战中,他的胞弟王万选、王万安不幸丧身,沉没海底。王万邦将痛失手足的深仇大恨化作护疆保国的御敌斗志。他依靠台湾民众，发展生产，增强实力，安定内部，统一民心，实施军政结合、军民结合，共筑御敌长城于海岛，使"蛟鳄敛迹而蠢类畏威，岛屿风清而群黎载德，海甸修文，荒裔感化"。守住了海岛和海域，维护了祖国的尊严和领土的完整。

道光七年（1827），奉旨离台。在台湾任职七年中，他军纪森严，英勇善战，多次抵御倭寇入侵台湾，功绩卓著，受到台湾人民的赞颂，并多次受到清代朝廷的嘉奖和封赏，曾五次受赐"奉天诰命"以此表彰他的功绩，追赠他的曾祖父、曾祖母、祖父、祖母和父母亲的官爵。

王万邦故居

王万邦解甲归田后，回到渠县家乡，"课二子，耕勤时，复手种竹树"。清道光七年（1827）病死于家中，时年六十七岁。死后，道光皇帝诰封他为"武翼骑都尉"（正三品），并发银开四十天普孝。敕建分华表、石狮石马石人、墓前立牌坊，墓碑精雕花鸟人物，正中高悬"圣旨"。墓碑载：英崛起戎行，扫清妖孽，躬膺荣禄，善始而善终者古来有几人哉。如公以武举遵例随营，调征湖北，身先士卒；斩馘搴旗，题功有四，事竣撤川，进剿教匪，首逆就缚，经略敷能，简任幽燕，历官漳州，且预保升用及其握篆漳化，使其蛟鳄敛迹。而蠢类畏威，岛欤风清，而群黎载德，海甸修文，荒裔感化，铭勋赏劳，猗欤伟大哉。既而激流勇退，解组归田，课二子，耕勤时复手种竹树，怡性适情。所谓善始善终，非欤矣是，天不宽以岁月。周甲近七，即帝返乡。长君仁，天性朴茂，援例授职，次礼磊落，俊伟卓有，考风知天意，主兴正未有艾也。兹以修墓镂述青珉用彰，天券并以识诸云初。增生李德楷诗曰：血战功成简帝台，柳营专向倭蛮开。六千海甸衔恩去，百万生灵载欲来。未电冲宵闻鼍鼓，红云散彩走春雷。泛知眷念孤臣意，紫诰重封护泉台。

王万邦墓

王万邦墓高大巍峨，气势雄浑。高4.76米，为4柱3开间，柱前砌三角形护石，上刻图案花卉。中为主室居高，左右耳室次之。各室墓首浮雕人物故事、飞禽游鱼、花木盆景、龙杖佛珠、宝剑兵书及文房四宝等图像。主室墓门雕刻有几何图案花窗，上方横额刻"宠命世承"四字，左下刻"宠锡"，右下刻"龙章"，再上竖刻五龙捧旨，房面作飞檐、筒瓦、脊端雕翼。墓前石雕卫士对峙。两耳室柱前以，次第排列石马、石狮至今保存。两根滚龙抱柱华表高约丈余，可惜已毁。其碑恭楷"皇清诰封武翼骑都尉王公讳万邦老大人墓"。1991年5月该墓被省人民政府公布为第三批省级文物保护单位。

（入围"巴文化·达州故事"）

渠县贾氏"一门七进士"

渠县贵福盛传一门七进士：即贾翼，贾瓒、贾珌兄弟二人，贾珌子贾咨托、贾咨询，贾咨托子贾秉钟，贾秉钟子贾振麟。这当中，最为有名的当数贾秉钟。

贾秉钟，字绥禄，字屏山，柏林水库左侧书房嘴人。生于清乾隆四十二年（1777），嘉庆十三年戊辰科（1808）由举人身份贡举参加礼部举行的会试，贡士上榜。次日参加皇帝主持的殿试，获得第三甲第45名进士。入馆选，官翰林院庶吉士加一级。

文昌宫楼

说起中进士，贾秉钟还有一段曲折经历。贾秉钟从小接受叔父贾咨询的教诲，学有所成，也想应试。嘉庆元年（1796），渠县发生白莲教起义，百姓大多外出避难，行人中多带的是吃穿用品，他带的却是书本。每当歇息时，他就取书读。在外避难有些时日，其一远房亲戚东找西找才找到邀他到成都参加"童子试"。这一考，其名声大噪。嘉庆五年（1800）回到渠县参加秋考中举，次年补为弟子员。嘉庆七年（1802），贾秉钟上京参加会试，路过巫峡，碰到贼人，无功而返。然后回乡担任文峰书院主持，两年时间，文风大变。嘉庆十年（1805），他以举人身份入京会试，额满见遗，再次无缘科考。于是就浏览西湖等地，留下诗篇，再次返回做文峰书院主持，再也不想考了。嘉庆十三年（1808），渠县知县叶懋勋发现他有真才实学，出钱极力鼓励他上京会试，这才高中进士。

贾秉钟曾出任山西盂县知县十年。任职期间，劝农桑，培文风，兴教育人，修桥筑路，爱民惠民，被老百姓称为"清廉父母"。贾秉钟性情耿直，但与官府某大吏意见不合，凡事被中伤。适母亲去世，愤然辞官归故里，兴办私塾，教授家乡学童。贾秉钟在盂县时主要有五件政绩：一是推行唐代何易于的益昌之治，也就是劝农桑、培文教；二是带头捐廉重修秀水桥；三是募修县城至"陶都"牵牛镇的大路；四是两次出任山西乡试同考官，提携后世学子；五是两次督饷到甘肃。贾秉钟"宰盂""游宦"十年，因为耿直清廉，自"涖任即与某大吏龃龉，凡事欲中伤之"，一直得不到提拔重用。心灰意冷之下，两次奉檄调离，但在盂县父老的挽留下，不了了之。直到嘉庆二十三年（1818），因母亲丁太夫人去世，贾秉钟终于丁艰归里。回到渠县老家后，他教授生徒，再不复出。终年六十五岁。其著作有《诗古文集》十二卷、《屏山文集》十二卷、《吟史乐府》二卷、《麈居随笔》一卷、《制艺》上下卷。

现存阳泉郊区旧街乡柳渠村隆兴寺嘉庆十六年（1811）《重修五攒山龙兴寺记》有"盂县正堂贾太爷捐银一封"。现存阳泉郊区东村（时属盂县招贤四都）嘉庆十八年（1813）《重修松林背古庙碑记》中，"赐进士出身盂县正堂前翰林院庶吉士贾秉钟施银肆拾两"。现存阳泉郊区山底村（时属盂县招贤四都）嘉庆十九年（1814）《断结差事碑记》中，"大清嘉庆十九年七月十六日断结，青天贾太爷公断，牵牛镇与山底等差事仍照旧规……"。这是我们现在能看到的贾秉钟知县当时留在盂县的痕迹。

贾秉钟曾祖贾翼，叔祖父贾瓚雍正二年（1724）进士、祖父贾玭雍正五年（1727）进士、叔祖父贾璐康熙五十三年（1714）举人，父亲贾咨托、叔父贾咨询、贾秉钟、贾秉钟子贾振麟进士——这就是民间说的贾氏"一门七进士"。

乾隆六年（1741），贾瓚在渠县贵福驿寺垭村书房嘴修建文昌宫，这是目前渠县境内唯一一处且保存较为完整的祭祀文昌帝君的楼阁式古建筑。文昌宫平面呈一斜"甲"字形，主体建筑为三层楼阁式，楼阁前为斜廊，廊两侧为厢房，占地面积217平方米。楼阁为砖木混合结构，平面正方形；三层檐，四角攒尖顶。每层檐角起翘，形成飞翼。楼阁第一层砌砖墙，二、三层实为一层，木质。厢房一层，两侧厢房之间为廊，长7米、宽4米；其上一层，与主楼相通，上下层各高压3米，悬山顶。楼阁二层枋下记有"乾隆六年"题记。其前廊两侧厢房用作当地贾氏一族二房的祠堂，集奉祀、办学、支祠为一体。

（原载2017年11月17日《达州日报》）

探访达州渠县赵氏宗祠

汉晋时期，土溪是川东北政治、经济、文化的中心。当时民俗方面的一大特色就是有钱人厚葬之风盛行。渠县六处汉晋石阙正是在这种背景下的产物。它是我国现存地面上时代最早、保存最完整的仿木结构建筑遗存。2001年，国务院公布第五批全国重点文物保护单位，蒲家湾汉阙、王家坪汉阙、赵家村汉阙与首批全国重点文物保护单位冯焕阙、沈府君阙合并，合称"渠县汉阙"。

达（州）成（都）铁路改变了渠县土溪镇的交通，全路东起三汇镇站，西止石板滩站，全长347千米，1992年6月开工建设，1997年12月全线通车。2004年11月27日正式启动扩能改造，2009年7月7日正式结束扩能改造，开行"和谐号"动车组列车。

由此，土溪新建的火车站广场，成了土溪镇标志性建筑，建成了汉阙公园。

为充分展示"渠县汉阙"文化精髓，再塑一个渠县旅游文化品牌，渠县精心打造了汉阙公园。公园占地面积20517平方米，投资3500万元。公园整体成梯形状，分上中下三层。汉阙公园设计构思新颖，气势恢宏，充分彰显了汉文化元素。雕塑"大汉雄风"矗立在汉阙公园最高层观光广场的正中央，是整个公园的标志性建筑。雕塑主体由汉代双阙造型和疾驰的汉代战马车构成。双阙造型合二为一，构成一个巨型汉阙。汉阙左右分别刻有"秦犯夷输黄龙一双，夷犯秦输清酒一钟"的对联，展现了渠县远古史话。两侧下端则镌刻了渠县的历史沿革。整个雕塑体现出"渠汇百川、崇文尚义、睿智坚韧、奋勇争先"的渠县精神和厚重的文化底蕴。

过汉阙公园，从土溪中学前面的铁路桥下机耕路向北穿行2000米，来到石千村，就到了省级文物保护单位渠县赵氏宗祠。它建于清乾隆乙卯年（1795），为渠县赵氏一族的总祠。赵氏宗祠为四合院院落式建筑，由山墙、耳楼、厢房、正殿五个部分组成，占地830平方米，是渠县目前保存最完整的宗氏祠堂。赵氏宗祠山墙高大，主体框架完整，以歇山顶、灵动翼角为主要特征的戏楼和祠内所立"鼓励人才"碑最具特色。

祠堂照壁

大门上方一整石板上竖刻"赵氏宗祠"四字，上和左右雕刻五龙捧旨。再其上书写"教伦饬纪"四字，粉底。顶上是花纹等装饰图案。戏楼保存完好，两根支撑柱上镂空雕刻三层人物图案，十分形象逼真。过内院，就到了大厅，其宗祠大梁上雕刻有建筑年代，并在二梁上题词修建人员，当时由四房人共同出资修建：长房赵宗旦、赵家泰，二房赵恒亘、赵能宽，三房赵克俊、赵高阶，四房赵荣飚。

只可惜目前祠堂内还有人居住。"鼓励人才"碑在侧门旁边的小屋内壁看到了，被断成两截作为板壁，且上部倒放着，看着甚是心痛，需要加强保护。"鼓励人才"碑记录着:"从来赏善与罚恶并重……于我祠于赏罚二,酌定规将见家经户诵讲……中有立志成名文武入祠者赏银拾二两,一補廪者赏银陆两,副榜赏银卅两,……捐入国学者赏银拾二两,岁贡捐贡者赏银拾两,拔贡赏银四拾两,……文武得中举者赏银六拾两,中进士者赏银壹百贰拾两……攀林、德林弟兄于嘉庆十八年施当银□□两入宗祠以作与设义学□□□□。道光二十九年岁次巳酉季春月文中后裔孙四大房首事。"

（原载 2017 年 3 月 28 日《达州日报》）

距今 215 年！渠县保存最早的土地契约是嘉庆十年的

在渠县档案馆留存的卖地契约中，最早的一份契约是嘉庆十年（1805）水口场的出卖街基熟土契约，至今 215 年历史。

其实，地契经过漫长的岁月演变后，到明清时才逐渐固定了用字用词及内容、格式，结构严谨，并且具有了法律效力。地契作为法律文书进入社会生活，使法制观念在民间逐渐生根发芽。

土地私有化的朝代，土地的使用权是永久性的。一旦拥有土地使用权或地契，即使改朝换代也是要认账的。

进入清朝后，作为土地买卖凭证有了固定的内容构成，地契的格式相对成熟，成为学堂教学内容之一。

一般来说，地契由四部分内容构成：

第一部分为地契形成的前因后果，主要讲述卖地的原因、买卖地人姓名和议定的卖地价格。第二部分为位置和面积，主要讲明该地的位置、四周的界畔，包括地的详细位置和面积大小，以及承担的条粮（赋税）多少。第三部分为凭中，就是我们今天所说的证人、中间人，也就是当时的所有在场人员，他们要收取一定的费用并做担保（族人一般不收费），以此作为证据，双方今后都要认账，不准反悔。第四部分为立约时间及立约人。

在地契中，不仅凭中（中间人）和立约人要在名字后面画押，而且还要在地契第一部分标明土地议定价格和条粮的地方，以及最后一部分立约时间处，盖上官府的大印，以此彰显地契的法律效力。

宕渠密码
DANG QU MI MA

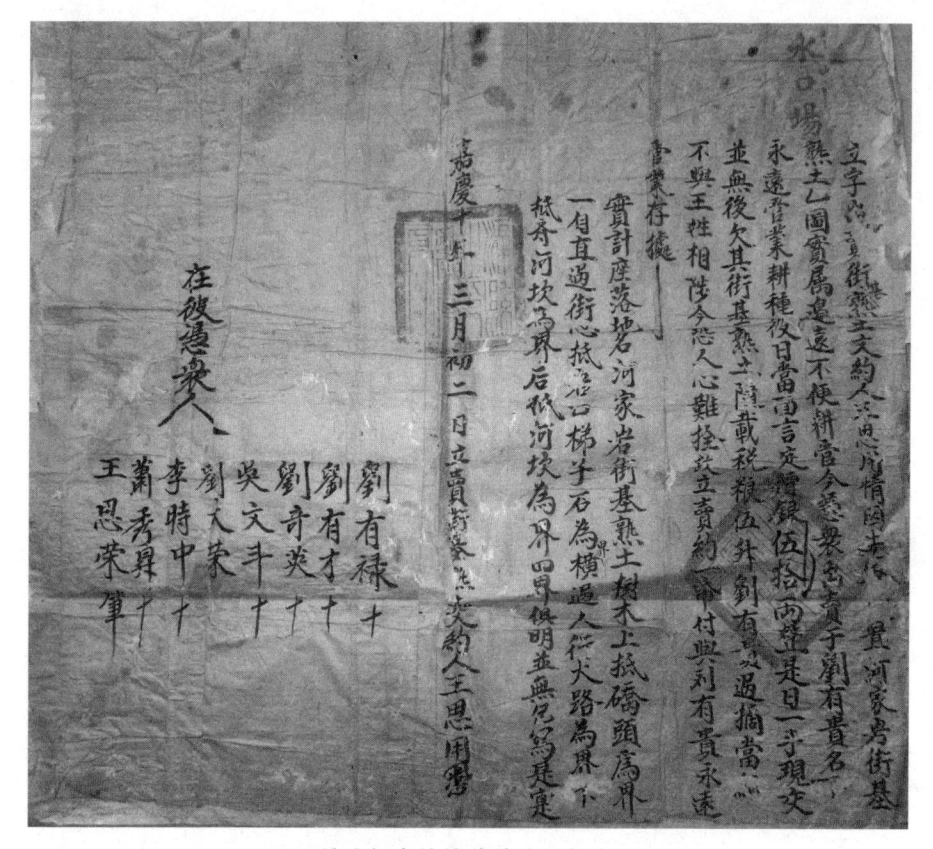

渠县档案馆馆藏最早的档案

这份水口场的地契使用了印制的官契，受当地官府盖上红色公章认可，也叫红契。那些未经当地官府盖章认可的地契，称为白契。红契得到官府认可，是合法有效的，具有法律效力；白契没有得到官府认可，只是一般意义上的民间契约，法律效力相对要弱一些。

但是，在当时民间经济交往活动中，白契的存在与官府的某些管理规定其实并不矛盾或得到了官府默许，仍在民间实际运行。

此契为出卖街基熟土，文约人为王思用，因先祖闲置的河家岩街基，离家远，不便耕种，在众人见证下出卖给刘有贵永远管业耕种，定价银伍拾两，当日一次性交清，没有下欠，并议定随载税粮五升，今后不与卖方相涉。怕人心难拴，故立卖约一纸，永远管业存据。

接着讲明该地附着物、位置、界畔：河家岩街基、熟土、树木，上抵桥头为界，一直过街心抵岩口梯子石为界，横过人行大路为界，下抵齐河

144

坎为界，后抵河坎为界，四界俱明，并无包写是实。

然后是立约时间和立约人：嘉庆十年三月初二立约人王思用，其上加盖公章。

最后是在彼凭众人刘有禄、刘有才、刘奇英、吴文斗、刘天荣、李时中、萧秀昇、王思荣八人签字画押，在凭证人的名字下画押，画的押为"十"字，其形态也是各异：有的中规中矩像"十"字，有的歪歪斜斜像"丁"，有的那一竖拉得老长。王思荣为执笔人，其名字下有一个"笔"字而无"十"。

此地契为证明是官方的，其文书的右上角还注有竖排红色的"水口场"三字。然而，此契有个与众不同的地方，就是落款在前，见证人在后，让人费解，有点怀疑其合理性和合法性。

嘉庆年间的地契仅此一份，无法比较了。

（原载2020年3月2日《达州晚报》、2020年《四川档案》第二期）

探花郎广东巡抚江国霖渠县墓碑记

在渠县临巴镇石子村江家坝江氏族长江国厚房屋后面的大坟林坝里，有一高大的坟冢，坟前两侧原来各竖着高达二丈的青石桅杆，目前只余一根残杆。而墓前丈余高的大石碑落款则是一个让学子们敬仰的人物——清道光十八年（1838）戊戌科殿式一甲第三荣膺探花郎、后任江南主考、湖北学政、广东巡抚的江国霖。江国霖何许人也？为何在这块碑上有其名字？

江氏墓碑

江国霖祖籍渠县之谜

江家坝这块大碑的碑文镌刻工整，其上说："从根之深者，枝茂源之；远者流长，物理且然。宁以人本乎？祖也而数典或忘乎？祖江起鹤、蔡氏，发迹江南宁国府太平县，携子江鸿、陈氏、袁氏，原任入川，载生观图、翁氏，盖启派之一人也。嗣是得二男焉，经营创造，生而同居，因病寿终，死而同穴。弟也夫妇厝于右，仲也夫妇厝于左，迄今世代已远，不能款以纪之，将而墓辩矣。"

碑正中刻有：皇清待赠忠毅故高祖讳松柏江老大人、皇清待诰淑慎故高祖妣江门叶老孺人正姓之墓碑。碑中右侧并列刻着："钦点戊戌科探花江南学政、主考国霖。"竖碑时间是大清嘉庆二十五年（1820）岁次庚辰二月清明吉旦。额题：流芳百世。

江氏古墓合葬着江松柏、江茂柏两对夫妇的遗体，江国霖是这墓的后人。可问题出来了，巨碑修建于嘉庆二十五年（1820）二月清明，说明立碑在先，于1820年，补刻江国霖名字在后于1843—1847年之间，这时正是他任江南主考和湖北学政期间，1848年后才出任惠州知府，又任海南省兵备道及广东代理巡抚等职，碑文中则未提。江国霖官职勒记在江起鹤后人江松柏、江茂柏夫妇四人正姓之墓碑上，说明二者之间有宗族渊源关系，可断定江国霖的老祖宗系江起鹤，他父亲江大溶乃江起鹤后人中的一支，后来迁居大竹。

据江家坝江氏第十二世孙、现任族长江国厚介绍，江国霖考上探花入仕之后，渠县临巴江姓族人觉得江氏门楣增光，祖宗福泽，故镌刻其名于祖坟墓碑上，足见光耀门庭之心。也有说江国霖出任江南主考和湖北学政后，专程返乡祭祖，在碑上补刻自己的名字，光宗耀祖。

据江氏族谱称：江家坝江氏一族之源，始于大清年间朝廷闻奏，四川人口稀少荒芜，田土过多。有开垦发展之必要，于是，发起由两广二湖移民入川开垦。在此，该族先祖江起鹤随之由湖北省麻城县高阶檐偕妻蔡氏携子江鸿来四川渠县临巴长滩坝今江家坝安居乐业，勤垦耕织，开花结果，家业兴旺。

但，江国霖祖籍到底在哪？还需考证。

民间传说江探花

传说在1810年，江国霖的父亲江大溶在大竹县童家乡盐溪老屋当教书先生。这年天干又水涝，庄稼颗粒无收，民不聊生，日食无度，穷人只有向财主借粮借钱，养家糊口。特别是到了年终，地主逼债，搞得许多人家破人亡，妻离子散。大年三十这天，江大溶拿着二十两薪水俸银回家过年，在半路上遇见一对夫妇，拥立十字路口，痛哭流涕，难舍难分。江大溶于是上前询问。那个男人大声吼道，关你啥子事？你也管不着。江大溶并未生气，反而说：我能帮你的，尽量帮你，不能帮的也可以给你出点主意。那个男人说，那好，我欠地主的债无钱可还，家里锅装清水碗装月，逼得我来卖婆娘……江先生又问：那你欠地主多少银两？他哭着说，欠二十两银子，哪里去找！江大溶将口袋里仅有的二十两俸银全给了那对夫妇，自己则身无分文地回家过年。在路过盐溪时，他用砂罐取了罐溪水，在溪里捞了几只河虾，回家与老婆团圆。江先生将砂罐放在炉上，用锅来炒虾子，正当老伴唉声叹气时，江先生却吟起诗来："砂罐煨绿酒，铁锅炒红虾……"此时，窗外一只小鸟答道："来年生贵子，贵子点探花……"第二年江国霖出生。老年得子，江大溶认真教诲，儿子刻苦学习，于1838年被钦点为探花。

还有一个传说，江大溶心地善良，经常施舍穷人，还将自己教书的薪水资助乡邻，自己却无以为继。他的善心、言行感动了上苍，也感动了乡邻。据说大竹八角庙有位雷和尚，知天文、晓地理，人们称他为地仙。他为了感恩江大溶，愿送他老父亲一副阴地葬身。1810年，江老先生因病身亡，雷和尚主动择期做葬，江大溶向财主讨地葬父，鬼使神差，平常凶狠的财主却同意了，江大溶感恩道谢后，找来了几个乡邻帮忙挖坑，挖好后乡邻们问雷和尚什么时候下葬。雷说，鲤鱼上树，戴铁帽子的过路，就下葬。话音刚落，对面就来了一过路的，手提一条鲤鱼来看热闹，将鱼挂在了树上，巧了，这时又有一位头顶铁锅的人路过此地。雷和尚急忙喊，时辰已到，马上下葬。江大溶安葬老父后，还在痛苦中，雷和尚安慰他说，你明年得贵子，将来点探花。1838年，27岁的江国霖赴京科考，皇娘亲临考场选附马。皇娘到场，考生只能埋头迎送，不准偷看皇娘容颜。哪知国霖心花怒放，竟然抬起头来，皇娘马上发怒……国霖难逃死罪。审问时，聪明的国霖计上心来，向主审官陈述，读书人爱好诗词，当时抬头是看墙上的诗画。主审官说，那好，你将墙上的108幅诗画背诵出来。国霖振作精神，将108幅诗画一口气背诵完毕，主审一听，背得一字不错，二字不差，于是将他上报点为探花。国霖高中探花之后，当朝陶宰相将自己的女儿许配于他。

江国霖其人

据《大竹县志》记载：江国霖（1811—1859），字雨农，号晓帆，大竹童家乡盐井沟人。父大溶，清庠生，曾在八角庙、盐溪老屋做塾师，生母邓氏，亦略知书。夫妇晚年得子，江国霖又系单传，故极为钟爱。

江国霖幼时随父学习，英敏强记，出语惊人。三岁读《三字经》《唐诗三百首》，四岁学写文章，十五岁以优异成绩录入县学为诸生（秀才），十六岁补博士弟子。知府孙东摇（益廷）颇为赞赏，推荐到绥定（达县）府学深造，奖给助学补贴。国霖学习勤奋，鸡鸣攻读，风雨无间。曾题联自勉："奋起精神，读落满天星斗；养成羽翼，冲破万里云烟。"

道光十一年（1831），江国霖乡试中举。道光十八年（1838），取为进士，殿试一甲第三名（即探花），初任翰林院编修。1839年，任广西主考。可叹父亲病故，江国霖奔丧回家，守制于童家禹王宫内。建"听风楼"书房，博览古今典籍；间或步至田间，询问民间疾苦。三年服满，出任顺天乡试同考官，继为江南主考、国史馆协修、庶吉士教习和湖北学政。从政之余，潜心研读典籍、贯穿诸子百家，并纂注成书。士民争购，一时轰动京城。

道光二十七年（1847）冬，出任惠州知府。到任伊始，立即清理积案，亲审讼词，及时决断。未逾半年，署内案牍一空。惠州地处东江下游，水患频繁，十年九涝。道光二十八年（1848）八月，大水复又为灾，沿江数县一片汪洋。江国霖紧急动员抢险救灾，命令部属全力以赴；自出俸银，倡捐巨金，并亲到灾区慰问疾苦，广施钱粮。省城人众，则设站施粥，普救灾民。

道光二十九年（1849），江国霖出任雷琼兵备道。距城十里，有海口镇，因西洋海盗劫掠，官兵畏而不出，以致百业萧条。国霖到任后，增筑炮台，征募船只，并在水军中破格提拔优秀士兵黄开广、吴全美等人，委以重任，派遣出海游巡。先后捕获西洋海匪100余人，海患遂平。

儋州，历来黎汉杂居。咸丰元年（1851），土客籍失和，纷争迅速扩大，江国霖受命弹压。自思黎人此举，全系受人蒙骗，只能劝说。毅然乘轿独往黎寨，面见头人，陈说利害。黎人深受感动，表示和睦相处，誓不相残。江国霖便给布匹酒食，予以抚慰，并拨款修理房舍，安置流亡，儋州遂宁。

江国霖治琼，兴办学校以明礼义、育人才。亲到琼台书院讲学，并筹款三千元设奖鼓励勤奋师生。

咸丰三年（1853），因政绩卓著，被推荐为广东按察使，旋升广东布政使。

咸丰六年（1856）冬，英国军队窜到佛山骚乱。国霖积极商讨对策、清理内奸、储备资粮，整理乡团武装、随时迎击英军。咸丰八年（1858）离任，代理广东巡抚。不久遭人中伤，被朝廷革职。

罢官后，江国霖闭门谢客，深居简出，以吟诗、习字自娱。咸丰九年（1859）病卒，葬于大竹西乡八角庙。

江国霖内严外谦，生活俭朴，在粤做官十年，未置田产，薪俸多接济别人。一生所著诗文极多，经精选留存编有《梦溪斋诗集》《随月山房文集》等书若干卷。

（原载 2020 年 12 月 25 日《达州晚报》）

蒲祠彩亭文峰塔

土溪镇与三汇镇交界的三道拐上,就是三汇重石村,从左进入村道1千米,就是原重石村小学,这就是蒲氏宗祠,面积约2000平方米,坐西向东,门前有双斗双石桅杆、雌雄石狮、正殿、帝师堂等组成。

蒲氏宗祠

该祠于1821年至1851年间,由蒲氏族人筹资在重石子坎下的风水宝地重石坪修建。宗祠的选址按中国传统风水的理论,在地理、地形、风水、字向方面做了慎重考究。宗祠后面有一横卧"巨龙",名曰"重石山"。

龙背上有高20米、围长15米，酷似龙头虎腰的双叠重石矗立，威武雄壮，名曰："龙石"，俗称"重石子"，重石村因此得名。

该祠建筑呈三进四合院院落式，东南向，由石桅杆、石狮、一层殿、二层殿、左右厢房、正殿及东西庑组成，占地面积2210平方米。穿斗结构，悬山顶，小青瓦屋面。正殿上方悬挂舜帝、蒲依之和蒲择之画像，画像下面供奉有蒲氏历代先祖牌位。原有四殿（正殿、帝师堂、文昌殿、鼓乐楼）、四坝（内坝三个、外坝一个通称"桅子坝"）。正殿约300平方米，是祖宗正堂，供奉蒲氏祖宗牌位和祭祀用的大堂。从其供立的祖宗牌位上看到，蒲氏先祖蒲择之系南宋绍定五年（1232）进士，历官礼部尚书，宋宝祐五年（1257）任四川制置史兼知重庆府。蒙兵南下犯蜀，蒲择之与练史胡载云移渠州城礼义山（现三教寺），抗击元军守土护民，颇有影响，载于史册。康熙《顺庆府志》载：蒲择之，渠县人，有干理却敌之功。

"帝师堂"占地约200平方米，正殿中悬挂着宽2米、长4米的木匾，匾中用金粉书写"帝师堂"三个大字，殿前有一联曰："作帝之师，我祖虞廷作典范，为王之佐，吴家宋代著奇勋。"

在全国姓氏宗祠中，唯三汇蒲氏宗祠仅有"帝师堂"殿。据北宋司马光所著《资治通鉴》一书载称："蒲依之乃舜时贤人，十八岁为虞舜之师，舜以天下让，不受而去、不知所终。"故蒲氏宗祠内有"帝师堂"之建。按封建礼仪，进入"帝师堂"，不但文官要下轿、武官要下马，即使是皇帝也要下跪叩拜。

各殿两侧有厢房六间，殿间有内坝三个，鼓乐外坝（桅杆坝）600平方米，有石桅、石狮各一对。民国十五年（1926），由族人蒲孟仁、蒲兰州等倡导、筹资维修蒲氏宗祠。在山门外塑石狮一对，建石桅两根，其工艺之精湛，屈指可数。石狮为雌雄两狮，高约3米、身围2米，雄伟壮观。石桅总高20米、直径1米，上细下粗，中有双斗，分节嵌接。石斗四角，每角有蝙蝠斜撑，上饰花纹。下有石墩座，直径2米，其底有四方。中有六方上为圆形扁鼓，上饰花纹图案。两根石桅由两石工各施一根，犹如一模所铸，毫无差异。安装时以木塔架，麻绳吊升。民国十六年（1927）六月初一午时立桅，当即雷雨交加，平地起水尺余，观者2000余人。其石桅的修建和安装反映了广大劳动人民的聪明才智和石工技艺，是渠江上游不可多得的历史文物。

该祠设计考究，气势恢宏。殿内廊腰缦回，楼阁相连，石碑林立；殿顶饰以龙凤仙鹤，龙麟奔腾，金蟾映月，二龙戏宝珠，双凤朝艳阳，仙鹤伴祥云，鲤鱼跃龙门，精雕细刻，栩栩如生；外坝石狮、石桅工艺精湛，赫然雄峙，巍然矗立。

三汇镇历史文化悠久，自先秦就有古代賨人在此活动，是渠县的历史文化古镇，拥有深厚的近代城市文化底蕴和众多历史文化，其中包括国家非物质文化遗产三汇彩亭、省非遗渠江号子、三汇川剧、三汇旱船，三汇镇先后被授予"中国民间文化艺术之乡"。康熙《顺庆府志》载有《题留三汇即事》一诗：三江汇水渠，乘兴惯停车。浪急浮神马，峰清照石鱼。天工人莫骇，民力我顺储。螺尾滩声转，欣看客意舒。

2012年三汇镇规划建设西坪新区，设西坪新区为新镇政府所在地，渠县三汇镇西坪新区彩亭大道（主干道）于2013年11月28日贯通建成通车。三汇镇于当年成功申请成为国家级重点镇。

三江六码头是三汇最具特征性的。三汇镇是渠江的源头，州河、巴河交汇渠江，形成三江六码头，上承千里巴山，下接万里长江，素有"小重庆"之称。三江水千迂百回，钟灵毓秀，地灵生人杰，物华乃天宝。

在新民社区原船民协会，有建于清咸丰年间、四合院院落式建筑的三汇王爷庙，也叫紫云宫。朝向东面，由正殿、左右厢房、戏楼四部分组成。砖木混合结构，平面长48.6米，宽33.2米，面积1615平方米。该建筑原为供奉镇江王爷的场所，每年六月六当地举行王爷会进行祭祀。现作为船民协会会员的住房使用。正殿方形台基，呈面阔五间进深四间式，穿斗抬梁式梁架，十一架梁，小青瓦屋面，歇山式顶，宽17.95米、高12.7米。

紫云宫雕刻

左右厢房，面阔四间进深四间，小青瓦屋面悬山式顶。戏楼二层楼阁式，穿斗抬梁混合结构，小青瓦屋面，歇山顶，面阔三间进深三间，高12米。是川东北唯一与水有关的庙宇，更是渠江水系文化的一个缩影。

2019年5月29日，中华诗词之乡采风团来到三汇镇，欣赏了三汇川剧四十年庆典演出，82岁高龄的张人俐先生亲自登台献艺。有感而发《中华诗词之乡创建进行时》：蒲氏宗祠长，三汇文化靓。八二张老汉，川剧喜登场。三九丁馆长，为我左手扬。北航女教授，感受賨人狂。啸天一奋书，诗词之乡朗。今日一验收，两张名片煌！

过河东，就是三汇锅厂，锅罐兴起于清嘉庆十年（1805），同时还有三汇火柴，那时叫渠江火柴厂，火柴发端于清宣统二年（1910）。光绪三十三年（1907）创建的三汇商会辖19个商帮，一时间商贾云集，热闹非凡。20世纪80年代，川东北的粮米、山货、木材，重庆、上海的百货、食盐多经三汇周转，与重庆白沙、江油中坝、金堂赵家渡并称全川四大经济重镇。

渠县三汇彩亭会系国家级非物质文化遗产，三汇彩亭始于清初，盛于清朝中后期至民国年间，距今已有200多年历史，有着深厚的文化底蕴、丰富的民俗内涵和广泛的群众基础。三汇彩亭在约4平方米的平台上，竖立一根铁杆，杆上支架横伸斜展，将从戏文或生活中提炼的人物、情节层叠3至5层，高8至10米，数名孩童如在云端表演，民间传说参演者必成大器。8名脚夫齐步慢走抬着"亭子"沿街巡演而来，从上到下闪闪悠悠、真个似坠非坠，不仅高而险、奇而巧、美而妙，动静之间，观众无不提心吊胆、惊讶连连，而表演者却泰然自若，好不悠哉游哉。三汇彩亭在全国属独一无二的民间艺术。

它融铁工、木工、刺绣、缝纫、建筑于一体，汇文学、绘画、雕刻、力学于一炉，结构巧妙，造型奇特，色彩绚丽，工艺精湛，颇富特色，凸显"高、惊、险、奇、巧"的艺术特色，是川东地区民间艺术瑰宝。清初，三汇就产生了亭子会。初由居民自动组织，自备穿戴，自筹资金，于3月15日抬彩亭。随后行帮商会集工匠之精华，专攻彩亭技艺，并定于每年3月16—18日举办"彩亭会"，以后便逐步形成了民间固定的传统民俗活动。

《拉旱船》是三汇镇传承展演的一种民间文化艺术，距今已有百多年历史,深受广大人民群众喜爱和欢迎。他是三汇数万船工对职业、对行舟、对水文化不断提升和崇拜的集体智慧的艺术结晶,膜拜于对船的职业工具的坚守,将船舟以艺术形式向陆地转化展示的创造性再现,它表达了渠江船工们与水相生、与水相居、与水相搏的乐观情怀,展示了船工们世代相传生活劳动的壮丽画卷。并于2014年9月4日,央视四套"远方的家"《江河万里行》做过特别报道。

彩亭幸福农家

三汇渠江公路大桥下行1000米,有三汇文峰塔,也叫白塔,为省级文物保护单位。《渠县志》三汇塔序赞之:"前拥牛山之秀,后接龙冈之奇,相阴阳于山巅,度方位于河畔。"塔建于清道光年间,共13层,高53米,呈六面体,通体乳白。

此塔比视为古都西安象征的大雁塔低11.5米,比小雁塔高9.6米。塔基及底层用石建筑,每边长4.4米、厚0.9米,面渠江而建圆拱门,高2.9米,拱高1米,塔檐石凿,六角翘角,2—13层用砖建造,各边有长方形瞭望孔成品状,塔顶挂铜铃四个。底层拱门上有石刻横匾,长1.8米、宽0.7米,阴书"文峰塔"三字,二层阴书石刻横匾"更上一层",三层阴书石刻横匾"欲罢不能",三匾皆正楷。塔顶檐飞角,风铃高悬,铜铃迎风而响,清脆悠扬。塔内原建木楼13层,螺旋木梯,层层相连,直通顶层。内底周长19.8米,底层有石碑6块,刻塔序及捐修者芳名,以上各层立四尊陶烧、木雕佛像。每层均有观景窗口,远眺山如翠屏,近望古镇如画,俯视渠江如练,远山近水尽收眼底。塔雄踞江岸石矶上,临江傲涛,形如巨人手擎银色宝剑，遥指长空。

《渠县志》三汇塔序赞誉它：上出丹霄，作两河中流之砥柱；下临翠浪，注千载层出之文澜。

过三汇白塔向下，就是达成铁路和襄渝铁路的交汇点，两条铁路成"人"字形跨过渠江，渠江东岸的三汇镇金河村，郑家坝遗址位于此，时代为东汉，面积约80万平方米，为当时的生产生活聚落区。遗址西、东、北三面由渠江环绕，南临礼义城遗址，望大斌山，处于渠江一级台地上。遗址内汉砖较多，砖有车轮十字纹、回字纹、耳杯纹等纹饰，在二社可见汉墓完整遗存，并出土有汉代红陶灯盏、红陶盘残片。该遗址与城坝遗址组成渠江汉代遗址群，对研究汉代社会生活情况具有较高的文物价值。

三汇白塔

（原载2010年11月3日《达州日报》，内容有增删）

果勇侯书百步梯

李溯芳故居旁，沿渠县通向卷硐镇古老的官道上行1000米左右，登上被人们踩踏过千百年、已成坡形石梯的百步梯，在佛尔岩与卷硐镇街道前国道318线西边岩下有个叫观音寺的地方，有一处石刻书法——杨芳摩岩。

石刻高234厘米、宽88厘米，上阴刻颜体风骨"高而不危"四字，每字高广约58厘米，体势遒劲，流畅秀丽。落款恭楷"果勇侯杨芳书"。据石刻和史料记载，杨芳摩岩于清道光十四年（1834）九月，为杨芳阅边过境时手书。

杨芳（1770—1846），行伍出身，历清乾、嘉、道三朝。曾受封太子太傅，一等果勇侯。杨芳工诗，尤善书法，为土家族著名诗人和书法家。他主张写诗"文不必泛滥，文必精采"，书法

杨芳摩岩

"疏中密，密中疏"，达到"超逸而化于无痕"的境界，清代著名思想家、文学家龚自珍有"九重方破格，肺腑待奇臣"的诗句赞扬他。

清乾隆三十五年（1770），杨芳出生在现贵州松桃，世代为农，家道微寒，10岁才入塾读书，13岁应童子试，16岁应乡试，因忤逆学使被逐，愤而投笔从戎，入铜仁协左营行伍，从此开始了历时57年的军旅生涯。乾隆六十年正月（1795），杨芳在镇压湘黔苗民起义、川楚白莲教起义中，因"作战甚力""功勋卓著"受到清廷重用。自乾隆六十年（1795）至道光五年（1825）先后被提升为松桃协额外外委、镇远把总、镇远营千总、贵州下江游击、宁陕总兵、广东右翼镇总兵、汉中镇总兵、甘肃、直隶、固原、湖南等地提督等职，嘉庆皇帝分别于嘉庆五年（1800）、嘉庆十五年（1810）先后赐给杨芳"诚果巴图鲁"名号及三品顶戴。十七世纪以来，英法等帝国主义入侵中国支持张格尔叛乱，企图把新疆从中国分裂出去。陕甘总督杨遇春、固原提督杨芳率兵4万，兵分三路向喀什噶尔进军平叛，大获全胜，赐封杨芳三等果勇侯，赐紫疆、双眼花翎，晋升为御前侍卫。5月，又加封杨芳为太子太傅，并把杨芳等40个功臣的像绘在紫光阁上，杨芳名列第二。道光九年（1829）杨芳应召上京入觐，道光帝念他宣力边疆，生擒巨憝，又晋封为二等果勇侯，太子太傅，并准许在紫禁城内骑马。道光帝还亲笔为紫光阁杨芳画像题词："黔省之英，自幼知兵，战功久著，谋而后行。"次年，杨芳60寿辰，道光帝又亲笔书写"酬庸锡羡"匾额和"福寿"二字赐给他。后来因镇压凉山彝族人民起义而晋升为一等果勇侯。道光廿年（1840）六月，英帝国主义发动第一次鸦片战争。户部尚书隆文和湖南提督杨芳为参赞大臣，调集各省兵力一万七千多人，开赴广州。杨芳在"城大兵单"的情况下，提出"守近不能远攻"的作战原则，采取一系列军事部署，毙英军多名。这是广州战役以来，清军取得的为数不多的胜利。道光二十三年（1843），道光帝念他"久历戎行，懋著劳绩"，准予回原籍松桃。杨芳回松桃后，深居简出，于道光二十六年（1846）病逝，终年76岁。道光帝诏谕"照提督例赐恤"，并谥号"勤勇"。杨芳擅长书法，尤工真草行书，体势遒劲。平生有一些著述，在陕甘任中曾作五言古诗720言，自述生平，著《果勇侯年谱》5卷，《平平录》10卷，《征西笔记》2卷。

在其书右侧有一大"佛"字，其左侧有长寿县原人樊虚书的"出现神珠"四字。

再向右沿古老的石板路前行，就是观音寺了。

过此上卷硐街道，则可品尝霸道的卷硐坛子肉了。一个瓷坛内猪蹄膀、酥肉、去壳的用苕粉包裹的全鸡蛋、海带丝、小菜等一应俱全。

卷硐，建场于清初。据载，卷硐，处四山之中，形如盆盂，即古之瓦合关。卷硐门上还有"天桂雄关"巨幅石刻，现已不知所踪。在国道318线卷硐乡一带路旁，建有制作坛坛罐罐的窑罐厂，因时代变迁，这些手工作坊逐步退出了历史舞台，但瓦窑寨依稀可辨，岂不印证了当年张郃被张飞打败后退守瓦口关一事？

再往上3000米就是休闲避暑胜地云雾山庄了。这里温度比山下低三四度，可以品尝自养的烤全羊、野菜，还可娱乐。站在山上南望渠江："江流天地外，山色有无中。"

渠县南北牌坊精雕细刻让人惊叹

渠县有贾氏、燕氏牌坊，一南一北，精雕细刻，皆为省级文物保护单位。

古朴庄重贾氏节孝坊

贾氏节孝坊位于涌兴镇兴武村牌坊沟。牌坊建于清道光十七年（1837），坐西向东。坊用青砂石建成，四柱三门，通高8.5米、宽4.8米，顶三层檐呈品字形。房檐伸出30厘米，房脊端雕翼凌空伸出品字形坊顶，左右较低建筑的顶部为斗栱式建筑，十分古朴庄重。

坊第三层房面比第二层房面高1米，第二层房面比第一层高0.8米，用以表示封建礼教的"崇高和庄严"。

第一层左右各有三面石刻，三角形旌旗斜插入其间。坊中门较高大，其上横枋上有两横壁，下壁刻建坊事记曰：孺人王贾氏系吏部注选巡政厅王文治祖母，故处士王光耀之母，故儒士王崇秀之妻，年方十七归崇秀，生子光耀，半岁，而崇秀以病故……上壁横书"教孝作忠"四字，左右一对联云：宠锡龙章扬苦节，恩承凤诏著贞心。

左右小门上亦各有二壁，下壁均为颂辞，其左壁书"竹筠"、右壁书"松心"，上横梁刻有诗曰："皇恩下诏恩弥深，孝节并隆著古今，孺人志已同金石，一片冰操世共钦。一世霜操泣鬼神，皇恩博得百年新，伦常非比寻常事，自古天心不负人。"

据《渠县志》载：贾氏，王崇秀妻，年十九夫故，家贫事翁姑抚幼子，道光丁酉六十二，旌表。守节共四十三年。

燕氏节孝坊位于望溪乡安庆村。从原保和乡向毛龙门峡煤矿行300米即到。

燕氏节孝坊遍刻装饰图案

此坊建于清道光十四年（1834），三楼四柱三门，楼角作鱼尾状，通高7.2米，面阔6.8米，中宽3.1米，侧宽2.85米，均系青砂石建成。结构严谨，建筑端庄，坊上遍刻龙、鱼、蝙蝠、云纹、人物故事等装饰图案。

其坊正面中门两壁石为鲤鱼状，鱼身向上，张嘴翘尾，下雕一龙，龙下波涛翻滚，壁上装饰龙鱼图，龙腾水滚，鱼喷水柱；左门左壁雕饰天鹿、仙鹤，仙鹤伸颈背朝天鹿，仙鹤前为含苞莲花两朵，一大树浓阴伸出，遮天鹿、仙鹤；左门右刻一长尾动物，右门壁刻怪兽，龙头马尾，前为一树，蝙蝠展翅立于枝上，右壁刻有翅怪兽口含长练。

此坊一楼正中为一碑，碑中正文载：节孝毛燕氏，故儒毛彩凤之妻……节孝事迹具已详见县志，时年八十一岁，守节五十九年。年月落款为"道光十四年九月二十一日建"。

碑文两侧各雕一倒立石狮，《渠县志》载"燕氏毛彩凤妻，年二十二夫故事霜姑抚子女"。左者吊缨。碑顶、碑底雕人物图 4 幅。

其坊二楼正中刻"节孝坊"三字，四周雕花瓶，左右两部浅雕花枝纹，有字，左为"天官赐福"，右为"加官进禄"。三楼正中竖刻"圣旨"二字，饰雕龙、仙鹤、裸身小童、树枝、官人及裸肚侍童。

坊上背面雕刻格局与正面相似，内容各异，中门左侧壁雕喜鹊闹梅，右侧壁刻小鸡、腾龙、蝙蝠、喜鹊。一楼正中为碑，碑周刻人物图，官人端坐其中，骑马武将两旁侍立，左部刻"宅里"，右部刻"表厥"。二楼左部刻"寿比南山"，右部为"福如东海"，遍雕人物故事图，有宫女夜行，有持棍格斗等。

（原载 2017 年 11 月 17 日《达州日报》）

龙飞凤舞云峰塔

从李馥镇过渠江，对岸就是原河东乡地界。

这里人杰地灵，是中国著名新边塞诗人杨牧的家乡，他以一首《我是青年》呐喊出了一代人的责任感，以一部《天狼星下》刻画出了一个流亡者在一个时代的悲壮。行进在阡陌上，穿过平坦的坝子，上得更高一层台地，只见一簇簇淡黄、素洁的菊花正怒放，一大片大片的，一位大嫂正在地里采摘着，今年又是好收成。

汽车沿渠（县）流（溪）路经临巴来到河东乡云一村河东水库堤坝上。水库上方，在东北方向，三社一绝壁四立的小山上，有一座古朴庄重、巍然壮观的石塔河东云峰塔。

塔下岩边，尽是奇形怪状的落石，有的独立耸峙，有的彼此依靠，有的重叠拼凑，不一而足。

从羊肠小道上到半山，在青苔杂草遮掩下的石板路上，不小心滑了一跤，右膝着地，竟将膝盖处裤子磨破，欲拜文峰塔，先行跪叩礼。上得山来，一石塔耸立于眼前，翻过一块大石，云峰塔底到也。塔建于道光二十年（1840年），为六棱十一级石塔。塔地处山顶平台，登高远眺，目及十里，景色诱人。"青山外，远烟碧。"

清人赵启绪为塔题书《云峰文笔七古》：千里一圣百里贤，清淑从古钟山川；蜀山万点推山秀，峥嵘峭碧直摩天。登高壮观谁颉颃，云峰文笔殊昂轩；射斗腾虹光万丈，流丹耸翠遥相看。

云峰塔建在一整石盘上，塔高13.23米，塔基为正六边形，边长2.3米、高 0.34 米，底层高 1.6 米、边长 1.85 米；第二级高 1.26 米；第三级高 1.19 米，以上各级高、宽度逐层递减。塔顶置大小各异的两个石鼓和一石质塔刹，塔檐厚 0.26 米，上下排比匀称，若龙尾高翘，翼角凌空。

塔底层正面西侧开有长方形石门，门刻有楷书楹联："文治光昭示呈五色，笔花璀璨星映三垣"，横批"云峰文库"。从右向后至左各方每壁依次阳刻草书"龙飞凤舞"和"福""禄"六字，"龙""飞"二字笔画中还夹杂龙头凤尾的图案，字体雄浑流畅秀丽，而且笔画飘逸，整个字面富有立体感。

塔内中空，抬头望，塔壁上的镂空雕刻如窗框一般飘进缕缕阳光，正是"塔内点灯，层层孔明诸角亮"。

塔的各级石雕多而精湛，有镂空雕刻的云纹图，浮雕《双鹿》图、《对弈》图、《请安》图、《骑吏》图、《出行》图、《渡江》图等，形象生动。除图案雕刻外，塔身亦多刻诗文，笔力遒劲，真正体现了彼时文风昌盛。

从云一村沿河（东）临（巴）公路南下 2000 米，就到了石垭村五社，

河东云峰塔

"飞"字书法

再沿河（东）流（溪）村道水泥路上行1000米，来到名叫赵家湾的地方，在一黄姓家门口地坝边，村道左侧立有一块"太山石敢当"，是渠县境内同类型不可移动文物的首次发现，充实了渠县地面不可移动文物内容。

我在拍照时，来了几位老太太，还有的带着小孙子，她们告诉我，这是"吞口老爷"，专门辟邪。如果对他不敬，他就要惩罚你，特别是一些小孩不懂事对他不恭敬、不虔诚，他就要对小孩笑，小孩回家就要肚子痛，就要乱哭。如果给他敬个香、作两个揖、磕三个响头，回家就没事了。以前很灵验，现在信他的不多了。

"石敢当"东南向，刻于清代，立于高0.32米的不规则形石座上，当体呈长方体，长0.33米，宽0.16米，高1.23米。正面上部刻一犬牙上下交错的虎面纹，虎面下刻楷体"太山石敢当"，其余三面为素面，有凿痕。

石敢当于民间甚为流行，一般立于桥道要冲或砌于房屋墙壁，上刻（或书）"石敢当"或"泰山石敢当"之类，为禁压不祥之俗。这里的石敢当将"泰山"书为"太山"，应是意同音同字不同。

（原载2011年4月20日《达州日报》）

"一洞天"下神道碑

赵公神道碑

出土溪镇向西往赵家村方向水泥村道上坡500米左右的垭口，紧挨公路有一乌龟碑（赑屃），乃赵公神道碑也。碑坐北朝南，背对公路，通高4.95米、宽1.50米、厚0.46米。武功将军赵公，名启贵，号佑之，土溪镇赵家村人，官至陕西宁陕营参将，钦赐花翎，骁勇巴图鲁，陛授协镇潼关，神商金等处地方副将，带兵西宁兼理营伍主事。死后诰授武功将军，其妻杨氏封宜人。神道碑为赵启贵墓碑。顶为半圆形，碑边几条腾龙相接、盘绕，碑上铭文恭楷，书写圆润，雕刻细腻，右边为墓主人姓名、封爵、官职，中部刻十四字较大，云："圣旨，皇清诰授武功将军赵公神道。"左为建碑者署名，落款："道光二十七年（1847）丁未十月上浣旦。"

我驻足沉思：他的墓在哪儿？

碑前 5 米，是一株 200 年左右的大黄桷树，枝繁叶茂，如华盖一般为其遮风避雨，因而此碑保存相当完好，没见风化。碑北是一山岗，在碑西 5 米远的地方，一位 73 岁的老大娘坐在门前乘凉，她告诉我，那叫大寨子，以前是古寨，在那上面看得远。我拿起相机就往对面山路爬，终于上到一个缺口，依稀看出这是第一道寨门，两旁是不高的残存的寨墙，再上 5 米，就是第二道寨门，门不存，寨墙却高直。寨上杂草浓密，已看不到路，其间不时露出一块块五六个平方米的整石盘，还有一些规则的条石，四周全是绝壁。最北，在荆棘和树丛下，竟然还有一道完整的全是条石砌成的拱形寨门。我从树下钻过去，走进门洞，门外，却是绝壁，上寨的路早已垮塌了。

寨子东北方，有一巨石独立于寨子 1 米外，我跳过去，远眺，四野开阔。空山新雨后，一切入眼帘。达成铁路笔直地从土溪镇穿过，土溪街道上，楼房鳞次栉比，琉璃瓦光彩夺目，兄弟般比着高矮。田野翡翠似的，绿得发亮。涨水初退的渠江黄练般环绕着古老的城坝、郑家坝，沿河的庄稼又被淹了一些。礼义城、大小斌山清楚明了，远山如黛，云雾山系错落有致，层次分明，让人神往的牛奶尖顶着蓝天，想叫白云不要飘过。

山高水长真韵味，可是未见一洞天。对一洞天的认识，缘于蒙山论坛的一篇帖子。我知道就在附近，下得山来，再向老人家请教，她说，就在房子后面，然后拄着拐杖将我引到路口。原来这是一条捷径，2 分钟就上山了。我首先见到的是一个青石板铺成的坝子，杂草已将其吞噬得差不多了，坝子东西各有一排瓦房，门、墙壁、房檐，甚至房顶，有的脱落、有的开着天窗，只有那汉砖和条石砌的壁依然坚挺。

我小心翼翼地进入没有前壁和门的东房，这一次我有了重大发现——中壁嵌三块石板，其上有字：标题为"龙林山复兴堂"，讲的是关爷梁住持金佛字隆汉号野苍行状叙，1000 多字，落款时间为大清道光二十九年己酉。后面小房内还有整石打的圆柱石缸、长方体石缸，还有一块残碑等古庙的建筑痕迹。

出坝子向西走石道 20 余米，只见两只高大的石狮子蹲在边长 1 米高的正方体底座上雄视西方，颈部鬃毛粗壮集结，顺着背部到臀部，全身肌肉成块，三尾垂竖大而有力，甚是雄伟，是我所见渠县最大最威武的石狮。

基座四面刻人物花卉图案，北侧石狮有翠竹掩映，全身长满苔藓几成绿色，左前掌抚幼崽；南侧石狮置于阳光下，右前掌抚圆球，虽历百多年，却没有一点损伤，实属不易。

右狮后还有一块平放在地上只有"治安碑"三字碑名的残碑。

狮前是5米宽的石梯，10余级，前右是一水池，其上布满浮萍，一枝野黄花从水中伸出长1米的茎秆，花开正艳，不是清水出芙蓉，而是绿水出黄花，又让我记起刚才石碑上的一句诗来：中怀廓落融今古，翠竹黄花处处春。

高大的石狮

再向下行10米，右崖壁上有一佛龛，无佛像，上书：身居佛法地，坐虎镇山门，横批"威灵有感"。

再下几步陡梯后右转，进入两巨石之间1米宽的夹道，5米后，两石相合，底下一洞口，两石底部各敲去一部分成弧形，打造成了圆门，一洞天就此来历吧！

门内右壁上有"金佛"二大字，落款有"赵芝彦四十天""道光拾三年六朋修"字样。

跨出石门槛，面对石门，左边光滑的石壁上方从右至左横排空心勾勒出"一洞天"三个大字，其下正中立书相同大小的"阿弥陀佛"四字，右立书一行小楷"皇上道光戊戌七月"字样，左侧落款立书小楷"住持僧金佛苦心敬"等字。

站在此西望，赵家村东无铭阙、西冯焕阙尽收眼底。这才是上山的正道，从此下山就到赵家村东无铭阙了。

我来过多次，曾赋诗《苏幕遮·一洞天》：七月间，独自走。烈日同行，烈日同行久。欣喜若狂直拱手。赵公神道，赵公神道口。大寨高，小寨秀。荒草古宅，荒草古宅厚。复兴庙堂双狮守。一洞天下，一洞天下吼。

（原载2011年10月12日《达州日报》）

最标准的官方地契

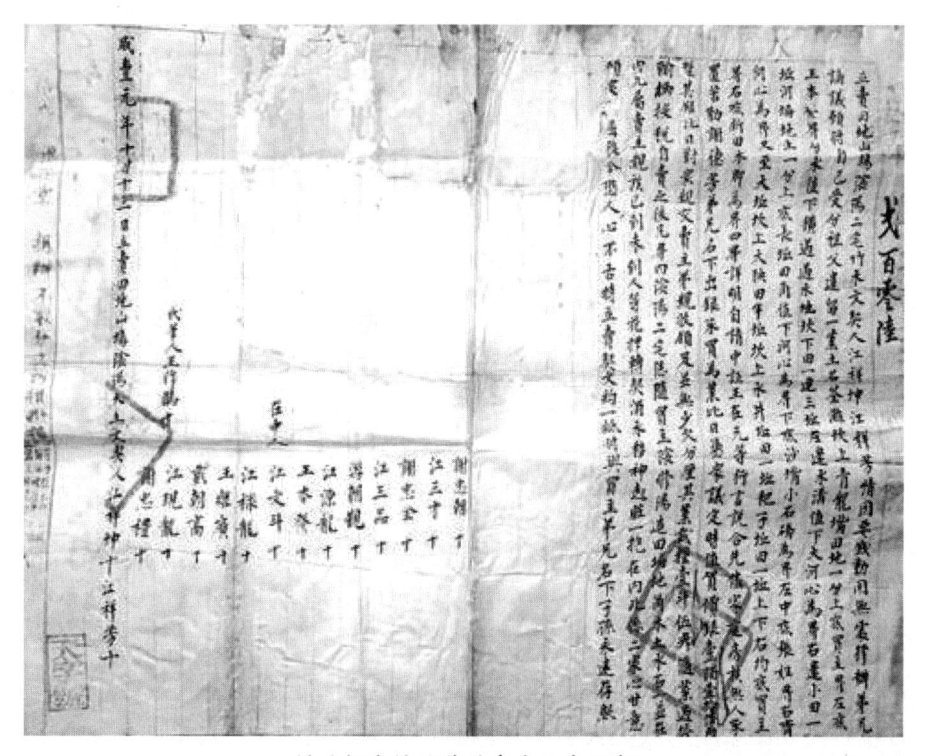

渠县档案馆收藏的咸丰元年地契

这是一份最官方的地契文书,按照官方提供的格式、模版进行书写的,时间是咸丰元年(1851)十月十三日。

有专家说,民间真正开始买卖土地是从秦朝开始的,经过几个朝代后,到明清时,才逐渐固定了用字用词、内容格式,有结构严谨的模版,并且具有了法律效力。

无论是官方的红契还是民间的白契,其格式大都相同,都有一定的规范性和约束力,都具有法律效力,一旦签订,大家都要认账算数,不得反悔。

地契是很重视文本并有法律文件作为依据的。中国传统社会强调"空口无凭、立字为据",地契也是按照《唐律疏议》《宋刑统》要义传承而来的法制精神,延续到《大清律例》《中华民国民法典》等法律文书来制定的。

本契纸上有个规范的文本框,框线最右边是竖排编号"贰佰零陆"号,最上面边框外是从右向左排列的地契名称"大竹县田林地契格式",最左边框外是签订地契所需费用和损毁补办交费金额的说明:格式纸张正堂捐办,不收分文;污损缴换,倘有污损,可作为证据验证补办,交工钱二十四文。

文本框内为正文,地契内容讲究程序且叙述严谨,需要准确明白地注明买卖内容。

开篇标明卖地名称"立卖田地山场阴阳二宅竹木";接着注明文契人姓名"文契人江祥坤、江祥芳";再注明卖地缘由"赇因要钱动用,无处择办,弟兄商议愿将自己受分祖父遗留一业";然后注明产业的准确地址、田地面积、东南西北界至及分界标志物:共有七处,土名筌滩坎上青龙嘴田地一分,上底买主界,左底王本发界,分水值下横过水地坎下田一连三丘,左边水沟值下大河心为界,右边小田一丘,河边地土一分,上底长丘田角值下河心为界,下底沙嘴小石矶为界,左中底张姓界石齐河心为界,又至大丘坎上大秧田半丘,坎上水井丘田一丘,耙子丘田一丘,上下右均底买主界,右底新田水脚为界,四界详明;随后言明族人无人承置才在中证人撮合下卖给族外人(由于亲族有先买权),"自请中证王在元等,行言说合,先仅家庭房族无人承置,苦劝谢德芳弟兄名下出银承买为业";这才注明凭中人议定的产业价格,"比日凭众议定时值买价银壹佰壹拾陆两整";然后注明是否当中证人面交钱、有无下欠等,"其银比日当众亲交,卖主弟亲收领足,盖无少欠分厘";同时注明产业所承担的条粮(税赋)及过户,"其业载粮壹斗五升随业过接,轮约授税";再次重申过户后的处置权、交易费用的出处是包在总价内还是单独列支、见证画押等内容,"自卖之后,凡界内阴阳二宅,任随买主阴修阳造,田煸地角木土水石一并在内,凡属卖主亲族已到未到人等,花押转契,酒水移神起赃一抱在内",引入卖方的族戚作为家族代表，以此表示这桩买卖的公开性和严肃性，体现契约的公开性原则；地契文本结尾注明公平交易、立据存照字样，"此系二家心甘情愿，众无屈从，今恐人心不古，特立卖契文约一纸付与买主弟兄名下子孙永远存照"，体现了公平原则，杜绝作弊。然后是交易见证人共同画押，这些人至少包括族戚、地邻、中证、代笔或执笔，本地契在中人有"谢中朝、江三才、谢忠全、江三品、游朝觐、江源龙、王本发、江文斗、江禄龙、王继广、戴朝高、江现龙、谢忠礼"十三人，代笔人王作鹏，执笔人将地契写完后，当众朗读，交易双方及中人都觉无误后画押，画上形态各异的"十"字，后来加以改进，到民国时开始改为加盖私章或按手印；最后是落款年、月、日，立卖契文约人姓名并画押，"咸丰元年十月十三日立卖田地山场阴阳木土文契人江祥坤、江祥芳"。

地契在被基层认可后，上报县府加盖红色官印或专门的公章，就成为最具法律效力的红契。

我们川东地区对所卖田土的数量，大多习惯用口语，少用确切的亩、分、厘，习惯用"一丘""一股""一冲""一分""几块"。对田土的称谓，也多称为"沟田""冲田""过水田""塝田""水田""土"等，所以具体的亩数不能准确地说出。

（原载 2020 年 8 月 11 日《达州晚报》）

契约里的学问

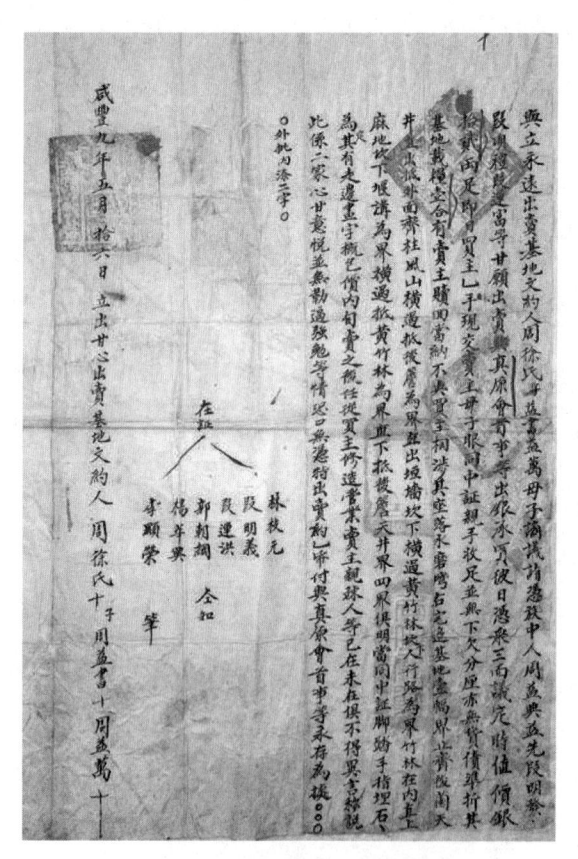

渠县档案馆收藏的咸丰九年地契

这是咸丰九年（1859）五月十六日出具的一纸出卖基地契约。

川东地区契约开篇会出现"立出卖田地（房屋）文约"，或写为"立卖""杜卖""永卖""绝卖""摘卖"等字样。杜，即绝的意思，写有"杜卖""绝卖""永卖"的地契，俗称死契，是买卖双方约定不能赎回的契约。契约开篇写着"与立永远出卖基地"，说的就是死契。

另外，立约人为母子三人，说明这家男主人不在世了，母子三人未分家，为共同财产。当然，子女参与立约也有讲究，男子要成人后才有资格单独或参与立约，女子是无资格的，本约"文约人周徐氏，子益书、益万母子商议"，说明益书、益万二人业已成年。

为了体现契约的公开性原则，上图这份地契中还引入了卖方的族戚作为家族代表见证，同时族人有优先权，以此表示这桩买卖的公开性和严肃性。产业优先卖给族人的原则，是政府为保护社会治理的基层单位，即宗族团体的存续而规定。当然更要有中人，所有契约都有凭中或中人，这是中国传统契约中的一种基本精神，即俗话说的"婚姻凭媒，买卖凭中"。本契中有"请凭族中人周益兴、益先、叚明发、叚明礼、叚运富等甘愿出卖与真原会首事等出银承买，彼日凭众三面议定，时值价银拾贰两足……现交……眼同中证亲手收足，并无下欠分厘，亦无贷债准折"等。这儿出现了陌生的字"叚"，作姓时读"xiá"；另读"jiǎ"，跟真相对，不真实的，不是本来的意思，也可解释为借用、利用或推断推理。买家为真原会首事，"首事"一词最先出现在古籍《管子》里记载的一篇文章，见于《管子》第四篇《管子·立政》。原文为"凡将举事，令必先出。曰事将为，其赏罚之数，必先明之。立事者，谨守令以行赏罚，计事致令，复赏罚之所加。有不合于令之所谓者，虽有功利，则谓之专制，罪死不赦。首事既布，然后可以举事。"意思是说："凡将办事，法令一定先出。这叫作事情将办，其赏罚办法就必须明示于前。负责人总是要严守法令以掌握赏罚，检查工作并向君主上报的时候，也必须报告执行赏罚的情况。如果办事不合于法令的意旨，即使事有成效，也叫'专制'，那是死罪不赦的。这个所谓'首事'的命令一经发布，然后就可以遵照执行了。"本约里指真原会里出头主管其事的人或头面人物。

为了追求公平和杜绝作弊，地契文本结尾，一般要注明"此系二家情愿，两无逼勒，亦无贷债准折"，以示公平。

然后是证人签名画押，不会签名的只画押，一般情形画押是画"十"字，不过本契在证人名下没画"十"字，只写了"仝知"，"仝"通"同"，意即大家都知晓。当然这也具有约束力，毕竟上面有官印印证。

（原载 2020 年 12 月 18 日《达州日报》）

一场房产纠纷牵出的清同治禁碑

在渠县档案馆保存有一份清朝同治十年（1871）时，渠县新市镇五通村五通庙立的一块禁碑原文，其来历却是因为庙产纠纷，实在让人唏嘘。

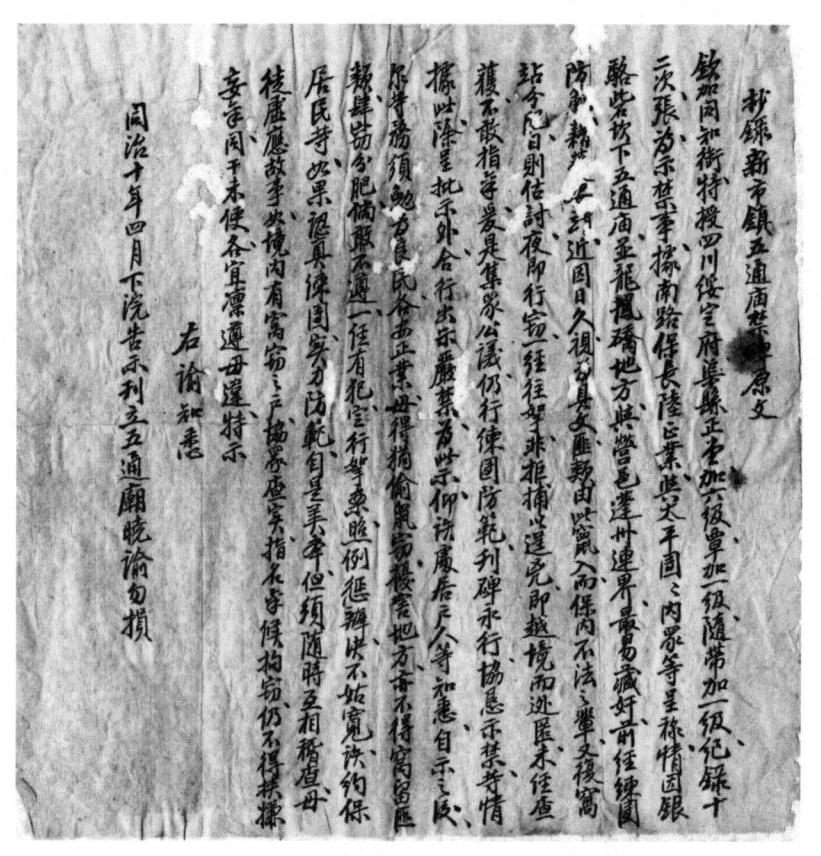

同治十年新市五通禁碑原文

渠县新市镇地处渠县南部，与广安市广安区的消河、花桥镇，南充蓬安县的大友、福德镇，营山的西桥镇接壤。这儿相对偏僻，五通庙更是连界之地，清朝时常有"匪类由此窜入，保内不法之辈窝藏"，于是清朝政府在庙前立下禁碑，严禁保民乱为。后来庙产被当地五族人共议施献于渠县天主堂作为办学之所，后改通功所。民国初年，时任校长蒋某欲强占校产。渠县天主堂司锋周向县堂具呈缘由，并附抄通功所施约两张，照抄禁碑原文一纸。

司锋周复函中，先对五通庙的位置及房屋基本情况、属性做了陈述："查五通庙，地处山隈，名称已久，石庙矮小，向无住持，其基地全为李姓所有。后经该地土著李、蒋、章、罗、刘五姓集资扩修为瓦屋，计正屋三间，东西横屋各一间。庙侧有坡地数台，给庙夫自种。"接着说明该庙被赠送给天主堂的原因及依据："嗣因该庙，时有匪徒出入。正伸弥御无方，挐解无欵，不获，已于前清光绪年间由该各姓族长李天寅、蒋正廷、章岑山、罗希之、刘朝善等，先后施献于天主庙，为办学之地，后更名为通功所。立有施约可凭。"接着说明原庙里的木石佛像，移设到新建的文华庙。此后三十多年，没有任何纠纷。

再说这次事端皆因蒋姓校长挑起，因他的田地与通功所毗连，他的家距文华庙有数里之遥，监管耕作、收运肥料等有诸多不便。还说他"蓄念已非一日"，这次是借办保校在那里适中为名，"强欲占据我校，遂其私图"，最后指出："通功所偏处一隅，非适中地点，诸人共知，其碑石亦无字迹可寻，惟禁碑尚存，抄录附阅。"

两张通功所施约早已不存，而禁碑原文却是说盗匪猖狂，严禁保户乱为，以此说明此处不宜做保校。

禁碑称"钦加同知衔、特授四川绥定府渠县正堂加六级，覃加一级，随带加一级，纪录十二次，张为，示禁事"。然后说明禁事原因，"据南路保长隆正业，兴太平团内众等呈称：情因银骆砦坎下五通庙，并龙凤硚地方，与营邑蓬州连界，最易藏奸……匪类由此窜入。而保内不法之辈，又復窝站分配，日则估讨，夜即行窃"，白天估到要，晚上就偷窃，一抓捕，就越境而外匿，很难查获。经过大家商议，仍由团练防范，同时刊碑永行，协恳示禁。要求"该处居户人等知悉，自示之后，尔等务须勉为良民，各安正业，毋得狗偷鼠窃，扰害地方，亦不得窝留匪类，肆窃分肥，倘敢不遵，一经有犯，定行挐案，照例惩办，决不姑宽……"落款为"同治十年四月下浣告示刊立五通晓谕勿损"。

而今，古庙已不存，禁碑更不在，但此地已不再偏僻，银昆高速福德互通离新市镇只有两千米，而且边境联防联控延续到现在。每年，此片区四县相邻的 5 个乡镇都要开展联防联控演练等活动，边界一派祥和。

（原载 2021 年 1 月 29 日《达州日报》）

舍利宝塔芭桂堂

中滩镇大房村，一个名叫何家大房子的观音寺内，有一供奉佛教创始人释迦牟尼遗骨的石塔——中滩舍利塔。

国道318线中滩桥下就有五级中滩河瀑布。

中滩河一级瀑布就在中滩桥下100米处，河水流经平坦的石坝一下就坠入10多米深的崖下，声振四野。

过此瀑布，向下游行1000米，又是一处断崖，如珠帘玉碎，大珠小珠落玉盘，珠珠玉翠滴绿潭。

再向下200米，就像堆石坝一样，河水漫流，一瀑一景一心情！

过第三瀑，右前行200米，就是大房村何家大房子的观音寺，寺内有一供奉佛教创始人释迦牟尼遗骨的石塔，中滩舍利塔。

塔建于清光绪十年（1884），矗立在寺内第一佛殿的院坝右侧，坐南朝北，为六楼九级石塔，每级六面，面以整石为壁，塔高17米。第一级为柱体，每面宽1.58米，第二级以上为台体，下大上小，塔刹为一宝珠形，中插一铁柱，塔高约12米，第一级与第二级间有宽20厘米的平台伸出，以上各级间为筒屋面伸出，宽度与第一层平台相等，相交处雕翘，屋面下天花板浮雕花卉、几何图案。

塔计54面石壁，其上或作人物故事、飞禽走兽、仙山琼阁等浮雕，或刻佛经、辞赋、纪事，无一空缺处。第一级各面均作浮雕，棱为方形石柱，精刻雄狮，力顶千斤，承受整个塔身以上各级浮雕，铭文交错排列有序。

塔正面第一级雕刻狮子母子，第二级人物故事，第三级壁辟龛门，内建楼台框，镶有镂空角花，龛中原供释迦牟尼石雕座像，门楣额题"兜率陀天"，左联为"笑颜普度群生"，右联为"大肚能容万物"。第七级至下第四级石壁上，阴刻"舍利宝塔"四字，字体苍劲有力，笔法娴熟浑厚，融楷行一体，每面作一字，广二尺有奇，大小匀称。第八级刻仙翁，第九级为观音主像。

塔右一面一级雕刻人物故事，第二级为重建刻记：

渠南芭桂堂古刹观音寺重建五台山阿育王所造释迦文佛真身舍利宝塔盖闻造浮

舍利宝塔

图于百尺功德等诸恒河沙，获佛果于三千世界，成大光明。藏金刚永劫无身，乃身外化身。宝相庄严，真法而非法，大包天地，细析毫芒，惟兹的妙圆陀允为真实，希有粤考我。

如来示灭之后，光垂舍利三千。阿育王秉教以来，塔建阎浮八万。名震旦者，虽云十九，称巨丽者，实首五台。环海沙门同深仰止，纵能蹑履靡观，元珠惟我。海峰大师幼秉真修，壮怀远志八千里，遍游绝域十八年。五憩灵山，诚观景光，屑如有望。绕灵塔以三百六周，获舍利于一十三粒。大缘斯得，返锡来渠。稽首世尊，咸瞻妙相，人天盛业，振古犹新，泐为金石。垂阴空门，涅槃初俺，衣钵幸存，未澈三生之果，已逾八十之年。奈此余光，敢虚奇遇，谨呈舍利，悬供楹殿亦是。住持不二方丈募捐造塔，冀结十方之缘，并建七层浮图，永崇佛宝，并矗灵峰上巩。

　　皇图于万斯年，下溥灵光，大千世界肇始。光绪壬午成终，四申清和时，曾权渠篆。是日，过寺目观甚异，应乞为文。普天率土，莫非化诚，阿育获宝，布缁流行，以般若智，济渡群生。山川不改，重建妙因，成万世稀有之功德，作大国辅弼之灵峰。金饼有色，宝塔无尘，功成纪石，永世不摧。勒诸贞珉，万古不朽。

赐进士出身彰明正堂知渠县事张协曾敬撰
大清光绪十年岁次甲申上元谷旦

第三级为人物故事，第四级梵语经文，第五级花鸟，第六级偈语，第七级花鸟，第八级仙鹤，第九级刻字"慈"。

右二面第一级为博古图，第二级为捐钱者姓名。钦命四川总督部堂太子少保头品顶戴兼管巡抚事丁（宝忠）捐银一封等。第三级为舍利塔铭：

　　不二和尚旋渠第三年，寄书鳜江。言海峰大师谒五台山得舍利，归渠建塔供养，乞为铭记之。吾闻阿育王造八万四千宝塔于天上人间，龙宫海国藏佛舍利，其塔之在震旦者终十九所，五台称第一塔。为今海峰大师得舍利十三粒于五台，此舍利为阿育王所藏之舍利无疑。不二和尚尊而塔之，功德广大，不可思议，与阿育埒。渠这人士瞻仰皈依，欢喜赞叹，将来获福定无量无边。鳜去渠约七百里，吾虽不能往观，喜舍利之神通变化，自在无方，犹得仿佛而记之。铭之一段文字，因缘可谓最胜也。爰为之铭曰：圆明光皎无淄鳞，非色非空神乎神。入火不烧，入水不溺，大如珍珠，细似微尘，天地坏时此不坏。先儒有言曰：德辑如毛，毛犹有伦。

光绪九年太岁癸未十一月朔一日
鳜江雪堂含澈撰于龙藏寺绿天兰若

第四级仙鹤，第五级般若波罗蜜多心经，第六级花草，第七级偈语，第八级盆景，第九级"航"字。

背面第一级雕刻"龙"图案，第二级刻捐钱者姓名：僧悟道、昭觉方丈、草堂寺方丈、宝光寺方丈、文珠寺方丈等二十一寺方丈，第三级人物故事，第四级梵语经文，第五级花草，第六级偈语，第七级香炉，第八级鱼，第九级释迦牟尼。

左一面第一级人物故事，第二级捐钱者姓名，第三级人物故事，第四级梵语经文，第五级鹿，第六级偈语，第七级花鸟，第八级仙鹤，第九级"慈"字。

左二面第一级大象，第二级捐钱者姓名，第三级清单：两序、列职、堪舆、石匠贾金山镌造，第四级仙鹤，第五级《心经》部分内容，第六级五蝠归真图，第七级偈语，第九级"普"字。

中滩观音寺舍利塔，为寺内主持海峰大师募捐建造，雕刻精细，保存完好。

观音寺外就是中滩河响水滩，滩上就有两级瀑布。

2016年8月13日，中国佛教协会驻会副会长、中国佛学院常务副院长、文殊院方丈宗性大和尚考察舍利塔后亲笔题写"芭桂堂"三字并即兴赋诗一首《赴渠县瞻礼中滩舍利塔》：清清渠江水，悠悠佛缘情。庄严舍利塔，寺成曰观音。大众同心愿，盛世种胜因。中滩层层飞，芭桂澄潭清。

随后有原市人大常委会主任胥健先生的答谢词《菩萨蛮·酬答宗性大和尚》：中滩恰似飞龙护，山重水叠清嘉处。舍利地宫藏，塔灵犹古香。佛缘结盛世，众愿重光日。芭桂堂前栽，清风缕缕来。

宗性题写"芭桂堂"

义和石刻红色游

从大义乡沿涌兴河继续北上，过原义和乡政府3000米，来到与平昌县佛楼镇交界处的五星村，有个名叫喻家湾的地方，有一处著名的红军石刻——义和红军石刻。

一家人在红色石刻前

怎么过有意义的双休日？带孩子去接受红色教育应该是不错的选择。长安车沿着涌（兴）义（和）公路前行，过安北、大义，来到义和乡政府背后，柏油公路到了尽头。这也是当年红军所走过的路线。向左进入横岭村水泥村道，向右则是上山的泥碎路。我们沿着通向五星村的机耕路向山上步行，因刚下过雨，泥碎路面还没来得及整治，到处坑坑洼洼，很多地方被山洪冲刷成了小沟沟，裸露的干鹅包（鹅卵石）晒在路中央。上得山来，周边的植被是那么绿油油的，远树暧阡阡，生烟纷漠漠。东边远处一台坡地是当地人十分向往而又被毁了的寺庙九层寨，而头顶上却是更高的铁鼎寨，据说在这100多米高的寨顶还有1个社的群众居住。就在寨子西侧悬崖下面机耕路左侧红石岩一大石上，刻着"扩大民族革命战争"的石刻标语。

"扩大民族革命战争"石刻标语，全长4.47米、宽0.8米，字长0.8米、宽0.36米，笔画深0.03米，皆为楷书。落款为"红九军廿六师政治部"，分三行竖写，字长0.16米、宽0.15米、深0.02米。此标语系1933年3月10日西北革命军事委员会总政治部印《三一八》纪念日宣传大纲之口号。

父女俩在标语前仔细地看，还用手指在字迹上临摹，特别是"战"字，有人说过它不是繁体字，好像为今人所作，回家后要好好查一下当年红军在渠县的历史资料。

从红军石刻往前200米，就到了渠县大义和乡、达县香隆乡、平昌县佛楼镇三县交汇地，在渠县一侧位于义和乡五星村的山脊上，1996年，国务院在此立有三棱柱界桩。

（原载2011年7月6日《达州日报》）

民国档案记载的渠县文庙春秋二祭

祭孔最初是民间的一种对"先贤"的尊敬仰慕和追思的纪念活动。祭祀"大成至圣先师"孔子的典礼,称为"释奠礼"。释、奠指在祭典中陈设音乐、舞蹈,呈献牲、酒等祭品,对孔子表示崇敬。2006年5月20日,山东省曲阜市申报的祭孔大典经国务院批准列入第一批国家级非物质文化遗产名录。1984年,曲阜孔庙恢复了民间祭孔,以后全国各地陆续恢复祭孔活动。从2004年起,曲阜孔庙祭孔先后有杨佐仁撰写《甲申年祭文》《乙酉年祭文》《丙戌年祭文》《丁亥年祭文》,金庸撰写《戊子年祭文》,范曾撰写《己丑年祭文》,许嘉璐撰写《庚寅年祭文》,杨朝明撰写《辛卯年祭文》,董金裕撰写《壬辰年祭文》,彭林撰写《癸巳年祭文》,张立文撰写《甲午年祭文》,钱逊撰写《乙未年祭文》,颜炳罡撰写《丙申年祭文》,潘鲁生撰写《丁酉年祭文》,王志民撰写《戊戌年祭文》,郭齐勇撰写《己亥年祭文》,王学典撰写《庚子年祭文》,王钧林撰写《辛丑年祭文》。中央电视台从2005年开始直播曲阜祭孔活动。

据《礼记·文王世子》载,周朝时,学堂每年都要按四季释奠于先师,以示尊师重道。后来,由于孔子"有教无类"且成就很高,影响深远,释奠的对象逐渐以孔子为主。孔子生于周灵王二十一年(鲁襄公二十二年,公元前551年),卒于周敬王四十一年(鲁哀公十六年,公元前479年),享年七十三岁。孔子死后第二年(公元前478年),鲁哀公下令在曲阜阙里孔子的旧宅即曲阜孔庙立庙。孔子生前所住的三间房屋改成寿堂,将孔子生前使用的衣、冠、车、琴、书册等保存起来,并且按岁时祭祀。这是诸侯祭孔的开始。到了隋朝，孔子被尊称为"先师"以后，释奠便成为祭孔典礼的专有名称了。

从汉朝开始，全国都已普遍祭祀孔子，也订有礼仪。乐舞身着传统汉服，着红色圆领公服，头顶黑色金边三梁冠，举手投足尽显华夏衣冠风范。乐生展示正统的中华雅乐，柷、敔、琴、瑟、埙、箫、鼓、笙、钟、磬等多种乐器合奏；舞生则左手执龠，右手执翟，排列整齐地跳起了释奠礼专用的"六佾舞"。执士们则身穿白色深衣，头顶"四方平定巾"，与献官共同完成读祝、三献等祭祀主体。再后来又加入孔子弟子及其他儒者配享。祭祀孔子的礼仪称正献礼，祭祀配享者的礼仪称分献礼。

祭孔大典主要包括乐、歌、舞、礼四种形式，乐、歌、舞都是紧紧围绕礼仪而进行的，所有礼仪要求"必丰、必洁、必诚、必敬"。大典用音乐、舞蹈等集中表现儒家思想文化，体现艺术形式与思想内容要高度统一，形象地阐释孔子学说中"礼"的涵义，表达"仁者爱人""以礼立人"的思想，具有较强的思想亲和力、精神凝聚力和艺术感染力，对于弘扬优秀传统文化、营造和乐氛围、构建和谐社会、凝聚民族精神具有不可替代的社会作用。

祭孔的最重要议程是三献礼，主祭人要先整衣冠、洗手后才能到孔子香案前上香鞠躬，鞠躬作揖时男的要左手在前右手在后，女的要右手在前左手在后。所谓三献，分初献、亚献和终献。初献帛爵，帛指黄色丝绸，爵指仿古酒杯，由正献官将帛爵供奉到香案后，主祭人宣读并供奉祭文，而后全体参祭人员对孔子像五鞠躬，齐诵《孔子赞》。亚献和终献都是献香献酒，分别由亚献官和终献官将香和酒供奉在香案上，程序和初献相同。

旧时每年农历二月、八月上旬丁日，为祭孔日，称为"丁祭"。每当春秋此日，府县官吏、举人秀才、府学教谕，齐集大成殿祭孔，仪式隆重，庄严肃穆。

1935年渠县秋祭

据渠县档案馆馆藏档案记载，民国时期祭孔是从传唱《孔子纪念歌》开始的。

1935年3月26日，省政府发文要求传唱孔子纪念歌，并下发歌单。其歌词为：大道之行也，天下为公，选贤与能，讲信修睦。故人不独亲其亲，不独子其子，使老有所终，壮有所用，幼有所长，矜、寡、孤、独、废疾者皆有所养，男有分，女有归。货恶其弃於地也，不必藏于己；力恶其不出于身也，不必为己。是故谋闭而不兴，盗窃乱贼而不作，故外户而不闭，是谓大同。县政府于同年5月11日向全县学校发出通知，要求学校学生传唱《孔子纪念歌》。

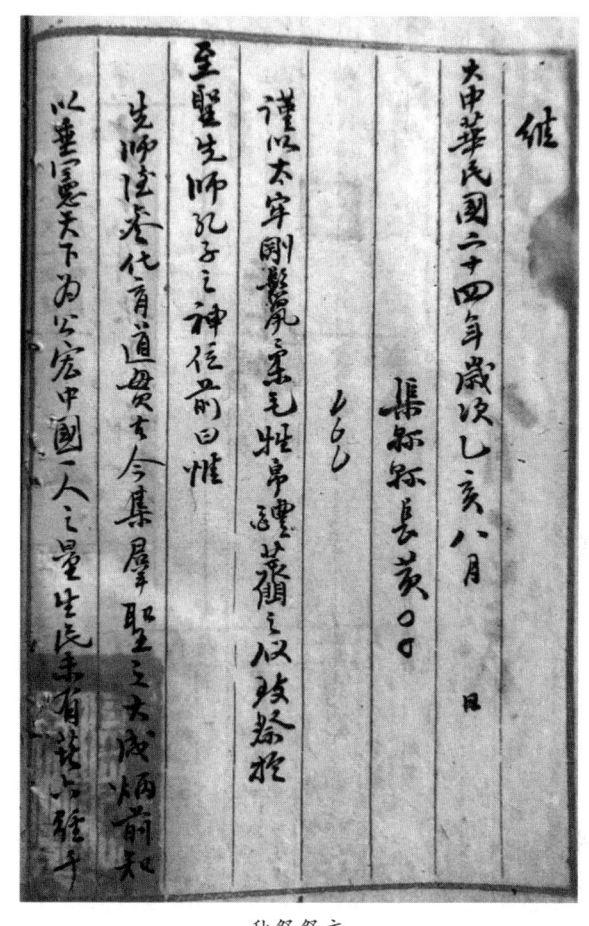

秋祭祭文

8月27日，县政府右票仰差队向渠县黄县长报告秋祭孔子祭品及现场安排：为秋祭票仰该吏前往即催屠户李某等五人，买备祭品三只羊三头牛于八月二十九日赴文庙，献毛血并催客头江某，于祭祀处安设方桌三张、盥洗一架、铜盘一个、手巾一幅、椅子八把，并饬鱼户杨开伦上纳祭祀鱼二尾，及吹手蔡先益、张明安随带鼓乐同侯祭祀，毋得临期有误，慎速须票。

8月28日县政府发出秋祭孔子日期通知，并要求各官员先行熟悉礼仪，以免出差错：为秋祭8月29日，即农历八月初一日，致祭至圣先师孔子之期，合行出示晓谕，为此示仰县属官吏，并奉祀各员生一体知悉，务各先习礼仪，届期行礼毋稍贻误，切切特示。右谕通知。

同日发出秋祭祀孔榜示：伏以道贯古今永垂万世之师表，德配天地长享千秋之礼仪。是以乡学国学，大典攸存，春丁秋丁，文明有象，辟雍钟鼓，咸思对越，维严泮水，膠庠用敢，馨香上奏，兹当仲春，渠县县长率领县属各官员，及奉祀舞乐礼生等，务于前三日虔诚斋戒，不饮酒不茹荤，内尽其诚，外尽其礼，临期各依执事序次致恭致恪，毋得亵越，自干发戾，凛之慎之，须至榜者。

明确参加人员有主祭官县长，代理主祭官，陪祭官县征收局长、第一至第四区区长、县政府第一科及第三科科长、县政府督学、党务指导员、县立中学校长、保安大队副、县立女中校长、典狱员、县立第一小学校长、县财务委员、红十字会长、商会主席、救济院长、农会干事长、工会理事长、禁烟委员。

配备一正赞、一通赞、一引赞、一司烛、一捧帛、一执帛、一读祝、一歌诗、一司尊、一瘗毛血。

为示隆重，同时开出8月29号即农历8月初一日祭先师孔子号炮单：要求四更一点头炮、四更三点二炮、五更一点三炮。并通知当地驻军知晓，怕引起误会。

8月29日，当日开祭，祭文说，维民国二十四年岁次己亥八月，渠县县长谨以太牢刚鬣柔毛牲帛体荐之仪，致祭于至圣先师孔子之神位前，曰：惟先师德参化育，道贯古今，集群圣之大成，炳前知以垂宪，天下为公，宏中国一人之量，生民未有著六经，千载之心循，宫墙而瞻富美，入室升堂，隆俎豆以荐声香，先明后德，兹当上丁，纸率彝章，肃展维忱，聿将祀典，以复圣颜子、宗圣曾子、述圣子思子、亚圣孟子配飨，呜呼，声名所属，血气莫不尊亲，气象常新礼乐，明其禋祀。尚飨！

谨以香帛牲体之仪致祭于肇圣王木金父公、裕圣王祈父公、贻圣王防叔公、昌圣王伯夏公、启圣王叔梁公，曰：惟王垂裕后，昆光开圣绪，为层冰之积水，作大辂之椎轮，既祖功而宗德，必有达人亦木本而水源，不忘数典，兹当仲丁聿修祀事配以先贤孔氏、先贤颜氏、先贤曾氏、先贤孔氏、先贤孟孙氏。尚飨！

这就是秋祭。

冬春之际的渠县文庙维修

秋祭孔子时，发现文庙殿宇坍塌严重，有碍观瞻，于是县政府准备拨款五百元对文庙进行维修。

1935年11月1日，县政府向县财务委员会发出建字第113号指令：令财务委员会，为令遵事。查文庙殿宇率多倾坍，不堪目视，亟应鸠工补修，以壮观瞻，兹除由本府第三科雇工修理外，合行令饬，仰该会即便遵照。在追收旧欠项下，陆续拨付洋五百元，以资补修。此补修工程由第三科经手，支付账目纯由该会负责。合并饬知。此令。县长黄。

经过两个多月，文庙修补完工，费用跟预算差不多。

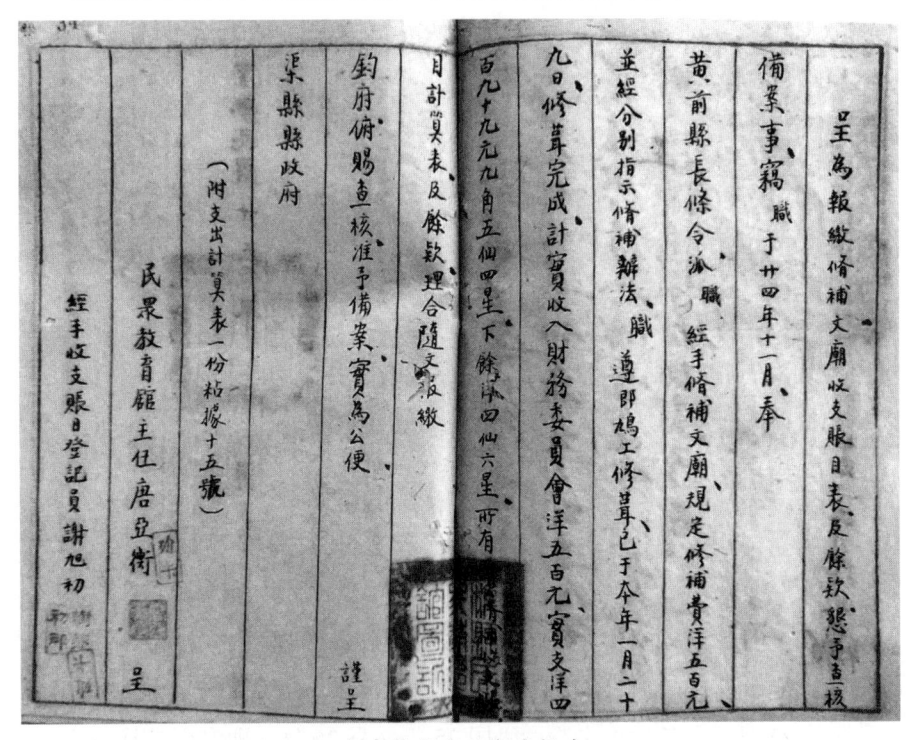

文庙修补完工备案报告

1936年2月9日，县民众教育馆主任唐某、经手收支账目登记员谢某向县政府呈报修补文庙情况并请查核备案：呈为报缴修补文庙收支账目表及余款，恳予查核备案事。穷职于二十四年十一月，奉黄前县长条令，派职经手修补文庙，规定修补费洋五百元，并经分别指示修补办法。职即鸠工修葺，已于本年一月二十九日修葺完成。计实收入财务委员会洋五百元，实支洋四百九十九元九角五仙四星，下余洋四仙六星。所有此次修补收支账目计算表及余款，理合随文报缴。钧府俯赐查核，准予备案，实为公便。附支出计算表一份，粘据十五号。

表上记载收支明细为：收入五百元，支出499.954元，其中：第一项包工临工300.3元，其中砌围墙100元，油红136元，木工37.7元，土工2.2元，泥工20.9元，石工3.5元；第二项材料162.428元，其中砖瓦26.152元，木料79.677元，石灰纸筋43.26元，钉子窗扣3.32元，洋钉5.32元，铁环铁滚4.7元；第三项购置32.3元，其中陈列柜30元，刀架子2.3元，杂支4.926元。

县政府第三科二月十号收文，县长批示：民教馆主任唐某为报缴修补文庙收支账目及余款由，呈暨附件均悉，交财委会审核签呈后，另令饬遵，此令。附支出计算表一份，粘件十五号，存。

财务委员会委员二月十九日收到县长指示，作出结论：民教馆主任唐某为报缴修补文庙收支账目及余款由，查修补文庙收支计算表及粘件数目，尚属相符，应请备查引签。

秘书科收到财务委员会委员呈报，县长六月五日批示：民教馆主任为报缴修补文庙收支账目及余款一案，查该馆修补文庙收支表及粘件数目，尚属相符，准予核销。计算表一份、粘件一束，存。

维修事项就挽了个圈。

1936年渠县春祭

民国渠县政府定于1936年2月25日，即农历二月初三春祭至圣先师孔子。

2月22日，县长发出右谕：民国25年2月25日，即农历二月初三日，致祭至圣先师孔子之期，合行出示晓谕，为此示仰县属官吏，并奉祀各员生一体知悉，务各先习礼仪，届期行礼毋稍贻误，切切特示。

同日发出二月春祭祀孔榜示：伏以道贯古今永垂万世之师表，德配天地长享千秋之礼仪。是以乡学国学，大典攸存，春丁秋丁，文明有象，辟雍钟鼓，咸思对越，维严泮水，膠庠用敢，馨香上奏，兹当仲春，渠县县长率领县属各官员，及奉祀舞乐礼生等，务于前三日虔诚斋戒，不饮酒不茹荤，内尽其诚，外尽其礼，临期各依执序次致恭致恪，毋得亵越，自千发戾，凛之慎之，须至榜者。

参加人员有主祭官县长，分祭官县政府秘书长，陪祭官县征收局长、第一至第四区区长、县政府第一科及第三科科长、县政府督学、县立中学校长、保安大队副、县立女中校长、典狱员、县立第一小学校

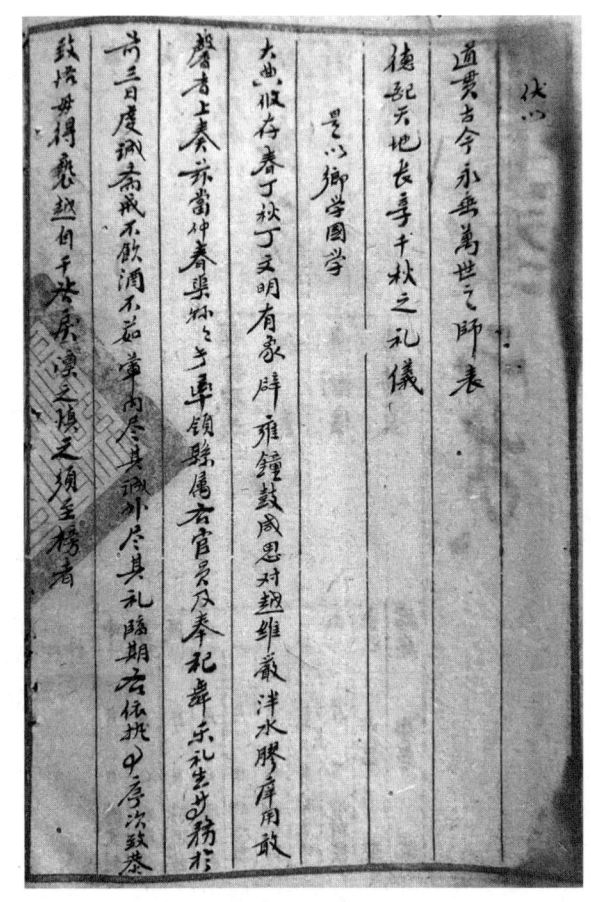

春祭公告

长、财务委员、红十字会长、商会主席、救济院长、农会干事长、工会理事长。

配备一正赞、一通赞、一引赞、一司烛、一捧帛、一执帛、一读祝、一歌诗、一司尊、一瘗毛血。

也按上年秋祭模式，也在2月25号即农历二月初三日开出祭先师孔子号炮单：四更一点头炮、四更三点二炮、五更一点三炮。

当日举行祭孔典礼，县长主祭。祭文说：维民国二十五年岁次丙子二月三日，谨以太牢刚鬣柔毛牲帛体荐之仪致祭于至圣先师孔子之神位前，曰：惟先师德参化育，道贯古今，集群圣之大成，炳前知以垂宪，天下为公，宏中国一人之量，生民未有茹六经，千载之心循，宫墙而瞻富美，入室升

堂，俎豆以荐声香，先明后德，兹当上丁，纸率彝亲，肃展维忱，聿将礼典，以复圣颜子、宗圣曾子、述圣子思子、亚圣孟子配飨，呜呼，声名所属，莫不尊亲，气象常新，礼乐明其禋祀。尚飨！

谨以香帛牲体之仪致祭于肇圣王木金父公、裕圣王祈父公、贻圣王防叔公、昌圣王伯夏公、启圣王叔梁公，曰：惟王垂裕后，昆光开圣绪，为层冰之积水，作大辂之椎轮，既祖功而宗德，必有达人亦木本而水源，不忘数典，兹当仲丁聿修祀事配以先贤孔氏、先贤颜氏、先贤曾氏、先贤孔氏、先贤孟孙氏。尚飨！

为这次祭孔典礼，经手人郑某还开了一个详细的费用报销清单。此次用去大洋四拾五元整。其中买牛一头十七元、付中人半元、买羊一只二元、买蜡烛火炮三元六角、六桌席十二元、席桌小事半元、纸烟一元、传事一元、刘鼋师一元、付中人一吊钱、买牛羊三天用费七吊钱、供鸡一只十三吊钱、茶果各八样用钱七吊二百文、供肉二斤用钱十吊、焚燎柴十把用钱三吊、供黄花四百文、供笋子十八吊钱、供菲菜四百文、供芹菜四百文、供洋红八百文、供神灯清油三吊五百文、供鸡蛋皮三吊五百文、供羊角菜一吊、供葱子五百文、供生姜六百文、买蒜苗八百文、供水果一吊二百文、会五谷煮饭三吊、供酒一吊六百文、付三尺白绫九吊、供耳子五吊六百文、办差费用十二吊、祭肉麻绳三百文、九斤酒钱二十八吊八百文、纸钱十吊、瓜子钱十吊、杂糖钱十吊、炮手钱四吊、茶叶二两二吊，共付钱一百六十捌仟六百文，合洋五元柒角二仙，共付洋叁拾捌元六角整。

一次祭祀活动有了这么多开销。

川鄂公路渠县段 1938 年整修记忆

川鄂公路源起

1932 年至 1937 年间，一片片中国领土落入了日本的虎口，华北、沿海地区处于日军刀锋之下。南京国民政府急急忙忙进入四川，并宣布以四川为民族复兴的根据地，因而令四川省政府赶修并整理公路，以应军需，满足国防备战。

修筑川鄂路是 1936 年开始的，从湖北利川进入万州，经梁平、大竹、渠县、广安至简阳共 582 千米。沿线的渠县、大竹、梁山依土方而分配应征民工数目。其中渠县段长 44 千米。渠县土方数为 402980 方（另石方 400710 方），2 月 15 日开工，做工 25 天，应需民工为 80060 名；大竹土方数为 890809 方（另石方 163009 方），2 月 15 日开工，做工 25 天，应需民工 16604 名；梁山土方数为 1317690 方，2 月 16 日开工，做工 30 天，应需民工为 27800 名。同年底川鄂公路通车。1936 年为整理川鄂公路，渠县按照户口，全县共征民工 13 万余名，除以代金雇工自代外，平均每日调集民工 8820 名。

而今，川鄂公路融入了 318 国道，在百度上都搜不到了。318 国道始建于 1950 年，1954 年建成。起点为上海市黄浦区人民广场，途经江苏、浙江、安徽、湖北、重庆、四川，终点为西藏日喀则市聂拉木县中尼友谊桥，全长 5476 千米，是中国目前最长的国道。

组设筑路委员会

1938年3月11日，渠县奉十区专员公署转重庆行营电"饬川鄂公路简渠段于3月15日开工，渠万段于3月25日开工"要求，当以兹事体大，非以事先设定规则不可，故组设筑路委员会。

原来，渠县还是川鄂公路的中心点，将其分为简阳至渠县段和渠县至万县段两部分。渠县县长当即组织召开筑土委第一次会议，决定征调民工，人数暂照路局去年规定整理二期工程调工数目，规定每名每日留银伍角作家庭之用，食宿工具及工作器具照规定携带，所住地点在公路沿线民房内。

简渠段段长邓才名、驻县工务员邓朗于3月25日才来渠，于第二日召开筑委会第二次会议，议定调工比例：每保调民工37名（内含3名石工），先调几名整理简渠段（内含2名石工），后调8名整理渠万段，于4月5日开工，限1月内碎石工程完工，又1月内滚压工程完工。赓即由县府派第三科会同邓段长和邓工务员制定民工工作分配表，连同决议案及工程须知，会发各区镇遵照执行。

渠县筑委会整修川鄂公路民工管工规定

落实民工征调

当时实行工役制度，征调民工的办理程序为：公路总局管理处或工程处估计各县应做的土方石方方数，在开工前10日，书面通知县长。通知书内附带估计应需民工大概人数及开工、完工的日期，各县应征民工名额。各县县长接到通知书后，按照公路总局管理处或工程处所估该县就摊做的土方石方数目，就全县应征壮丁人数，平均分配。县长组织该县征工筑路委员会。征工筑路委员会负责向各乡镇征派民工。各城市镇乡绅上报被征民工数目，由县长在开工前5日，送交公路总局该区管理处或工程处。县长斟酌工程情形与应征民工居住地点的远近，将民工分为若干组，派定组长，指定工作地段，通知公路总局管理处或工程处，并令征工筑路委员会监督各该城市镇乡绅于开工前率民工前赴指定的地段，听候点验。

渠县在实际民工安排上又有调整，按照工程比例，每保调集17名（内石工3名），先以民工9名（内石工2名）担任渠简段碎石工程，每保1名担任滚压工程，后调7名（内石工1名）整理渠万段。4月5日正式开工，为免民工全部上路无事可做，让石工先五天上路开石。全县1073保，渠简段碎石工程先调了9657人，又续调了332人；滚压工程调了1073人，又续调了28人。渠万段碎石工程先调了6043人，滚压工程调了1073人。

为鼓励民工努力工作及督促民工在限期以前完成工作，军事委员会委员长行营1936年3月7日颁发《川鄂公路义务征工发给赶工奖金医药抚恤费及工具购置费办法》。由各段工程处处长会同县长拟定赶工奖金方法，费用由公路局按照标准发给：县境公路全长在25公里以下时，1000元；在25千米以上，每增25千米或不足25千米时，均加发1000元。除直接拨发赶工奖金外，还采用以工代赈方式激励民工。1937年5月，四川省府令对简阳、乐至、遂宁、苍溪、南充、岳池、广安、渠县以工代赈方式征调民工整理川鄂公路，按方发给津贴，每方发洋一角。省府向路局领得后，发各县府分配。整理川鄂公路共征用了民工87080名，共发奖金72169元，每名平均约8角。整理路程长度决定征工人数和奖金数。

渠县严格按照要求开展工作。碎石之搬运锤堆、拉碾铺压，量其难易妥为分配，轮番更换，以期劳逸平均，并可减少伤害，增进效率。

加强贷工金募集和发放

川鄂路简渠段经费来源，多为变卖公庙会产款及附加粮捐。川鄂路渠万各段经费全由军事委员会委员长行营所拨的四川善后公债解决。国库所拨奖金虽是工役经费的主要来源，但往往低于实际所需。

渠县参照生活情形规定，民工贷工金每名每日1角7分，石工2角。为顾虑民工家庭生活及避免逃亡，规定民工石工每名各留生活费5分。贷工金统收于区，由区长指名点发各队，以免各联保浮派少支侵吞缺旷等弊端。

每区推举公正士绅两名，其一专司银钱收入保管，其一专司发放之责，区长立于监督地位，防范上下通同作弊。

民工食宿工具及工作器具照规定携带，如有特殊困难，须另制器具或增添者，即以缺旷节余之款加制，以增加工作效率，又不另筹经费。

贷工金先行收集，以免民工上路伙食不济。由筑委会制两联收据，分发各区长，征收贷工金进行公开榜示。

加大伙食和民工住地管制

各区按名发给各队再由民工轮番办理伙食，每日填具给缮表，分别榜示。中、分队长均与民工同食。严禁各场米商掺假，若有，即由各区统一采购。

民工伙食规定每日每人不得少于1角2分或多于1角5分，以免民工都图多分余润而吃不饱。民工每日按8小时工作，自愿增加工作时间早期完成者，仍可将1月应得伙食照发，以资鼓励，故能先期完工不误农时。

各镇交工经监工员验收后，即行遣散，至工务员复查如有不合格者，即于滚压时先到二日补足，再行滚压，不另调民工以省往返伙食。

为便于管理，民工所住地点在公路沿线民房内，分队驻扎，队长与民工同住。严禁骚扰居民及损毁家具什物。注意卫生及风雨侵袭，以防疾病。

落实民工医药及伤亡抚恤

《川鄂公路义务征工发给赶工奖金医药抚恤费及工具购置费办法》规定，凡被征民工因公伤亡或患病，由各县县长按标准发给药品或抚恤费。抚恤费方面：因公受伤致成残废者30元；因公受伤致死者50元，另给埋葬费15元；因公病亡者30元，另给埋葬费15元。此项费用由公路局按照各该县征工人数，每万民工发给500元，由各该县具报实销；如不足时，应由各该县自行筹补。

渠县实行如下操作：一是聘公路沿线中医为义务医士，若有不愿者，将强迫之；二是聘西医数人，担任治疗，并委托医务员看护兵编组救护，巡行公路，遇病即治，既有固定之中西医，又有巡行之救护队，民工医病，极其便利；三是药费暂行垫支，后于奖金内扣除；四是配发清凉药品作烧茶饮用，亦可减少疾病；五是有残废死亡者，照章给予恤金。

提前完工出成绩

渠万段碎石约9117.45万方，粗砂每千米150方。从路线长度、矿石、砂石控方填方及滚压为标准，综合计算用工量为1005500工，按各区人数多少妥为分配，即由渠河边至大竹界，按三、六、一、五、二、四区次序分担。碎石工程从5月15日石

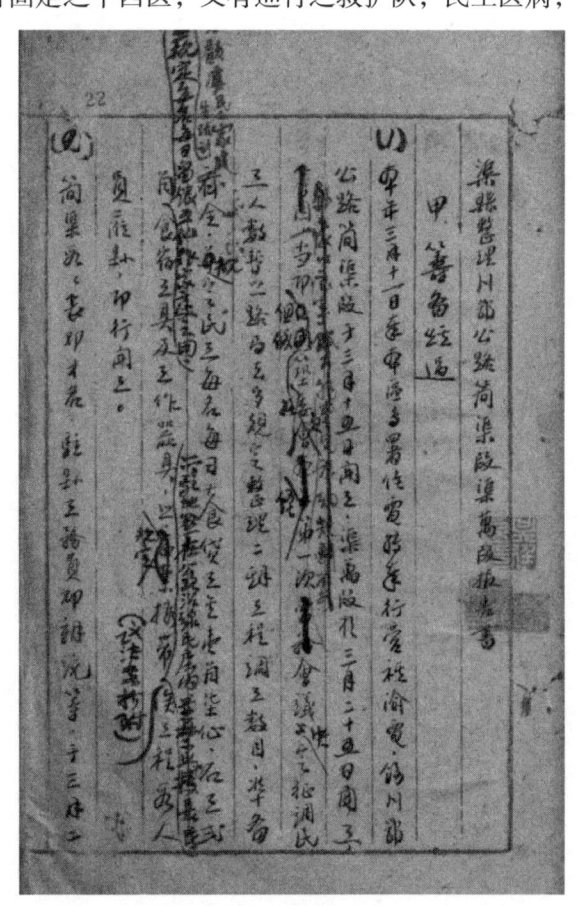

整修川鄂公路报告书

工上路，20日民工上路，各区工作由西向东开展。碎石工程6月10日完工，滚压工程6月底完工。

  从1935年到全面抗战，"四川军民确实已做了许多建设大后方的工作"，其中实施工役，征调民工新修、整理的各段公路中，尤以川鄂公路的成效较为突出。自筹的民工口食费及筑委会办公费，无从统计，而民工劳力的消耗，"更有无量之价值，尤为四川民众对于国家交通建设之特殊贡献，实为任何人不敢淹没之事实。"川鄂公路渠县段在军事上，战时对北战场、南战场及滇缅战场发生效用之大，实在难用言语来形容。在社会经济上，也起了明显作用。渠县人民做出的巨大贡献和牺牲，值得永远铭记。

（原载2020年6月5日《达州晚报》）

浓墨重彩的渠县抗日救亡运动

"九一八"事变后,中国的抗日战争进入局部抗战阶段,渠县人民也加入抗战行列;"七七"事变后,中国进入全面抗战阶段,渠县人民更是同仇敌忾,为击败日本帝国主义,在人力、物力和财力上不遗余力支援抗战。

声势浩大的抗战宣传

"九一八"事变后,渠县各界人士于9月23日在渠城召开了反日运动大会,并举行了声势浩大的示威游行。学校停课一天,组织宣传队向群众宣传日本帝国主义的侵略行径,奔赴各乡镇宣传抗日。

渠县政府发出布告:"男子一律改作短服,即以中国所制质量,用中国式缝纫,以示反对日本帝国主义之决心及抵制仇(日)货之纪念。"11月起,男人服装焕然一新,妇女齐发于衣领,一改旧观。同时组建了反日救国会,举行为期一周的"援马(占山)反日游艺会"。

人民团体战时宣传信约

通过游艺节目义演募捐，援助东北抗日军马占山部队。各学校按《二十军戍区学生义勇军训练条例》和《教育纲领》组建义勇军组织，开展军训和政训，培养青少年战略观念，使其掌握普通军事知识和技能。

1932年1月28日，当日寇进攻上海发生"上海事件"之后，渠县政府更是通过多种方式揭露日寇罪行。1月29日，国民渠县政府接重庆来电，向全县发出知事：上海民众因东北事件召开市民大会；北宁、海宁激战正酣；日三路大军攻热河，义军20万人拼死抵抗。

渠县县长、共产党员任炜章的抗战宣言

2月10日起，国民渠县政府分别于10日、11日、13日、19日多次向全县人民知事上海抗战情形；尤其在3月8日，两次发出知事文，长达10页。接着，四川各界民众反日救国大会渠县分会于3月14日正式成立。当天，新上任的渠县县长任炜章（中共党员）发表抗战宣言书："凡我后方赖以安全者，宜当省食缩衣，抽出金钱，输送前方，聊作犒慰。拟凡属本县在职人员其月薪二十元以上者，捐纳百分之五，月终收齐由中国银行汇交十九路军，以资接济。各机关现任职员深明大义，同表热忱，共解国难。"当场组织共捐大洋200元，汇至十九路军慰劳。

汹涌澎湃的抗战激情

全民抗日战争开始后，渠江两岸掀起了抗日怒潮，抗日救亡运动前所未有地向前发展。1937年11月，渠县县政府将《人民团体战时宣传信约》和《非常时期宣传工作纲要》转发各区署抗敌后援会及中小学。渠县妇女会于11月7日正式成立并参加抗日，她们提出：倭寇横行，举国痛心，懦夫奋臂，壮士请缨，所谓"最后关头已达"，吾人唯有抗战到底！1938年上半年，中共渠县县委书记唐毅等组织临巴小学剧团，深入附近7个场镇进行抗日宣传演出。1938年夏，渠县爱国进步青年成立"爱知读书会"，会员100多人，以抗日爱国积极分子为核心，组成各式各样的群众宣传组织，公开开展抗日宣传活动。临巴小学青年进步教师筹办《瞭望》半月刊，刊登抗日文章，每期印刷100份。1939年4月13日，《国民抗敌公约》《宣誓实行公约办法暨省政府规定举行誓约办法》颁发，县财委会解决经费印制《国民抗敌公约》；18日，县动委会先期举行宣传；30日，集体宣誓。县立南关镇第一初级小学于4月30日上午8点举行《国民抗敌公约》宣誓。同时，"渠县妇女抗日救亡会"成立，共产党员江东琼（即红岩英烈张静芳）利用担任常务理事一职，在临巴组织200余人成立宣传队，宣传抗日救亡道理，排演抗日救亡戏曲，教唱抗日歌曲。1938年至1940年，全县有宣传讲习所48个，并成立了"抗日新剧团"。仅1940年上半年，全县接受讲演人数竟达465340人，占全县人口的60%。1942年春，共产党员杨景凡发起组建"八濛书店"，书店成为青年聚会的中心，邀请重庆、达县、南充的文艺工作者进行革命演出，书店也成了抗日统一战线的重要阵地。很多共产党员以学校为阵地，以教师职业为掩护，对学生进行革命宣传和抗日宣传，共产党人创办的来仪中学成了抗日宣传阵地和革命活动据点。

为挽救民族危亡，渠县人民节食度日，献出粮食，源源运送前方。1938年，渠县赋额每斗应征17.23元，与民国初年田赋额每斗征收数比，增加七倍多，共征收田赋额为147000元。1939年，抗日战争进入高潮，渠县设军粮采购处，以"抗战建国，有钱出钱，有力出力"为口号，号召大户捐献军粮，当年就送缴军粮20155石。

全县各地开展了献金、劳军活动。1939年寒假，清溪小学师生出动三百余人集寒衣，师生募得530元（银币），并及时转送给前线将士添作寒衣之用。1943年，渠县人民群众怀着极大的爱国热情，在纪念"七七"抗战七周年举行献金会上共献金35000元。1945年7月，渠县成立"改善士兵待遇献金会"，共献金5058万元（国币）。为了鼓励出征将士忠心报国，解除后顾之忧，对抗日烈军属给予了各种优待、抚恤和救济。担任盟军中国战区参谋长兼中缅印战区美军司令的史迪威将军，及接替他的萨尔登，为渠县的 200 多名远征军将士开出出征抗敌军人家属证明书。1938 年至 1941 年，渠县县政府共发放优待谷 531920 石，有 46490 户抗日军属领取了优待谷，最高户额 2 石。1941 年，有 13912 户征属享受救济款 347800 元，最高户额 25 元。自全面抗战爆发到 1940 年，渠县县政府为参战牺牲、伤残人员及家属抚恤达 36540 元。

渠县还开展捐献飞机运动。1936 年，为支持刚兴起的航空事业，县政府发动机关法团、公职人员和学校教职员捐献飞机款 113777 元。1942 年，渠县捐献滑翔机一架，捐款 3 万元。1944 年，为庆祝"八一四"空军节，发动一县一机运动，渠县捐献 20 万元。

英勇顽强的抗日战斗

卢沟桥事变后，川军出川抗日。渠县人民以共赴国难为己任，提出了"有力出力，有钱出钱，好男要当兵，好儿杀倭寇""政府与军队团结起来，筑成民族统一战线的坚固长城"的响亮口号，充分表达了抗日的决心。

1940 年 8 月 21 日，渠县首次被日机轰炸。36 架日机向渠城投弹 40 余枚（内有燃烧弹），继而俯冲扫射，大部房屋被焚毁，居民尸横血流，死伤 400 余人。1941 年 7 月 28 日，渠城二次遭炸，日机 26 架，凌空渠城投弹 7 枚，破坏了大量财物。日机 27 架于同月 30 日又向城内投下 54 枚炸弹，毁房 13 座，13 人死亡。日寇的滔天罪行，更激起了全县人民的英勇斗志，青年人掀起了从军热潮。渠县有志男儿与各地出征健儿一样，奔赴抗日民族战争的第一线。他们出夔门，下三峡，入洞庭，战上海，纵横大江南北；翻巴山，越秦岭，过关中，赴印缅，驰骋千山万水，以血肉之躯，卫国之精神，投入上千次大小战役。仅 1942 年，全县 52 个乡镇便征新兵 8760 名。八年抗战，达州共征兵 173391 名，渠县共征 53375 人，为四川征募之首位。

1938 年 6 月 18 日，空军第四大队二十二队公函渠县政府，要求照顾副队长郑少愚之兄迪光，给予抗战军人家属优待。郑少愚，著名抗日英雄，渠县鲜渡人。1927 年考入南京中央军校第八期，1932 年再入杭州笕桥航空学校。抗日战争爆发后，郑少愚被编入飞行大队任分队长，是中国空军五大王牌飞行员之一，更是国民党空军中第一位中共党员，先后参加了上海、广州、南京、武汉、资阳、柳州、重庆、成都等空战。1942年春率中国空军飞行员前往印度接收美国援助飞机，途经驼峰航线时飞机失事殉难，时年30岁。后经国民省政府批准改郑少愚的家乡鲜渡乡为少愚乡。1981年11月27日，四川渠县人民政府追认郑少愚为革命烈士。

城东乡王家让，青年时代在上海浦东中学读书。毕业后，于1932年考入日本陆军士官学校就读。1935年毕业回国，在成都国民党中央军校任教官。1938年考入国民党陆军大学第十六期学习。1944年5月，参加抗日战争中原会战，于河南省临汝县凤穴寺附近指挥作战时，在马背上中弹牺牲。1946年抗日战争胜利后，成都党政军学商各界人士，在成都忠烈祠为他举行了追悼大会，灵位安放在忠烈祠。1949年10月19日，渠县政府审议筹建王家让烈士纪念碑办法。1986年5月，王家让被四川省人民政府追认为革命烈士。

一封家书尽显抗战艰辛

出征军人利用空闲时间书写家信，一方面表达对父母长辈们及家乡的思念，另一方面也述说自己在战场上的战斗历程。杨正品给弟弟杨正学的信中写道："9月1日到达叶家集与日寇对抗，我营伤亡200余名。3日移往富金山与88师共同防守，每日大炮声如雷震。6日兄带伙夫送饭，险被敌人所俘虏，打死我伙夫3人。那炮弹像雨样飞腾，尤以毒瓦斯弹为最甚，整个一师人伤亡十之八九，每一连剩几个人。本来已伤亡3万余人，我军撤退时日寇又跟踪追击，负重伤之官兵被敌人所杀，真是惨。"

1938年6月，郭明远向父亲写信，告诉他自己已从四川到达江西武宁县，与敌人激战数日后撤退，休整期间捡到哥哥郭钧铭所在部队番号，不知出川否，希望父亲告诉哥哥现在的情况。1939年10月29日，郭钧铭在福建崇安县（现武夷山市）向父亲写信，寄回出征军人证明书，此时他已由江西省铅山县汪二渡出发到福建建欧县接收新兵，随后将返回江西，知道弟弟郭明远去年已到江西边境地区，距离自己驻地有六七百里路，虽然同在一省，却不能相见。可见战争的残酷、抗战的艰辛。

档案见证，吾辈自强

2015年8月，为纪念抗日战争和世界反法西斯战争胜利70周年，渠县档案局组织全局职工开展专题编研工作，查阅了6000多件档案资料，选择了近1000件与抗日有关的档案筛选、影印，编纂《档案见证——渠县的抗日救亡运动》图册，由光明日报出版社正式出版发行。

这本图册弥显珍贵。绝大部分档案是首次解密，可以从不同视角看到渠县人民在抗战中的同仇敌忾，无论是人力、物力、还是财力，都是不遗余力地支持。丰富的档案、厚重的史料，是档案有心人为渠县人民留下的深刻历史记忆！

该书以图片为主，文字介绍、说明为辅。时间上自1931年"九一八"事变起，下迄1945年日寇投降为止。以渠县档案馆馆藏民国档案中的抗战档案内容为基本素材，以时空顺序为脉络，极力展示历史史实，给人以警示和启迪。

图册由三大部分组成：日寇罪恶滔天的侵略行径；渠县人民积极主动的抗战支持；前方将士英勇顽强的抗日战斗。书中不仅有"九一八事变""一·二八事变""七七事变"进展过程，也有抗日烽火中八路军的热血铁骨，还有辗转外域丛林顽强搏击日寇等法西斯的远征英姿；书中不仅有渠县社会各界积极涌现的献物、献金活动，也有渠县子民自发组织的劳军慰问活动，还有著名的抗战英雄郑少愚、王家让等抗战将士疆场杀敌的英雄气概……

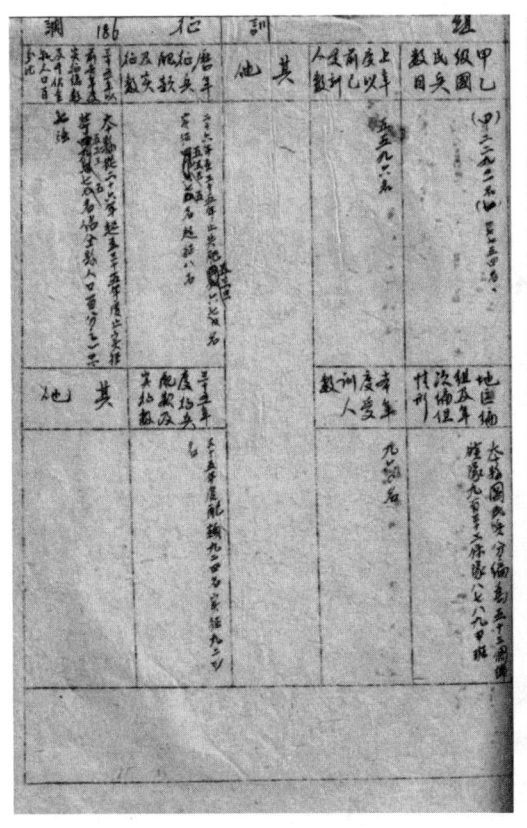

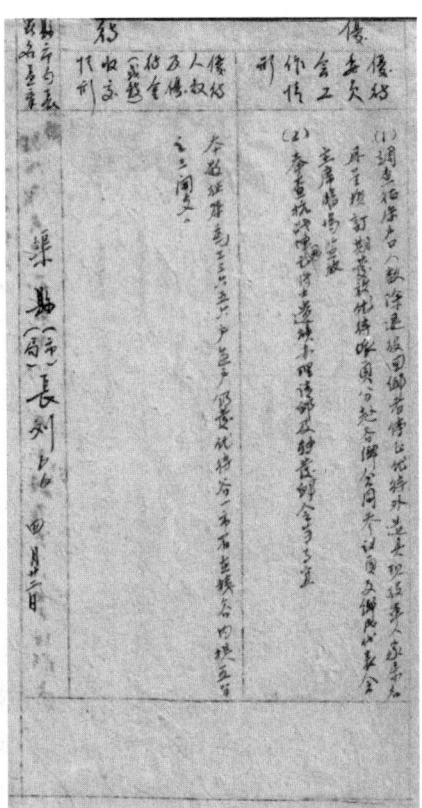

渠县抗战优抚人数　　　　　　　　渠县抗战训练人数

据1938年到1940年统计，渠县出征将士阵亡422人（官长33人，士兵389人），到抗日战争胜利前一天，共阵亡将士958人。

中国人民与日本侵略者经过长期而艰苦的浴血奋战，终于在1945年9月2日以日本正式签字投降为标志，取得抗战的全面胜利。渠县人民在抗日战争中的贡献，将永载史册！

（原载2015年9月11日《达州日报》、2015年《达州新论》第三期、2015年《四川档案》第四期、2020年9月7日《达州晚报》）

档案中的宕渠历史文化

档案文化是人类社会文化的重要组成部分。渠县的自然地理环境、资源风水、民俗风情习惯、政治经济情况，孕育了独具特色的巴文化、賨文化，包括衣食住行、婚丧嫁娶、歌舞戏曲等各方面，也包括各地的特产和独特的工艺，因此渠县档案文化十分丰富。

近年来，渠县档案馆以地域文化为突破口，不断强化档案编研工作，形成了具有渠县地方特色的档案编研品牌，实现了档案编研工作的历史性跨越，为梳理宕渠文脉，提升渠县品位形象做出了贡献。

历史文化底蕴厚重

渠县历史悠久，文化资源十分丰富，历史文化名人有著《鹖冠子》的楚国隐士鹖冠子，汉冯焕、冯绲，北宋经学家黎錞，边塞诗人杨牧，知名邓小平理论研究专家李学明，鲁迅文学奖历史上第一个传统诗词获奖者周啸天，著名乡土作家贺享雍等。遗址遗迹有古賨国都城坝遗址、立地经天汉阙群等地面不动产文物976处。其中国家级保护文物3处8个点，省级保护文物8处，市县级保护文物55处。有国家级"非遗"保护名录2项，省级"非遗"保护名录4项，市县级"非遗"保护名录28项。自然景观幽静优美，风土人情多彩多姿，有巴渝舞、竹枝歌，有彩亭艺术、耍锣艺术、渠江号子，有竹编艺术。

目前，渠县档案馆保存有民国时期渠县汉阙保护的档案，渠县从清朝嘉庆十年（1805）至民国时期的房屋和土地买卖契约档案，陈独秀与杨鹏升交往的40封书信，渠县部分历史遗址遗迹的资料，渠县民国档案近7000卷，以及乾隆《渠县志》、嘉庆《渠县志》、同治《渠县志》、民国《渠县志》等志书，还有《川陕革命根据地历史歌谣》、民国渠县《地理志》、民国《渠县地理概要》《巴渠民间语言》《渠县故事》《渠县民间歌谣集成》《渠县民间耍锣基础曲牌》《渠县民间文化》《渠县民间谚语资料》《渠县民间资料故事集》《渠县民俗》《渠县文化志》等。

近年来，渠县档案馆还注意收集特色行业档案，如渠县民俗、渠县遗迹、渠县饮食、渠县名优产品等。比如渠县国家级文物保护单位渠县汉阙，古賨国都的渠县城坝遗址、蜀中第一牌坊棂星门的渠县文庙资料图片，渠县国家级非物质文化遗产渠县刘氏竹编、三汇彩亭，省级非物质文化遗产渠县呷酒、渠县耍锣等，达州市十大名菜的古今香萝卜丝丸子、涌兴卢板鸭、三汇水八块等地域文化档案。

"宕渠"系列作品富于特色

为传扬档案文化，渠县档案馆戴连渠以"宕渠"为主题编研了系列作品。2012年，以馆藏的历史遗址遗迹资料为原本，在渠县寻找到90处自然历史古迹，以游记的形式形成65篇历史风物散文，全面集中记述宕渠大地的风土人情和文物遗迹，辅以三百幅珍贵的人文、地理彩色插图，真情讴歌了宕渠大地深厚的历史文化底蕴。

2014年至2016年，戴连渠一边翻阅历史画卷，一边走进历史遗迹，将宕渠大地再次走了个遍。利用节假日收集了大量的史实资料，像徐霞客一样专程实地了解、拍片，再现宕渠古朴特色，推出了厚重的《宕渠流韵》一书。

2016年8月，40万字的《宕渠流韵》由中国文联出版社出版发行。全书收录了全县60个乡镇的60篇历史风物散文，全面记述了宕渠大地的历史文化、自然资源、遗址遗迹、风土人情、民俗文化、姓氏文化和祠堂文化以及现有60个乡镇的历史沿革，辅以六百幅珍贵的人文、地理彩色插图。2017年1月，由档案馆摄影、著述，反映渠县厚重历史的古迹图册《宕渠记忆——遗址遗迹篇》由中国文联出版社出版。

宕渠密码
DANG QU MI MA

《宕渠遗存寻觅》《宕渠流韵》《宕渠记忆——遗址遗迹篇》等三本"宕渠"系列编研成果,既是对渠县历史文化的收集归纳,更是对渠县历史文化、自然资源、遗址遗迹、风土人情、民俗文化、姓氏文化、饮食文化和祠堂文化深层次的研究、探讨、展现,是再加工、再创造,成为渠县人、研究渠县文化或巴賨文化学者的案头工具书、参考书。

除此之外,该馆还在中国人民抗日战争暨世界反法西斯战争胜利70周年之际,选择了近1000件与抗日有关的档案亲自筛选、影印、组合、编排,出版发行了《档案见证——渠县的抗日救亡运动》一书。这本图册中的绝大部分档案是首次解密,从不同视角展现了抗战中渠县人民的同仇敌忾。

档案编研成果

历史文化推介有声有势

为了加强档案文化建设,该馆鼓励全员写作,形成了11万字的读书笔记和调研文章集《阅读和调研:渠县档案人的提升之旅》一书。戴连渠撰写的《浓墨重彩的渠县抗日救亡运动》《追寻红色记忆——探访营渠战役遗址》《走进龙潭起义主战场》等文章先后刊登在《四川档案》杂志，有的入选四川省档案局汇编的《红军长征在四川——档案宣传文集》一书。《达州日报·生活周刊》先后刊登了《城坝遗址：黄土之下的文明密码》《探访渠县赵氏总祠》《钓鱼城的卫星城——礼义城》《汉阙背后的历史烟云》《渠县文庙：康熙皇帝御书"宫墙万仞"》《张飞威震宕渠》等文章。《渠县汉阙：汉代文化实物见证》更是被《四川日报》刊载。

目前，渠县档案馆戴连渠编研的《情深万里——陈独秀和杨鹏升的40封书信》、抗战档案之《渠县档案馆藏抗战档案选编（一）》已编研成册，新增5万多字的《宕渠流韵》也成功再版。《古人吟宕渠诗词选编》《宕渠记忆——档案中的老照片》《中国汉阙之乡——渠县汉阙全集》《渠县非物质文化遗产》等书籍的资料收集、整理工作也在有序进行。

（原载2019年12月6日《达州日报》）

童年年味

大人想买田,细娃儿望过年。

20世纪70年代,农村生活水平差,平时"喫"(吃)的少,喫到有油水的东西更少,一个个饿得黄皮寡瘦;加之农活多,割草放牛寻猪草,遍山黄土地,草都看不到,要想不挨打,只有满山满沟跑,耍都耍不成。于是小孩子就想过年啦:有"嘎嘎"(肉)"喫",有新衣穿,还可到处耍,走人户拜年还可讨到"卦卦钱"(压岁钱)……

我记得我最兴奋的莫过于打新衣服。过年,一般人家都要添新衣、新裤、新鞋、新帽。新衣服好穿,却也要费一番周折。那时,时兴用布票,一人一年二三尺布票,大人多些,小孩少些,所以往往是大人一年一般不打新衣服,余下布面给小孩子,因此,小孩子是年年有新衣的,特别是老大;老大穿过后,老二、老三依次可穿。

年关将近,大人们就在筹划过年的事了。星期天当场(那时是每个星期日才当场),母亲怀揣积累了一年的布票到供销社扯丈把白布(白布是最便宜的),然后买上一包染布的蓝色膏子粉,急匆匆赶到本村人桂林哥的裁缝摊子上,约他下周星期四到我们家来打衣服。裁缝做乡活路也是有讲究的,要看这家主人邻里关系好不好,要看平时出手大不大方,工钱给得高不高,生活开得好不好,等等,否则,就会找理由不上门的。回家后,母亲就赶忙烧水准备染布。水烧好后,倒进石脚盆里,按比例将蓝色膏子粉搅匀、和好,最后将白布逐段淹没进深蓝色的水里浸透,细细地慢慢地做,这个过程是很考验人手艺的,浸泡不均匀,就会成蓝白相间的"花布"，而不是想要的蓝布。而后就是晾晒。

星期四一早，大公家的术清"幺幺"就帮我们到裁缝家去栳缝纫机，一并接裁缝到家。

量身、裁料、打拼，一环接一环。看桂林哥裁料，我是一刻也不离开，直嚷衣服要打有四个"包儿"的，包儿上还要有盖子；裤子一定要打表包，好揣钱或手表（那时只是想象）。裁缝是不停地答应着，可结果是不能令人满意的。衣服打出来可能是两个包儿，也有三个包儿的，四个包儿的很少（要节约布料哇），但裤子的花样就多了，腰有松紧带的，也有通带的，有皮带襻能拴皮带的，当然，找腰裤子（前三样一样都没有的）是没有的了。为了衣服看起来抻展，是要用熨斗熨的。我用火钳从柴灶里夹出红红的"火食"，装在铁熨斗里（形状跟现在的电熨斗差不多，只是稍大，有点笨重），合上口子，熨斗的把子也是烟囱，熨斗底部光光滑、锃锃亮，一会儿就要发烫。有一次，我差点被调皮的堂哥收拾：他说，熨斗下面冰凉快，舌头舔起安逸，不信你用舌头舔嘛！我还算机灵，先用手摸了一下，很烫，才没有上当。原来他被别人这样修理过，舌头被烫了一个大泡，吃饭都成困难，很久才好。

杀年猪、灌香肠、熏腊肉，这是一套活路。冬至过后，家家户户开始杀年猪儿了。那时，一年才能喂肥一头猪，平时吃的是猪草，催肥时才吃点红苕或大麦，喂得好的才长到200来斤，一般的只有100斤多一点。杀一头猪自己只能吃一半，另一半要无偿交给国家。

杀猪也是技术活。大舅公是杀猪匠，50来岁，身材高大，一米八的个头，走起路来虎虎生风，时常背一篾背篼儿，其内中上部附有一圈竹夹，上面插满了工具，有厚重的大砍刀、半圆形薄薄的豁边刀、尖锐长条形的杀猪刀，刀刀闪光。背篼底部有铁链挂钩，拇指那么粗，一端钩小，挂猪身的，一端钩大，挂房屋檐口或挑梁上或门框上，钩尖锃亮尖锐，晃动时，叮当作响，充满杀气。手中拄着一米五左右的铁杖，有时也扛在肩上，威风极了，农村叫那是挺杖，挺杖上端被弯成一环，便于给猪身打气捅皮下时手握使用。

作为小主人的我一匹一匹抽开猪圈门板，用竹响壳儿把唯一的一头肥啰啰从圈里撵出来，就是那么怪，平时它想出来，这时反而不动了，卷在角落里怕挨刀。在大人的帮助下，才硬拖了出来。三四个大男人围上来，提的提耳朵、抱的抱肚子、掰的掰脚、揪的揪尾巴，一阵手忙脚乱，终于把猪弄在板凳上横躺起。只见舅公站在靠近猪头的背后，右膝提起压住猪肩胛，左手捂住猪下巴向后搬着，右手反握一尺多长的杀猪刀，刀口向外，刀尖抵住猪喉咙，猛地向后一用力，锋快的刃就进入猪体内直达心脏，再向前一抽，那血水就哗哗地流出来，板凳下盛有少量红苕粉搅拌有盐水的洋瓷盆中红色的液体在猪的抽搐中不断地升高。做完这一套，舅公又开始发话了：把旺子拿去"洴"了，喫泡汤。这时，那长长的挺杖就派上用场，舅公用杀猪刀在一只猪后脚蹄旁割一小口，然后将挺杖从口子伸进去，在猪皮下通过大腿到达腹部上、中、下、左右，再退出来，用一个竹筒插入小口，不停地向里吹气。我看到舅公是直接用嘴含住那猪蹄口硬吹，右手紧紧握住猪脚，吹一口，松一下。吹一下，腮帮鼓鼓的，眼睛也鼓鼓的，脸涨得通红，全身都在使劲。当然，后来进步了，变成用气枪打气。不一会儿，那猪奇怪地膨胀，最后肥滚滚的了。把猪脚用麻绳捆紧，防漏气。就抬到黄桶里烫了好刮毛。这一堂活路做完，那血旺已经"洴"好了，一块一块肥墩墩鲜嫩嫩的热血旺儿端出来，大家抢着喫这泡汤。这是大人们的福利，小孩子们是不能喫的，只能守嘴，说是喫了要忘事，读书要忘、写字要忘，成绩就要撇，将来只能"打牛垮垮当王倯倯"。

金盘锅已烧好开水，黄桶已摆到地坝边低矮处，桶里刚装有大半桶开水。大家七手八脚把猪抬到桶里，杀猪匠不停地翻动着猪身，特别注重头、背、蹄，不时用手揪一下猪毛，看"烫来"没有，差不多了，就用铁刮子刮起毛来。有刮不动的地方就浸泡一会儿，水冷了，就喊老板再烧点开水来点烫一下。

猪烫好后，像白冬瓜一样可爱，白净净圆滚滚的。抬出来用挂钩挂住后腿膝盖处，仰面倒挂在挑梁上。舅公用豁边刀从尾巴处脊柱外的肉皮向下偏着划到头部，有尾巴的一边叫硬边，另一侧为软边；再从尾巴处沿肚皮中线向下划到喉部，内脏都露出来了，热气腾腾。一样一样地取出来，肝、肺、心，用"挽子"穿起挂好，最后就是将肠、肚子一股脑儿抱出来摊放在簸箕里。将脊柱用砍刀竖着砍断，猪就成两半边了。除上交的，剩下的半边接着是下头、取脚，按要拜年的户数多少一条一条切割成两斤、三斤长条形礼性肉，熏好后就成了弯弯腊肉，就可"拎起"拜年讨卦卦钱了。

杀完猪，是要请客的。自家家族长辈和队里当家社员必请，表示一年收获了，大家都聚下。

熏腊肉前是要先把肉放在大瓷盆用盐腌制好，四五天、五六天后肉质变成乌红时，就可晾干熏了。农村熏肉是将就灶台用的，饭煮完后，就着热灶灰撒上粗糠，再加上刚剃下来的鲜柏树枝，清香的烟味就出来了。锅端开，将竹笆折平放在灶台面，再一块块搁肉条、舌子、心子、肺、肾等，包括肥肠；只有那小肠会用来灌香肠，其实那时的香肠花样多，由于肉少，会加入豆腐、糯米等来充数。肉上面再被盖上麻袋、锅盖等物。熏腊肉一般是离不得人的，有时明火燃起来了，扑救不及时，轻则烧糊肉类，重则引发火灾，记得我们队上就有四五家曾因熏腊肉烧过房屋，大过年的，一家子拖儿带母，还要在别人家寄居，可怜兮兮的，虽然大家能捐点喫的、穿的，终究只够塞牙齿缝，很是凄惨。

茅草房，嘎嘎香。熏好后的腊货，主人就会用棕树叶做成的挽子将它穿好，挂在灶屋顶上用绳子垂下的横棒上，长期经受烟熏火燎，当然就香了。为了防止那烂牙腔的（老鼠）从房上下来偷食，还要在下垂的绳子上方穿上几匹笋壳。笋子脱落的外壳很光滑，老鼠巴不稳。

腊月二十三祭灶神。据传玉帝老儿的旨意通过灶神爷传达人间，并督促世人积德行善、不做邪恶之事。每年腊月二十三日夜，灶神爷要上天参加玉帝召开的一年一度的例会，总结汇报工作，接受新任务，于腊月二十三日晚上交更时返回人间。人们祭灶的本意是给灶神爷钱行，求他在玉帝面前说好话，以保全家平安。这天，家家户户扫阳尘、理阳沟阴沟，打扫屋团屋转的渣末渣草，搞大扫除，整洁迎年，然后捂烟，叫熏"麻鹞子"，熏了，麻鹞子就不敢叼小鸡了，第二年养鸡就能成器了。小孩子们是最喜欢玩火的，点、吹、刨，边做边喊熏麻鹞子喔！熏麻鹞子喔！由于是湿垃圾，烟特别大，这时就唱：烟子莫烟我，要烟就烟对面那个老婆婆。这才好看哟，家家屋前屋后处处青烟直上九重霄，那麻鹞子早就不见了踪影。

接着几天就是用石磨推豆腐、汤圆。家家都有石磨，在街沿上的一角。两人在两米外一起用力推，一人就近用瓢喂。推干磨轻松些，比如玉米、小麦；推湿磨可就费力了，像这湿豆子，泡了几天发胀了，和水从磨眼流下，上墩在下墩上旋转，扯巴扯巴的，流出浓浓的豆汁，推完后就装进从梁上吊下的摇架下的洒浆帕子里，边摇动边加开水过滤，下面用瓦缸盛着。点豆腐我是最喜欢做的，我早就跑进屋拿出一块石膏，在磨槽里磨石膏液，然后将石膏液均匀地倒进豆腐液里，不停搅动，奇迹发生了，豆腐液成了豆花（现在街头卖的鲜豆花就是这样的），也叫开花豆腐，直接可喫。舀出来装进豆腐箱挤压，豆腐多了是水，水挤干了就只剩豆腐了，将豆腐饼取出切块，豆腐就成形了。晾干就可熏腊豆腐了。那洒浆帕子里剩下的是豆腐渣，散糠糠的，抟不拢一块，所以那些不牢固的工程就叫豆腐渣工程；灾荒年月，这也是可吃的"好东西"，可吃起来满口钻。说来好笑，当年是没吃的要吃豆腐渣才能充饥，现在是生活好了，身体毛病出来了，降血糖血压三高等主动要吃这个了。推汤圆的情况差不多，只是糯米汁不需要洒浆帕子过滤，也不需要点石膏，直接取出用布口袋封装压实取出成块即可，可湿用，也可晾干储藏。

还有炒干粮。炒豌豆、胡豆、苕果、粉果、苞谷炮（一种类似爆米花的用玉米制成的食物）、糍粑果，忙得不亦乐乎。

一切准备妥当，就是过年了。腊月三十，除夕，早上要吃汤圆儿，表示团团圆圆。母亲为了照顾细娃儿（光吃汤圆有时吃不饱），顺便搭点米，煮点混合稀饭。我是一早就起床，帮母亲发煤炭火扯风箱，拉得快，风就大，火也就旺。这天的上午是最累的，要炸酥肉，要煮"水菜"，既为当天中午团圆饭准备，也为整个春节期间支人待客做准备。中午鱼是少不了的，表示年年有余。有酥肉、丸子、烧白、坐墩、蹄髈、回锅肉、豆腐、粉条，等等，还有炒花生、豆腐干、呷洒罐。一大家子围坐在一起，谈年景、谈当年收获、谈第二年规划，亲情爱情，其乐融融。吃完年饭，还要给果树封年饭，我拿着弯刀，端着白干饭，沿着房屋周边果树砍一圈。走到树下，向着树干砍下去（只砍进表皮），边砍边念："砍一刀，结一挑；灌一颗，结一筭；灌一片，结一石！"将干饭抹进刀口中，然后用草纸封上，期盼来年风调雨顺、硕果累累。也怪，我家的果树年年结果都多，全队的百多人几乎都吃过我家的水果。

下午就是孩子们的世界，打跳皮键、拉猫儿、盘键等。

再高兴也不及晚上坐岁捞压岁钱。晚饭一过，大家围坐在火盆一圈，老年人摆龙门阵，摆当年收成，摆来年计划，小孩子们就眼巴巴地装着听。

母亲这时用热水为孩子们洗脚，边洗边说，过年了，洗干净！脚要洗好哦，莫洗过节了，意思是不要洗过膝头，洗过了，做事就赶不上节口。比如说你到某家做事刚好碰上这家杀鸡，自己就会说"我脚洗得好干净哦，碰到喫好的"！晚11点了，大人们的话还摆个没完，可小娃儿们眼皮打架了，不停地点头称是，就是不愿意去睡，等那压岁钱到手。大方的家长给个5角、1元，小气的给个5分、1角。于是睡眼惺忪的孩子们拿着收获入睡了。大人则要等到半夜子时交更正点烧子时香，焚香秉烛放鞭炮，轰轰隆隆新年到。偷青更是大人们的事情，三十晚是无月色的，女人们偷青、男人偷水。半夜三更妇女们悄悄地到菜园里偷取葱菜，以卜好兆头，男人们偷偷从井里取回水，说是偷的银水，期望新的一年财源滚滚，利如泉涌。我们家是捡水上缸，直接用竹子剖成两半，去掉节头，或是用铁丝捅通整竹子，直接从山上一片接一片，一根接一根引泉水进家，晚12点一过，父母就让我把水管接进缸里。这也让我常想起文不对时的儿歌：三十的晚上大月亮，贼娃子进屋偷水缸……那时，只是随意唱，根本不懂意思。

　　第二天是正月初一，传统的上坟日，所以起得更早，好穿上新衣服，每人都焕然一新。早上仍是吃汤圆，只不过今天有运气的可吃到钱钱。一年复始，今天第一，为抢彩头，要在初一汤圆里面选几个汤圆包上1分、2分、5分的硬币；当然，也是想让小娃娃们多吃两个汤圆。有时小心翼翼地咬一小口，除了红糖水，啥也没有；有时随意用力咬一口，"嘣"的一声响，牙齿都震麻了，但还是一阵窃喜，"我吃到钱了！"汤圆未吃完，就急忙将硬币上的红糖、汤圆面抿干净，然后再用纸揩，或用水清洗，揣在表包里。也有喫汤圆不小心，糖水冲进嘴里烧得浸痛哭起来的，张开嘴顺着衣服向下流的，被大人一笑，小孩子就用指甲不停地抠这脏了的衣物。

　　上午8：00，我们这房人一大家族四五十口人，老的爷爷辈，小的孙子辈，背的背、抱的抱、牵的牵。各家带来的香蜡、火纸、火炮统一管理、分装，男人有的提火纸、有的拎火炮、有的拿香蜡，女人们带着孩子依次上坟山祭祀：高高祖、高祖、叔高祖、祖父、叔祖父、祖婆们，几十座坟墓一一拜，主要分布在河沟东、西两边半山坡。高高高祖是从李馥双河口搬迁过来到的杨家沟定居的，当时一家有七个子女，木工、石匠、裁缝等匠人样样俱全。一天，有个"讨口子"路过讨饭，我的太高高祖给予施舍，心存感激的讨口子警示老爷子说，注意下暴雨，半崖上的岩石好像要垮下来哟！老爷子却说，管他的，行善人家，垮下来总死不完，看啷慨都要留个种。不幸被言中，有晚大暴雨，半崖上的一块数万吨的岩石滚落下来，将房屋绝大部分压住，只剩下猪圈完好无损。当晚正好有一人睡在猪圈草堆里准备为猪退儿（生产）接生而幸存下来，这就是我的高高祖。高高祖夫妇去世后就合葬在这大石前，后来就一字排开形成墓园：高祖、祖父、婆婆等长眠于此。男人们点香蜡火纸放火炮，女人们教孩子作揖磕头，口中直念"保佑××身体健康""保佑××考个好大学"……大人们也有开玩笑的，将不是本家族的外姓平辈人过路时哄过来或强拉过来磕头作揖，我就见过跟我当时年龄差不多的一个外姓小叔叔被哄来跟我们一起烧香。

烧完香，人们就自由组合。有的大人打牌、有的小孩拉猫、有的转山玩，有的爬大神山，到山上去掰柏树丫，说是空手出门，抱财归家。也有大人带着小孩，打扮得花枝招展，到公共场所或一处集中点"赛宝"，有的戴着拖尾巴帽，有的颈上戴着银颈圈，手里玩的，嘴上吹的，让人眼花缭乱。婆婆爷爷抱着烘笼在地坝里晒太阳，望着晴好的天气，盘算着今年出产什么又该饲养什么：今年出鸡，要多养点鸡好生蛋，卖两个钱称盐打油。农谚云：一鸡二犬三猪四羊五牛六马七人八谷九豆十棉，意思是如果从正月初一开始，某天是晴天，就会出产某种生物，老百姓就会专注这种物品养殖。初一如果出太阳，今年就出鸡，有意地多养鸡。二爸最是闲不住，早已站在自己的街引（沿）上就着柱子扎扫把（帚）或是扭犁扣，为来年生产生活做准备。

正月初二开始，就可以走人户串亲访友。如果走单家，就手提一根弯弯腊肉，用报纸包着。如果是走临近的多家亲戚，就需要背背篼了，走到亲戚家一家一家地送礼，再等几家亲戚分别安排吃饭。大人们是串门联络感情，小孩子则是讨要卦卦钱了。条件好的打发两元，差的一元、五角、两角，要知道，那时两元钱都可交一学期学费了。

体育活动主要是盘毽儿，女孩盘布毽，男孩打跳皮毽。布毽儿是用一个铜钱外裹上布面圆形，圆孔上钉一厘米长的鸡毛筒管，上面插满鸡毛。一般用右脚踢，左脚单立，右脚左上抬起用踝关节前面部向上盘，一个接一个，以个数取胜，输者向赢家进贡，将毽子抛向对方右脚，对方踢回，你要接住，才算过关，否则重来。也有左右脚交替盘的。高级的是跳，右手将毽子从左肩膀抛向左背后，右脚后踢向左侧，用脚板接毽，接毽时左脚跳动，那动作是很潇洒的。那时的女孩头发一般都绑成两个丫搭搭或扎成马尾巴，跳动起来很飘逸，羡慕极了。男孩子的跳皮毽是用胶皮盖垫底，依次放上胶片，再用一根"洋钉"或铁丝穿过，上部扎上鸡毛，打在地上，跳起很高，两个人用纸板或木板对打，落地为输。

最热闹的当属耍狮子。七八个人一蓬狮子，一人戴个竹片扎制、纸糊的笑眯眯的和尚头装大头和尚，手拿拂尘搞怪相；两个打灯笼的；两个耍狮子的；一个有文化模样的人领头，手拿小笔记本走一家喊一口吉利；随后就是一套锣鼓。走村串户一路走，身后就是一大群凑热闹的细娃儿。某家不为难人的，狮子跳一圈，喊吉利的捡好话说一遍，领个小红包或一包烟就走了；碰到有文化的主户，摆个"字儿"让你"洽"，可能让你跳半天下不了台，只好向主人告饶，说三四个吉利才能过关。有年我家看到狮子耍过来了，就在地坝边立着一个猪食槽让其洽，狮子跳了一圈又一圈，洽字师始终没猜出"这是曹操自立"。说吉利，就是说顺口溜。打灯笼的放开喉咙扯长嗓子一声"喂——"，狂舞的狮子骤停，紧敲的锣鼓熄火，然后说吉利的说一句，锣鼓队打两声"哐、哐"来断句，四句说完，狮子又舞，锣鼓又敲。"喂——狮子锣鼓展劲打，恭贺新春到贵家，党的富民政策好，便宜老少穿的卡""狮子头上一点青，恭贺这家喜盈门，大儿接班当工人，幺儿要成大学生"……

还有打莲花落、耍车车灯儿、逗车幺妹、耍龙等。

过大年再次吃汤圆，这自不消说了，主要集中在晚上闹元宵送年。场镇上，满街灯火辉煌，龙灯狮子一齐出动，青年男女、大细娃儿，都涌上街头看龙灯狮子。只见舞者，一个个裸着上身，头裹红色湿巾，下穿水浸短裤，赤脚光腿。由走在前面的人舞动火球开路，通街来回表演。一般家家备有小火炮、花筒，花筒内装火药，外加铁砂子，在火把前抛向空中，哗的一声，五彩缤纷，闪光耀眼，一直持续到深夜。

（原载2015年7月10日《达州日报》、2021年《巴山文艺》秋季版）

㳟酒情

八月，红高粱收获的季节，大巴山又飘逸出阵阵清醇香甜的红高粱的香味来。

儿时，只要听母亲说蒸㳟酒，便跟在她的身后转。母亲把刚打下的红高粱籽倒进大铁锅里，我便帮她向灶里添柴，煮至八成熟，母亲便要我去端来簸箕，她摊开滚烫的红高粱籽，等到温热，便洒上酒曲粉，和好。嘴馋的我，往往忍不住偷抓一把往嘴里塞，可母亲一把抓住我的手，让我放回原处。看见我馋得直吞口水的样子，母亲转而爱抚地说："等发（酵）来了，外公吃了你再吃，啊！"

其实，外公我是见也未见过。

外婆蒸得一手好㳟酒，外公是喝酥了的。一个风狂雪猛的夜晚，外公正抱着㳟酒罐，一伙人抓走了他。从此，外婆年年蒸㳟酒总要存放一小坛，年复一年的红高粱籽染白了她的青丝。母亲承袭了外婆的手艺，㳟酒蒸得比外婆蒸得还好！

我最先闻到了酒香，便跑去抱住母亲的腿，要吃㳟酒糟子。母亲拿来一只小碗，解开包裹的棉絮，尚未完全摊开，我便从母亲身后偷抢了一把，又被母亲一手按住，她装满了一小碗，才松开我的手，去到神龛前供上。这时，才是我的世界。我一下子扑上去，两手抓满，左右开弓，塞得满嘴满脸大麻子一般。母亲过来，扶着我的头，撩开围裙为我擦嘴擦脸，慈爱地说："忙啥子，慢点吃，可不能吃多了哦！"然后抱出洗净的酒缸，将发酵好的红高粱籽装好，坛口盖上肥胖的桐子树叶，戴上用稻草节和上稀泥的帽子,封好。我看见母亲又存放了一小坛。

爷爷的真名我说不全,我问过爸爸,他也总是期期艾艾,似有什么隐情。上了年纪的人都叫爷爷"老酒罐",听说他肚子里有几滴墨水,常常抱着咂酒罐谈天说地,什么陈胜、宋江、石达开的。有一次,他提着一个咂酒罐摇摇晃晃地边走边念:千颗明珠一瓮收,君王到此亦低头,五岳抱起擎天柱,吸得黄河水倒流。外公问他那是什么话,他把咂酒罐递给外公说:"伙计,喝点吧,喝了就知道了。"原来是当年石达开带兵入川喝了咂酒后当场咏就。从此,他们就成了老搭挡,成了干亲家。

就是前面说的那个夜晚,爷爷和外公正品着咂酒,那伙人来了,外公知道跑不掉,与其都被抓走,不如留下一个,他急忙把爷爷拉向猪圈下粪坑藏好,留下一句话:如果我们的孩子是一男一女,就让他们成亲。然后迅速地跑出大门。外公被抓走了,也就留下了无尽的思念。于是,便有了爹妈的结合,也便有了我。

爸爸喝老白干,从不喝咂酒,爷爷骂他。我三岁时,爷爷用咂酒喂醉过我,气得爸爸摔了酒罐,砸了酒缸。现在,我可以喝白酒了,而且,最爱喝咂酒。每年红高粱成熟的季节,我都要回乡下喝咂酒去。

就在这红高粱成熟的季节,外公回来了,他乘着台湾诗人余光中的那枚乡愁邮票,带着那份浓浓的思念回来了。

我到地窖里取出一坛两年前密封的陈咂酒,装上一大罐,插上一根小竹筒,兑上几盅开水递给外公。那时,我才领略到外公抱咂酒罐的那种姿势,那种风度,那份潇洒,可惜母亲已经看不到了。

两年前,也就是这红高粱成熟的季节,母亲蒸下最后一锅咂酒,还未来得及把她那蒸酒技术传给她的儿女们,便因操劳过度而突然谢世,母亲蒸的那锅咂酒便成了永恒。两年来,只有母亲的生日或祭日,我们才打开那陈咂酒与母亲共享。今天,外公把整个咂酒都洒向了外婆、母亲和爷爷的坟前,祭奠这些因咂酒而情深的亡灵!

(原载1997年《四川统一战线》第六期)

龙眼村的一天

——渠县档案局定点帮扶工作侧记

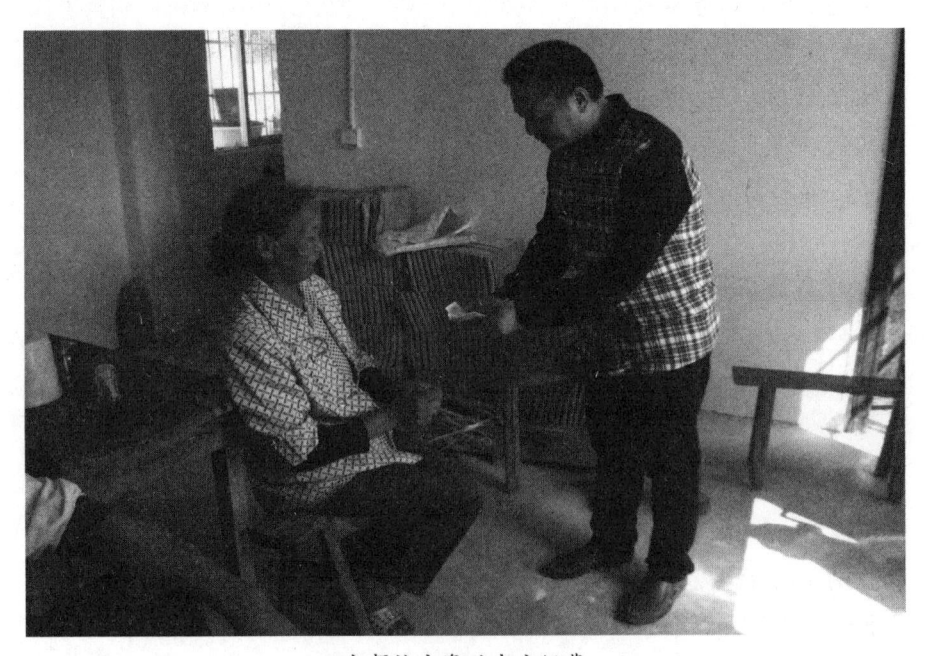

向帮扶户资助生产经费

10月14日，秋后难得的大太阳。渠县档案局帮扶组翻云雾山经大竹县城3小时车程后至大竹县柏林镇庞家嘴过州河来到了汇东乡龙眼村，就档案局定点帮扶工作、龙眼村扶贫开发产业发展实地了解、督促、指导规划落实情况。

帮扶组首先来到龙眼村灾后重建新农村聚居点，了解新农村建设中出现的困难和问题。2012年7月12日下午3点20分，龙眼村发生了特大滑坡地质灾害，约70万方滑坡体造成当地46户175人严重受灾，125间房屋垮塌。由于监测到位转移及时，没有造成人员伤亡。而今，滑坡体上依然露出滑坡后形成的绝壁、尖尖的土峰和垮塌房屋的痕迹。灾后重建点墙白瓦黛，错落有致，健身广场、健身器材一应俱全，水、电、路都通了，有一半的受灾群众搬回了新居，开始了新生活。当帮扶组组长、档案局局长戴连渠第三次来到自己的帮扶户——72岁的张先觉家时，他老伴贾碧珍一人正在吃午饭，还有三位邻居一块围着一张老桌子在摆龙门阵。她说上个月初四搬进新房的，在木头乡清水村租房住实在不方便，金窝银窝还是不如自己的狗窝好。张先觉到五星去修手推车了，回来准备种点果树和蔬菜，儿子在外务工没回来。看到张家乔迁，帮扶组长送上慰问金表示祝贺。

要致富、先修路。龙眼村是渠县唯一与外界不通公路的村，改善交通是一大难点。近年来，该村加大向上争取和协调力度，在县委、县政府、市交通局及相关部门的支持下，村内修建了10余公里水泥路。今年9月，在龙眼七社新修桥梁一座，连通了到渡市镇的公路，有了第一条出村通道。帮扶组一行来到桥头，正在进行道路连接施工的工人反映，有一户群众对施工有阻拦，于是，帮扶组、村第一书记、书记、主任一齐上前做工作，达成了一致意见。出村通道最困难的是向山上连通白腊坪到乡政府的通道，还有3公里没有修通，需要县交通局、县移民扶贫局的大力支持。达渠快速通道（渠县的东岸生命通道）规划，全村群众殷切盼望能经过龙眼村。

龙眼村是向东南的一面坡，山高坡陡临州河却严重缺水。四社陈天棋承包的300亩果园门口有一口堰塘，白天装太阳、晚上装星星和月亮，县档案局帮扶3万元加以整治。帮扶组看到，工人们正在塘底铺设钢筋准备浇筑防漏。陈天棋说，有了水，我的猪、果模式一定会有大的起色。陈天棋还有一个年出栏肥猪200头的养猪场，猪粪做果园肥料，全是有机肥，果园引进优质核桃、柑橘已成功，林下还散放了乌鸡。说到将来的发展，陈天棋不仅眉飞色舞。

全面小康是让全体老百姓受益、贫困群众共同奔小康。龙眼村产业发展向何处去？今年初，龙眼村支部书记王东从省农科院的战友处引进了2斤辣木种子回村试种了2亩。辣木原产于印度，又称为鼓槌树，种子和叶子中含有丰富的营养成分。辣木嫩叶采摘七八天后即可萌发新芽，长出新叶。据测定，辣木叶含蛋白质43.5%，是牛奶的两倍，100克辣木叶含钙440毫克，比牛奶多4倍；维生素C是柑橘的7倍；维生素A是胡萝卜的4倍；钾和铁的含量分别是香蕉和菠菜的3倍；氨基酸含量也很丰富，是很好的天然保健食品。经常吃辣木叶（粉），对营养不良、肥胖、高血压、高血脂、高血糖等病患者，以及钙、钾、铁、维生素A和维生素C缺失者，都大有好处。一家已在双流县种植成功的农业发展有限公司得知后，准备在达州发展种植辣木万亩。该公司了解到渠县汇东乡龙眼村附近风光秀丽、历史文化厚重，欲在汇东乡龙眼村、汇南乡金鱼村建设集现代农业、旅游观光于一体的农业示范园，打造将军寨、白腊坪、牛奶尖等景点。目前正在进行渠县奶尖山万亩生态原产地产品基地开发项目可行性研究和土地流转前期工作。当群众向帮扶组回答帮扶愿望时，都说，希望抓紧实施，早日成功！

还在2月14日，春节前的腊月二十六，帮扶组就来到龙眼村，思考"龙眼"怎么才能点"睛"的问题：一是急需发展交通，要想不被白腊坪阻隔，不被州河阻断，必须发展交通。关键是达渠快速通道一定要经过龙眼村，才能真正解决这个地方群众的出行问题，缓解交通制约问题。二是当前发展特色产业，辣木种植要成功。三是远景旅游休闲度假。打造滑坡体遗址公园；借助新农村搞好环境，发展农家乐；发展壮大果园；借助白腊坪打造松林坡，为休闲体验场所；借助小山峡美景及六路总牌打造水上游。

目前，路要通了，产业要壮大了，老百姓也将致富奔小康了！

（原载2015年《四川档案》第六期）

宕渠文脉

戴连渠，市巴文化研究特约专家、渠县宕渠文学院副院长

主持人：戴院长，你曾做过档案局局长、档案馆馆长，你从史志的角度对宕渠文脉有了很深的研究，你先说说宕渠文脉的概略。

戴：好的。渠县历史悠久，文化底韵十分厚重。1942年民国《四川省方志简编》称：渠县位于长江以北，嘉陵以东，为一大城市。其土沃，其物丰，复扼川北水陆之冲，力田贸易，皆致厚利。其民咸有余力以事学问，故人文蔚起，为川北之冠。渠县人才辈出，仅在宋代就有进士64名、元代1名、明代21名、清代26名，另外明清还各有1名武进士。居全市之冠，全省前茅。

所以宕渠文脉极盛，有《巴渝舞》陷阵，《竹枝歌》传情；有"后汉冯绲，为国干城，先文而武"；有"元贺课途，口不绝于六艺"；有王平"出口成章"，"力谏马谡"；有张飞大破张郃，立马勒铭；有可与"文学苏洵"并提的北宋状元"经术黎錞"；有唐代诗人李白、元稹、贺知章、陈子昂、郑谷流寓渠县留下诗篇；有贾秉钟、李漱芳文芳而吏廉；有李冰如、王方名、杨牧、李学明、周啸天、贺享雍、李明春、王甜、龙克、罗宗福、任芙康、潘光武、张扬、贾飞、许强、张渌波、李新、陈益、雍也、罗洪忠等近世扬名。据不完全统计，渠县或渠县籍作家、诗人加入中国作协、中国诗歌学会、中华诗词学会的人员逾80人，其中中国作协会员达16人，加入省级作协、诗歌学会、诗词学会的上百人，加入市级作协、诗歌学会、诗词学会的有150余人。

主持人：古代賨人创造了灿烂的文化，都给我们留下了什么呢？

戴：古代賨人是一个十分优秀的族群，不仅建立了賨国，善于打仗，号为"神兵"，还留下了名垂千古的《巴渝舞》和《竹枝歌》。刘邦在平定"三秦"的战争中，"募发賨民，要（约）与定秦"。天性劲勇的賨人"为汉前锋，陷阵"，立功受赏。刘邦热情称赞賨人于征战中壮武扬威的《巴渝舞》，称"此武王伐纣之歌也"，将其引入宫廷。汉武帝接待外国使者，组织宫廷演出，将其作为开场节目。后来，賨人根据自己的意愿创立了《竹枝歌》，利用这种艺术形式随口填上自编的歌词抒发内心情感。因唱时要手持竹枝而得名。《太平寰宇记》中"巴渠风俗"说：击鼓，踏木牙，唱《竹枝歌》为乐。唐代诗人刘禹锡在川东聆听《竹枝歌》在民间的演唱深受鼓舞，运用这种形式写下了很多《竹枝词》。如：杨柳青青江水平，闻郎江上唱歌声。东边日出西边雨，道是无晴却有晴。

主持人：到了汉代，出现了一个被后世尊为"土主"的人，说说他的故事。

戴：汉代，宕渠是名人辈出的时代，六处七尊汉阙就是明证。渠县儒学早，自汉代元贺精易授徒，而后文章华国，功业佐时者，代不乏人。不仅有经渠县县令第五伦推荐任九江郡太守、后升大司农，离开时吏民涕泣相送的元贺，还有蜀国军事上的中流砥柱王平和八濛山大战张郃巩固宕渠稳定立马勒铭的蜀国大将张飞，更有驻守南关交趾的沈府君、驻守陇西辽东的冯绲。尊为土主者，冯绲也。冯绲的父亲冯焕自幼勤奋好学，博览文武典籍。先出任掌管朝廷文书章奏、协办日常政务的尚书和为宫廷办事的侍郎。后来，冯焕出任河南京令、豫州和幽州刺史等职。公元121年初，焕奉令率玄菟太守姚光、辽东太守蔡讽等，领兵征讨反叛的句骊王，大获全胜。朝中素来对冯焕有积怨的人，密谋陷害，假造圣旨，杀害太守姚光，拘捕冯焕下狱，指派辽东都慰庞奋监督。冯焕正绝望自杀时，其子，年少的冯绲发现"圣旨"有假，劝父向汉安帝申诉。安帝一查，果然是有人使坏，立即诛杀庞奋抵罪。冯焕冤屈得到申解，但他年老体弱，经不起折腾就在狱中去世。安帝闻讯，十分痛心，赐给冯焕10万银两以安抚亲属，并封冯焕之子冯绲为郎中，冯绲由此而名闻天下。汉安帝下诏在渠县冯焕墓前立冯焕阙，阙上铭文"故尚书侍郎河南京令豫州幽州刺史冯使君神道"。

冯绲生年不详，去世于公元167年。年少时研习《公羊春秋》《司马兵法》。他先做各地文官，后做武官至车骑将军。曾两度出任陇西太守，稳定了边关。成语"蛇盘绶笥"的来历与冯绲任此职有关。延熹元年，冯绲出任辽东太守，讨伐鲜卑。

公元163年，南方长沙之地叛乱四起，朝廷委任冯绲为车骑将军，领10余万寰兵前往讨伐。冯绲率军抵达长沙郡，受降10多万人。皇帝下诏奖赏冯绲一亿钱，但冯绲拒收。返乡之际，用尽家产，将宕渠城池（今城坝）大加整修扩建，使之更加雄伟壮观，被称为"车骑城"。永康元年（167年）十二月，冯绲去世，汉桓帝下诏赐谥号"桓"，跟帝号相同，葬于家乡渠县土溪。因其御灾捍患，护国佑民，历唐、宋、明三代封王，仅宋代先后被封为应灵侯、应灵公、惠应王、惠应昭泽王。在渠县被尊为土主，建有土主庙，供奉其神像，每年春秋二季进行祭祀，享尽荣耀。现渠县大神山还有冯公牌坊，坊上序批：民等世代躬耕，山下丰衣足食，感恩而建此坊。正面坊上正中竖刻楷书"勅封仁济王"，柱上联语："德褒汉代几重诰；威镇渠州第一峰。"冯绲之弟冯允，东汉哲学家，通《尚书》，善推步，官至降虏校尉。冯绲之子冯鸾，官至郎中。冯允之子冯遵，官至尚书郎。

主持人：唐朝时，编外"宕渠作家群"群星闪烁，是吗？

戴：是的，到唐朝时，编外"宕渠作家群"简直是星汉灿烂，李白、贺知章、陈子昂、元稹、郑谷等著名文学家、诗人在此游历、讲学、著文。

如李白游历南阳寺，写下"惜彼落日暮，爱此寒泉清。西辉逐流水，荡漾游子情。空歌望云月，曲尽长松声。"优美的诗篇。还有李白过渠江留下"李渡"这一盛名。

又如四明狂客贺知章春游渠城马鞍山西岩

李白南阳寺碑拓片

侧泉边袁氏住所时，见林泉美景，于是坐而观赏写下《题袁氏别业》：主人不相识，偶坐为林泉。莫漫愁沽酒，囊中自有钱。诗人坦率地向主人表白，不必愁无钱买酒，自己囊中有钱，可以拿去买酒共饮。这是多么的浪漫！

主持人：那宋代又是怎样的呢？

戴：到了宋代，渠县更不得了，中了60多位进士，还出了一位状元，那就是与"三苏"齐名的经学大师黎錞，生于1015年，逝于1093年，字希声，精通理学，于北宋仁宗庆历三年癸未科（1043）状元及第，官拜朝议大夫。北宋英宗治平三年丙午（1066），欧阳修为中书令，皇上向他询问："蜀中有何名士？"欧阳修对曰："文学有苏洵，经术有黎錞。二子皆名载一时也。"帝征之"善"，溢眉宇曰："如洵之文学，黎之经术，诚盛世之名也。"

黎錞年轻时苦读经书，夜阑人静仍吟诵不止，甚至如痴如呆。据传，乡人中有好事者试其心志，于一天夜里邀一女子去其书斋前，让这女子娇声娇气地呼唤他的名字。黎依旧手不释卷，目不斜视，口占一绝云："十里楼台五里亭，忽闻花里唤黎声。状元本是天生成，故遣嫦娥报姓名。"好事者摇摇头，认为他真是个书痴。被戏之为"黎檬子"。黎不知"檬子"系一树名，不以为意。一天，与朋友骑马过集市，遇见一卖檬子树的人大声叫卖"梨檬子"，才猛然省悟，并为自己的"迂"而捧腹大笑，差点从马上跌下来。

北宋神宗熙宁元年（1068），黎錞以"龙图阁侍制"身份出任四川眉州太守。黎錞知眉州期间，仁明而不苛秩，深受民众爱戴。三年将满，百姓上书朝廷苦苦相留，又再继任三年。主持修建眉州"远景楼"，刻有其《远景楼赋》流传于世。苏轼在其所作《远景楼记》中，赞黎"简而文，刚而仁明，正而不阿，久而民益信之"。又在其《寄黎眉州》一诗中，表达和好友"且待渊明归去赋，共将诗酒趁流年"的愿望。黎錞一生致力经学，撰《春秋经解》，苏轼以"治经方笑《春秋》学，好士今无六一贤"的诗句赞其行。此书计十二卷，并附有统论。完成后，又著《校勘荀子》十二卷。宋代学者吴荐对黎更是推崇，他在《赞黎》一诗中写道："三传融心，六一修契。经术扬诞，结知英帝。仕学兼优，借留斯致。笺简遗言，百世争媚。"

元丰四年辛酉（1081），黎錞以"金紫光禄大夫司空兼侍中观文殿大学士"的身份归隐渠县讲学。

主持人：清代的情况又是怎样的呢？

戴：文庙是儒学的体现，现存全国文物保护单位渠县文庙，始建于宋代嘉定年间，明末被毁，历经清朝康熙、雍正、乾隆、嘉庆相继修葺，至道光年间才竣工，是尊孔祭孔的场所。嘉庆十二年，邑侯叶楸勋以邑中公项盈余，禀请上宪准修渠江书院，继经邑侯王衍庆、薛天相度地，于县南铜鱼洲西岸上修建。道光九年，知县王春源在文庙前建起了考棚。同时建起官学十馆，乡学二十五馆。嘉庆十四年，县臣李吉士在三汇镇创建汇江书院。与渠县文庙隔江相对的文峰山，康熙三十七年（1698），知县侯承垿在文峰山顶修建石塔一座，对应文庙。乾隆四年（1739），知县李云骍重修，并挥笔题匾"起文塔"，故又叫起文山。

渠县文庙棂星门

  清代渠县有两位重气节而清廉的诗人。一位是著名诗人、气节名士、被《清史》称为"铁面御史"的李漱芳，字艺圃，清雍正十一年（1733）出身于渠县一个世代书香家庭。有《艺圃诗集》《漱芳书屋集右》等珍贵诗文存世。曾任河南道监察御史、吏部主事，再迁郎中。其"风裁凌厉、有所弹劾、不避权贵"之气节令后人敬仰，一时有"铁面御史"之称。乾隆四十九年（1784）去世时，享年52岁。其家族出了两进士六举人，家风一直传承行孝善、守气节、重操守、做学问之风。清康熙、嘉庆、同治《渠县志艺文志》载李氏多人60余篇诗文，著有《秦邮集》《说剑斋集》《片石斋集》《文庵集》《濠梁集》等，并参与《顺庆府志》、雍正《渠县志》、乾隆和嘉庆《渠县志》的编撰工作。

  另一位被称为"清廉父母"的翰林诗人贾秉钟，字屏山，生于清乾隆四十二年（1777），嘉庆十三年戊辰科（1808）进士，入馆选，官翰林院庶吉士加一级，曾出任山西盂县知县十年，被老百姓称为"清廉父母"。著有《屏山文集》十二卷、《吟史乐府》二卷、《制艺》上下卷等。《清代诗文集》中有其专辑。

  主持人：近现代的情况怎样呢？

戴：近现代文学更是百花齐放，不仅流派多，而且大咖云集。

近代出了平民诗人李冰如，与考古大家、文学家郭沫若有过当面或书信探讨诗词，留下诗歌作品上万件。

渠县文峰塔

逻辑学家王方名，当代著名作家王小波之父，1911年生于李白渡河的李渡镇，1935年在校参加了学生运动，成为中共领导下的重庆学联骨干，负责学联的宣传工作。1938年初与后来成为著名历史学家、曾任中央党史研究室副主任的李新等七位革命青年结伴从万县出发徒步赴延安。1953年起在中国人民大学任教逻辑学，在《教学与研究》上发表了一系列的哲学文章，1985年9月3日去世，享年74岁。

"宕渠四子"杨牧、李学明、周啸天、贺享雍更是当代宕渠文学、社科界的代表。

新边塞诗人杨牧为明朝文学家杨慎之后，其十四祖杨铭球，在渠县于明崇祯通榜进士。杨牧，中国当代有重要影

杨牧

响的代表性诗人和"新边塞诗"首席领军人物。历任《绿风》诗刊主编和《星星》诗刊主编。著有诗集《雄风》《边魂》《野玫瑰》，自传体长篇纪实文学《天狼星下》及散文、文论、影视剧本等30余部。诗《我是青年》、诗集《复活的海》、影视《西部畅想曲》等获全国中青年诗人优秀诗歌奖，全国第二届优秀新诗集奖（后改为鲁迅文学奖诗歌奖）、全国电视艺术"星光奖"一等奖、"骏马奖"最佳奖等省以上奖励20余次，部分作品被选入国内大、中、小学教材，部分被译为英、法、德、意、日、印地、罗马尼亚文字。其创作成就被载入由中国社科院编自先秦至当代的《中华文学通史》《中国当代文学史》等多种典籍。2017年，由中国诗歌学会、渠县人民政府联合设立"杨牧诗歌奖"。

国内知名的邓小平理论研究专家李学明，1943年3月出生于渠县，承担了三个国家课题，出版著作《海峡两岸交流史稿》《邓小平多党合作理论研究》《一位被毛泽东称呼为黑格尔的哲学家杨超》《邓小平非公有制经济理论研究》《三中全会以来邓小平统一战线理论研究》《百村调查》《新世纪新阶段统一战线工作手册》《李学明文存第一集·邓小平理论研究》《李学明文存第二集·新时期统战工作理论与实践》《李学明文存第三集·名人老人普通人的往事》《李学明文存第四集·亚

李学明

非欧八国纪行》《岁寒三友——张爱萍魏传统杨超交往七十年》《老家在渠县》《一路走来——我的画与传》《序跋集》等22部，830万字，获得国家图书奖1项，省部级一等奖1项、二等奖1项、三等奖7项。

鲁迅文学奖诗歌奖得主周啸天，出生于1948年5月，四川大学文学院教授,安徽师范大学中国诗学中心研究员,中华诗词学会顾问,四川省诗词协会名誉会长,被台湾学者誉为"大陆诗词鉴赏第一人"。著有《中国绝句诗史》《简明中国诗史》《诗词赏析七讲》《诗词创作十谈》《周啸天谈艺录》《啸天说诗》(6册)《将进茶——周啸天诗词选》《周啸天选集》等,主编有《唐诗鉴赏辞典》《诗经楚辞鉴赏辞典》《元明清诗鉴赏辞典》《历代分类诗词鉴赏》(12册)。曾获《诗刊》首届诗词奖第一名、第五届华夏诗词奖第一名、2015诗词中国杰出贡献奖等。

周啸天

有"新时期的赵树理"和"中国式的契诃夫"之称的中国乡土文学作家贺享雍,立足宕渠,为农民说话。迄今已出版有《苍凉后土》《拯救》《乡村志》等长篇小说24部,中、短篇小说集3部,散文随笔集3部,先后荣获四川省巴金文学奖、第六届"王森杯"文学奖以及第三届、第四届"四川文学奖"、四川省第十一届"五个一"工程奖等大奖,《末等官》《苍凉后土》等作品被改编为电影、电视剧,荣获"四川省德艺双馨艺术家"称号。

贺享雍

宕渠大地文学传人层出不穷。出生于渠县贵福镇、曾任《文学自由谈》《艺术家》两刊主编的任芙康，还曾任鲁迅文学奖、茅盾文学奖评委；曾任中国文联出版社《中国新文艺大系》编辑部主任、编审、大系丛书执行总编委的潘光武；著有《华蓥山三部曲》《索玛花》《铁流千里》等10部长篇小说的罗宗福；著有《中国式青春》《除了青春一无所有》《蓉城之恋》等的贾飞；中国著名打工诗人许强；著有《风雨紫竹沟》《山盟》《生死纠缠》《川乡传》等小说的李明春；著有《飘不去的绿云》《美丽的错误》的张扬；出版《同袍》《火车开过冬季》等小说的军旅作家王甜等中国作家协会会员。张人俐、龙克、李冰雪、蒋兴强、邓建秋、罗学闰、李同宗、李宗原、杜荣、石桅子、肖雪莲、何倔舟、石秀容、王晓铭、陈科、晓曲、张世东、任小春、陈平等佳作不断，小说频获奖，戏剧上舞台，散文开新篇，诗歌多流派，宕渠作家群不断壮大，影响力日增，宕渠文脉源远流长。

（原载达州广播2020年10月15日访谈）

渠县家风家教传承
与廉洁文化建设探索

《中共中央关于党的百年奋斗重大成就和历史经验的决议》指出："我们党来自人民、植根人民、服务人民，一旦脱离群众就会失去生命力。""文化自信是更基础、更广泛、更深厚的自信，是一个国家、一个民族发展中最基本、最深沉、最持久的力量，没有高度文化自信、没有文化繁荣兴盛就没有中华民族伟大复兴。"为大力挖掘全县优秀家风文化，传播向上向善正能量，近年来，渠县组织县纪委监委、县委组织部及县妇联、县教育局等相关部门在全县开展"不忘初心树清风·牢记使命促家兴"系列活动，通过开展"我的家风好故事"大征集、一封家庭助廉倡议书、"立家规·传家训·扬家风"作品巡展、"家风伴我成长"主题演讲比赛、"晒家风·传家训"活动等，督促党员干部切实加强家庭家教家风建设，把家风建设与干部队伍建设、作风建设结合起来，深入挖掘地方家规家训中的廉洁文化因子，发挥家风助廉的积极作用，以良好的家风涵养党风政风，持续推动全面从严治党在基层落地生根，以好家风促党风政风带社风民风。

一、渠县家风家教传承与廉洁教育的基础条件

渠县历史悠久，有2300多年的建县史，文化厚重，代代均有家风家教楷模。东汉冯焕、冯绲、冯允父子重家教，为国戍边洒热血。冯绲两度出任陇西太守，确立"恩信"方针，成功解决羌人问题。

北宋状元黎錞，以经术扬名于世，年轻时苦读经书，夜阑人静仍吟诵不止，有好事者让一娇气女子试其心志。其目不斜视，口占一绝："十里楼台五里亭，忽闻花里唤黎声。状元本是天生成，故遣嫦娥报姓名。"好事者认为他真是"黎檬子"。神宗赵顼熙宁元年戊申（1068），黎錞以"龙图阁侍制"的身份出任眉州太守，其仁明而不苛秩，深受民众爱戴。三年将满，百姓上书朝廷苦苦相留，又继任三年。元丰四年辛酉（1081），黎錞以"金紫光禄大夫司空兼侍中观文殿大学士"的身份归隐渠县讲学。

王翰臣，明朝正德十二年（1517）年进士。父亲逝世后，他在给父亲服丧期间，监司赏赐了他一捆用绳子扎起来的礼物，他推辞不肯接受。后来他一直侍奉继母，以孝顺和擅长经学而闻名。为官期间，他积极解决多年积弊，不论是官吏还是普通百姓都过得很安逸。他在做官的时候猝死，衣服口袋里什么也没有，当时的人们都称赞他非常的廉洁耿直。

杨铭球，明崇祯通榜进士，清顺治年间在湖广省松滋县任知县，因政声好，当地人在其离任的顺治十四年（1657）五月赠送牌匾"三楚甘棠"，后解组归田定居于渠县讲学。

王万邦御北剿，征战频繁，立下汗马功劳。道光元年（1824），因其骁勇善战，王万邦奉旨调至台湾彰化协镇都督府任协镇都督，兼任北路协副将，守护台湾七年，矢志精忠报国，战必身先士卒，军纪森严，英勇善战，多次抵御倭寇入侵，受到台湾人民的赞颂，维护了祖国的尊严和领土的完整。解甲归田回到渠县，"课二子，耕勤时，复手种竹树"。

贾秉钟，嘉庆十三年戊（1808）辰科进士。曾出任山西盂县知县十年。在山西任职期间，劝农桑，培文风，兴教育人，修桥筑路，爱民惠民，被老百姓称为"清廉父母"。母亲去世，辞官归故里，兴办私塾，教授家乡学童。亲撰族规十条："首重孝悌，以敦伦；务分伦纪，以敬宗；重名义，勿辱先人。……"

李漱芳，清乾隆丁丑进士，博学多才，满腹经纶。为人刚直不阿，敢言直谏。弹劾不避权贵，一生清正廉洁。其才辨和胆略深受皇帝赏识，得以持续重用。历任户部主事、陕西河南道御史、礼部主事、员外郎等职。他一生清廉从政，天下为公勤勉，在外为官三十年，辞官还乡，所载之物仅一船书。

郑少愚，国民政府空军飞行员，共产党员，苦练杀敌本领，作为中美联合空军指挥部副总指挥（美方任指挥），1942年4月受命去印度接领美国飞机回国，返程飞机失事牺牲。

出生于1987年10月的惠庆丰，自2012年参加工作以来，用真心帮助130余户商户在洪灾中抢搬物资挽回经济损失1000余万元；仅凭微薄的工资，用爱心无私资助着数名留守儿童；倡导组建起渠县国税局"善行服务队""学雷锋志愿服务队"，为白血病患者筹集善款13950元。2016年被评为"助人为乐中国好人"，2017年12月，荣获第五届四川省道德模范助人为乐模范。

慈善企业家张全文，艰苦创业成功后，不忘回报社会，为灾区捐款、爱心助学、扶贫济困、热衷志愿行动……入选2020年"中国好人榜"。

二、渠县家风家教传承与廉洁教育的实践探索

（一）倡清廉家风，筑牢反腐倡廉第一道"防线"

家庭，作为社会监督的重要载体，在反腐倡廉中的作用不可小觑。近年来，渠县把廉洁家风建设作为贯彻全面从严治党要求、传承优秀传统文化的重要举措，推动党员干部和职工廉洁修身、廉洁齐家，自觉带头树立良好家风，筑牢反腐倡廉第一道"防线"。

"立家规·传家训·扬家风"作品展

1. 从家属入手，让家庭成为"廉洁港湾"

渠县把家规家风建设作为学习教育的一项重点内容，引导党员干部"学"家规、"立"家训、"扬"家风，充分发挥家庭及成员在反腐倡廉中的特殊作用，经常对党员干部"咬耳扯袖"，促使家庭成为"廉洁港湾"。"'家风'建设是要把家庭铸造为充满亲情、远离腐败的洁净港湾，助推党员干部形成'重家教、守家训、正家风'的理念。"国如车，家是轮。组织全县党员干部观看了警示教育片《荣辱两重天》，邀请央视法制频道客座专家，为干部职工及家属开展廉政教育专题讲座。以"传承清廉家风、守护幸福港湾"为主题，在全县开展廉洁家书征集活动和最美亲情书信评比。得到了全县党员干部及其家属的积极响应，共征集到廉洁家书317封，筛选出部分优秀家书，在网站、微信公众号等平台上进行刊发和推送。"作为干部家属，必须当好家庭拒腐的'防火墙'、家庭幸福的'守护神'、良好家风的'助推器'，随时提醒家人洁身自好。"

2. 以廉吏为镜，让党员干部带头"正衣冠"

冯焕，东汉巴西宕渠（今四川渠县）人，任河南京令、豫州和幽州刺史等职，以"不畏权贵，不避亲疏，执法不阿"流芳后世。志欲去恶、刚正不阿——这是东汉时期渠县籍官员冯绲的家训家规。其子冯绲继承父志，为一代名将，仁爱百姓，清廉一生。将其拍摄成家风家规宣传片，督促党员干部以史为鉴，忠诚干净，砥砺前行。让党员干部，不仅要学冯绲的仁爱百姓、清廉正直，还要从他志欲去恶的品质中汲取养分。父义、母慈、兄友、弟恭、子孝——这是清朝雍正时期渠县籍进士李漱芳的家训家规……渠县还搜集整理出红岩英烈唐虚谷、张静芳夫妇，抗日空中战斗英雄郑少愚，共和国开国英雄李长林，"宕渠四子"杨牧、周啸天、李学明、贺享雍等渠县籍知名人士家书家规家训。开展了"我最喜爱的家训"征集活动，征集家规家训500余条，将评选出的优秀作品编印成口袋书，发放到全县党员干部手中。使领导干部带头加强道德修养，弘扬传统美德，注重家风养成，涵养清正人生，做一个以"德"治家，以"俭"持家，以"廉"保家，廉洁家风的传承者、引领者、守护者。

3. 铸文艺之魂，让廉洁文化遍布宕渠大地

立足"干部廉洁从政、教师廉洁从教、职工廉洁从业、学生廉洁修身"

的目标任务,将廉洁学校建设与教育教学有机结合,通过一系列"廉"活动给校园带来清新空气与蓬勃活力。开展"诵读国学经典、培育廉洁家风"及"传承好家训、培育好家风"签名、"廉洁在我心中"主题书画比赛等活动,并设置"读书长廊""二十四孝图"等宣传展览,将家风、家训、家规文化渗入其中,让学生在潜移默化中受到熏陶感染。在全县中小学开展"家风伴我成长"主题演讲比赛,按照校内初赛、片区复赛和全县决赛三个阶段,共开展112场,20余万师生和家长接受家风熏陶。

此外,渠县还通过送文化下乡、文艺巡演、书法展等"文艺+廉洁"的宣传方式,将家庭助廉教育融入到各种文艺作品中,让廉洁文化遍布宕渠大地。

(二)深挖"家规家训",重振乡风文明

渠县紧紧围绕家规家训这一乡风文明基本单元,重视家庭建设、注重家教家风、传承优良家训,深入开展"晒家风·传家训"活动,全面构建"群众参与、党员示范、组织引领"新格局。

如深挖李漱芳家族家风:行孝善、守气节、重操守、做学问。

行孝善上传下效。一是母贤。清乾隆、嘉庆、同治《渠县志》载:陈氏,李漱芳高高祖李高魁之妻,高魁早卒,家甚贫穷,二子幼小,陈曲尽教育之方,备尝辛苦,皆得成名。长子储乙崇祯庚午孝廉、次子含乙崇祯甲戌进士,陈受封太宜人,苦节44载,卒年75岁。二是子孝。高叔祖李含乙,字生东,少师事兄孝廉储乙,奉母以孝闻,蜀人称之为"孝友之家",《江南通志》载其仁义:崇祯九年,知高邮州,岁大旱,疫,煮糜设赈,全活数万人。任上精敏廉干,邮人至今思之。李储乙虽然是举人,被授理刑,以母老未仕。漱芳性孝友,年十八失恃,其弟尚在襁褓,口哺手携,抚之成人。

守气节一脉相承。"王氏,李含乙次配,与嫡氏姊氏宜人同日于归。含乙讨贼兵败后带十子二女避山中,王氏与七子被获大骂贼,并亲属三十余人皆被杀,三中子与宜人得脱。其后,子李珪、李瑨、李泳、孙李牲、李朋等相继登科第。雍正八年旌表,崇祀节义。高叔祖李含乙在明崇祯末年回乡丁母忧时与其兄李储乙散尽家财兴义兵讨贼,殉献逆之难,阖门死

节，崇祀乡贤。"《渠县志》中关于李溆芳的刚直有这样的记载："李侍御溆芳，巡视中城，有傅文忠公家奴栾大，恃公之权势，招徕无赖辈肆行市衢间，无人敢过而问者。公慨然曰：'傅相以忠谨传家，故能奕祀而保大。其家奴游荡，非公所能知者，不可使其风日滋，反贻累于椒房，其攸关甚巨。'乃命捕大，审得实，立登白简。皇大悦，立遣戍栾大，傅公罚锾有差，而擢公为给事中，以旌其直焉。"能言人之所不能言，一时有铁面御史之称。

重操守官庶同德。李含乙，"授高邮知州，后升礼部员外郎，转主客司郎中，精明廉干。"李璔，"尝遍吴越，历闽海，荏苒三十年，其嶔崎磊落之概，悉寄之于诗。晚任凤阳，吏治亦卓然称善。"李祖皋，"诵读未遂志，一意教子，以分业推诸昆季，别置田宅，与四子析产，作四六分，伯、季得六，仲、叔得四。""春芳、德芳、怀芳皆体父志，诰诫子孙，无闲言。"李溆芳一生清正廉洁，在外为官三十年，辞官还乡，所载之物仅一船书。

做学问名垂青史。清康熙、嘉庆、同治《渠县志艺文志》载李氏家族60余篇诗文，著述甚丰：李含乙著有《秦邮集》；李珪著有《说剑斋集》；李璔著有《片石斋集》；李泳著有《文庵集》；李甡著有《濠梁集》，且是南充《顺庆府志》的校阅，与李珪、李璔号称"李氏三杰"；李秉著有雍正《渠县志》，李秉、李春芳、李德芳著有乾隆和嘉庆《渠县志》；李溆芳著有《艺圃诗集》。

1.坚持群众广泛参与，让家规家训"活"起来。以培育践行"诚实守信、孝老爱亲、俭朴节约、勤奋务实、和睦共处"的良好品行和"自强进取、忠诚正直、爱岗敬业"的高尚情操为着力点，结合家庭实际或世代相传的家规家训，创新推行"村委主导、村民自制、统一上墙"的家规家训明白卡模式，推动形成"主动晒家训、主动践家训、主动传家训"的良好氛围。

2.坚持党员带头示范，让家规家训"亮"起来。全面实施"头雁引领"计划，把"立家规、扬家风、传家训"做为党员干部的一项规定动作，全面增强党员辐射带动的影响力，建立健全党员群众"双向监督"机制，坚持党员家规家训"星级考评"与评优争先相挂钩，充分发挥党员亮身份、当先锋、作表率作用，带动群众形成"夫妻和睦、尊老爱幼、邻里互助、勤俭持家"的文明新风。

3.坚持组织高位引领，让家规家训"实"起来。坚持"标尺把握准、范围覆盖广、人员选定实"的原则,组织开展"县、乡、村"三级"最美家庭"评选活动,选取先进典型家庭代表讲述自家优良家风家训的故事,严格落实"最美家庭"标牌流动机制,充分发挥组织引领作用,将社会主义核心价值观融入群众日常生活,进一步营造家风好、民风纯、社风正的良好社会氛围。

(三)展优秀家风作品,以好家风促廉风

为大力挖掘全县优秀家风文化,传播向上向善正能量,在全县开展"不忘初心树清风·牢记使命促家兴"系列活动,通过开展"我的家风好故事"大征集、一封家庭助廉倡议书、"立家规·传家训·扬家风"作品巡展等,督促党员干部切实加强家庭家教家风建设,以好家风促党风政风带社风民风。

每年在全县巡展"立家规·传家训·扬家风"文化作品,每次巡展循着渠县本土家风家训文化特色脉络,面向全县机关企事业单位干部职工和群众公开征集书法、绘画、摄影、家书、手工艺品等六类家风家训作品,内容涵盖尊老爱幼、崇文尚学、自强奋进、遵纪守法等方面内容,并精选作品制作成宣传展板在全县范围内巡展,切实让广大干部群众参与到家风建设中来。

为强化活动效果,将征集筛选后的家风家训汇编成册,引导党员干部广泛学习,同时邀请县书法协会会员为家规家训着墨,并赠送作者挂于厅堂。每次制作500余册,悬挂家规家训近40幅。

充分利用本地特色文化,深挖家风家规文化故事,拍摄制作专题片,利用家庭团圆等重要时间节点,开展"亲情寄语""廉洁家书"等活动,引导广大党员干部注重家风家规文化建设,共同营造崇廉尚德的社会氛围。

三、渠县家风家教传承与廉洁文化建设的可持续展望

《中共中央关于党的百年奋斗重大成就和历史经验的决议》指出:"党坚持以社会主义核心价值观引领文化建设,注重用社会主义先进文化、革命文化、中华优秀传统文化培根铸魂。""中华优秀传统文化是中华民族

的突出优势，是我们在世界文化激荡中站稳脚跟的根基，必须结合新的时代条件传承和弘扬好。"党风、政风、社风、家风一脉相承，作为中华优秀传统文化建设的家风建设主题抓住了党风廉洁建设的重要切入点。

家庭是社会的基本细胞，家庭的前途命运同国家和民族的前途命运紧密相连。家风家教是中华民族传统美德的现代传承，是维系中华民族绵延不绝的"根"与"魂"，是"家国构序"的精神内核，是人们安身立命、立身做人的行为准则，对于淳化民风和廉洁建设具有重要作用。党的十八大以来，习近平总书记在不同场合多次谈到要"注重家庭、注重家教、注重家风"，强调"家庭的前途命运同国家和民族的前途命运紧密相连"。家是最小国，国是千万家。

（一）宜深度挖掘家风家教等传统文化精髓为廉洁文化增信

中华民族自古就重视家风建设，在传统文化的长河中始终有优良家风传世，孟子曾说过"天下之本在国，国之本在家"，儒家经典《大学》中也讲到"家齐而后国治，国治而后天下平"。家风影响着一个家族每一代人的成长。万丈高楼始于基，一个人价值观形成的起点是家风，家风就是一个人和一家人成长的"地基"，已有《颜氏家训》《朱子家训》到《曾国藩家书》《钱氏家训》等为代表的孝亲、和邻、亲友、尊师、修身、为政的道德观念和行为准则，既是个人成长、家庭生存的精神足迹，也是传统文化的集体认同，更是中华民族的强大凝聚力之一。还要继续深挖现代和本地传统家风家教精髓，使其发扬光大。要学习毛泽东同志教育子女要坚持原则、不搞特殊化；要学习周恩来同志为家人定下"不许请客送礼"等"十条家规"；要学习焦裕禄同志教育自己的孩子不能白看戏。要学习黎锌、杨铭球的清明和德政，要学习王翰臣、李潋芳的廉洁和节操，学习惠庆丰、张全文的乐善好施和扶危济困，如此，廉洁文化的信誉度将不断增大。

（二）宜高度厚植家风家教涵养为廉洁文化增效

家风是党风、民风的原点和细胞。家风建设关乎中华民族的精神风貌。也可以说，有什么样的家庭，就有什么样的家风家教，有什么样的家风家教，就有什么样的传承和社会影响。家风正则党风正，党风正则政风清，政风清则社风淳。因此，每一个党员干部家庭必须涵养敦厚淳朴、勤俭廉洁的家风。

习近平总书记指出，党的作风就是党的形象，关系人心向背，关系党的生死存亡。领导干部要对标对表，以身作则、严于律己，廉洁修身、廉洁齐家，始终保持公仆本色，始终牢记党员身份，始终坚定理想信念，自觉带头树立良好家风，必须重视家教，严以治家。

《中国共产党廉洁自律准则》规定："廉洁齐家，自觉带头树立良好家风"。《中国共产党纪律处分条例》规定："党员领导干部不重视家风建设，对配偶、子女及其配偶失管失教，造成不良影响或者严重后果的，给予警告或者严重警告处分；情节严重的，给予撤销党内职务处分"。这就以党内法规形式对领导干部家庭家教家风建设提出明确要求，既从廉洁自律方面划出道德高线，又对家风不正，对配偶、子女及其配偶失管失教的情况作出处分规定，明确了不可触碰的底线和禁区。注重家教，严以治家，可以防微杜渐，廉政肃风，对违反党纪国法的行为起到有效的预防和监督作用。党员干部不仅自己要廉洁自律，还要做好家中的"纪委书记"，经常对家庭成员进行道德教育、纪律教育，订立符合情、理、法的家规。领导干部的家风"是领导干部作风的重要表现"。这样，廉洁文化的治理效能将不断增强。

（三）宜极度构建家风家教强大合力为廉洁文化增质

家庭家教家风建设是推进全面从严治党、营造良好政治生态的重要抓手，也是加强党内政治文化建设的重要内容。

一要激发党员干部自觉自发建设家风的内部动力，以身作则，廉洁齐家，严以治家；要带头树立良好家风，牢固树立以廉为荣的观念，不能以权力谋取个人利益；要坚持从自身做起、从细节做起，管好自己、管好家人、管好身边工作人员，像爱护生命一样珍惜自己的名节；要自觉接受各方面的监督，习惯于在监督下工作和生活。

二要发挥妇女在"树立良好家风方面"的"独特作用"。习近平总书记指出，从人类社会发展的宏观层面来看，"妇女是物质文明和精神文明的创造者，是推动社会发展和进步的重要力量。没有妇女，就没有人类，就没有社会";从中国革命、建设和改革开放的中观层面来看,党和国家"更需要我国广大妇女贡献智慧和力量";从家庭建设的微观层面来看,由于"妇女特有的身心特点、生育和哺乳功能,决定了妇女在增进家庭和睦、科学养育后代、促进社会和谐"以及在"弘扬中华民族家庭美德、树立良好家风方面"能够发挥出其他社会群体所无法比拟的"独特作用"。

渠县领导干部"好风传家"专题讲座

三要发挥党和政府的引导、监督作用,营造注重家庭、注重家教、注重家风的良好外部环境,将舆论弘扬、制度设计和监督惩戒结合起来,"领导干部的家风,不是个人小事、家庭私事,而是领导干部作风的重要表现。各级党委(党组)要重视领导干部家风建设,把它作为加强领导班子和领导干部作风建设的一项重要内容,定期检查有关情况"。

四要发挥家庭、学校、社会的综合功能,让整个大环境形成良好家风家教、社风民风,形成国家发展、民族复兴、社会和谐的良好氛围。

诚如是,廉洁文化的社会效益、质量效益将会"水落沙添阔,山高塔为峰"。

(参加省纪委"庆祝建党百周年家风家教传承"论文征文,原载2021年《达州新论》第三期)

后 记

近年来，我们一直都在寻觅、探究渠县历史文化，也写了一些文章，但总觉得散而零乱。有写賨人的，有写賨国都城坝遗址的，有写汉阙的；有古代的，也有现当代的；有遗址遗迹现场的，也有故纸堆里的；有的体裁是论文，有的是散文，简直花开多朵，各表一枝。

今年是四川省确定的巴文化年，渠县着力建设"全国巴文化传承创新融合发展高地"，这是推介渠县历史文化最好的契机。我们将写的渠县历史文化各类文章按历史脉络一一梳理，賨人文化、汉阙文化、三国文化、红色文化、乡土文化等宕渠文化一一呈现，我们又添写了一些内容作为补充、衔接，整个宕渠人文、地理、历史文化密码就逐渐明晰，期望有此密码多角度、多维度、全方位自然而解宕渠之谜。

此集子得到了渠县县委、县政府的关心支持，四川省委省政府决策咨询委员会副主任、四川省社会科学院原党委书记李后强先生拨冗作序，宕渠四子：著名诗人杨牧、邓小平理论研究专家李学明、鲁迅文学奖得主周啸天、著名乡土作家贺享雍，鲁奖、茅奖评委任芙康等倾情鼓励、鼎力推介，摄协的朋友提供了一些图片，在此一并致谢。

此书若能在巴賨文化研究过程中起到基础性作用，我们就宽心了。由于调查研究不专业，水平有限，错漏在所难免，恳请读者批评指正。

作者
2022年5月